영유아 교수법과 교수매체

이 광 희 저

남두도서

남두(南斗) : 남두육성(南斗六星)

은하의 중심인 사수자리에 있는 국자모양의 여섯 개의 별로서, 인간의 탄생을 결정하는 별로 알려져 있다.

머리말

우리는 산업혁명과 정보혁명을 거치며 물리적 공간과 가상공간의 경계까지 모호한 21C에 와 있다. 인터넷의 비약적인 발전은 세계를 동일한 정보와 의사소통의 장으로 묶어 정치, 경제, 문화, 생활 전반에 걸쳐 획기적인 변화를 가져오고 있다. 성인부터 영유아를 위한 교육 분야에 있어서도 변화의 파고는 예외가 아니다.

최근 교육과학기술부(2012)의 국가수준의 공통 교육과정 제정(표준보육과정, 유치원교육과정)은 정부의 교육정보화 기반 구축, 각종 교육정보 자료의 개발 및 보급, 학습자와 교사 대상의 정보기술 활용능력 교육 강화, 행정업무의 전산화 등 교육정보화 지원 사업의 연령별 확산을 예고한다. 또한 시대적 변화에 따르는 교육과정의 개정과 편성 및 운영 방법은 21C 교사들에게 다양한 첨단 교수매체들의 활용과 지도상의 주의점이 영유아를 위한 교육내용에서도 중요하다는 것을 일깨우며, 인터넷 기반 학습이나 인터넷을 보조 자료로 활용한 다양한 교육방법 등에 많은 관심과 참여가 이루어지는 등 교육의 내용과 방법, 대상 및 환경 등에 있어서 총체적인 변화가 계속되고 있다.

그러나 교육공학의 역사를 놓고 볼 때, 교육에 있어서 새로운 테크놀로지를 적용하거나 혁신을 시도할 때, 교사를 제외한 교육개혁가나 행정가들의 일방적인 노력만으로는 성공할 수가 없다는 사실을 우리는 이미 수차례 경험하였다. 라디오, 필름, 텔레비전, 컴퓨터 PC의 경우도 예외는 아니었다.

최신 교육시설을 갖추고 좋은 교재를 만들어 내는 것만이 능사가 아니다. 이들과 함께 교육환경을 만들어 나갈 교사 자신들의 긍정적인 시각과 노력뿐 아니라 뒷받침해줄 지역사회와 아동과 학부모의 적극적인 참여 없이는 그 어떤 사회적 개혁과 변화도 성공할 수 없다. 즉 교육과정과 교사, 테크놀로지가 하나로 통합될 때 교수법의 혁신과 그 효과는 가장 커질 수 있는 것이다.

이 책에서는 21C 교수학습 탐구를 위한 정보화 사회와 교육적 변화에 대하여 의미를 되새기고 보육교사의 자격과 역할 속에서 최근 정부의 교육 방침과 내용을 살펴보고자 한다. 교육공학 학문적 기저를 바탕으로 교수와 학습의 개념을 규명하고 관련 이론과 다양한 교육방법을 정리하였다. 또한 교수매체의 이해를 돕기 위하여 광의적 · 협의적 정의에 따른 매체별 구분, 특성, 교수모형을 적용하고, 아동 흥미영역별 매체와 자료들을 소개하였다. 마지막으로 건전한 영유아의 ICT 활동과 교육을 위한 아동, 교사, 학부모, 행정지원의 활용환경을 소개하였다.

끝으로 관련 과목 수강생들이 영유아 교수법의 기본 개념과 다양한 교수매체 활용에 대한 실제적 이해를 넓히는 계기가 되기를 원하며, 이 책의 출판을 허락해주신 남두도서의 사장님께도 깊은 감사의 말씀을 드린다.

2013년 10월

저자 씀

차 례

제 1 장

21C 교수학습 탐구

01_21C 정보사회

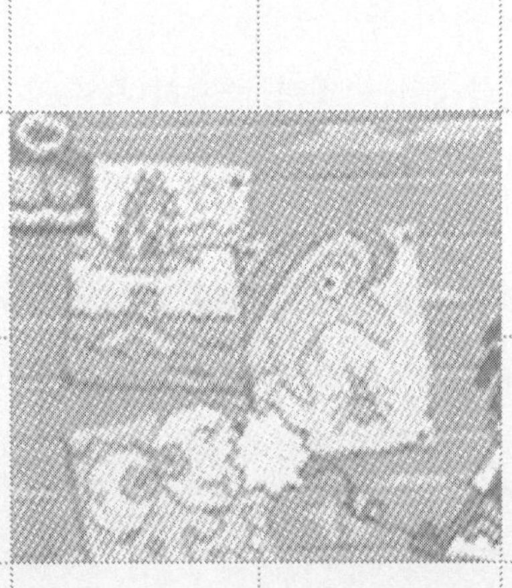

01 21C 정보사회

1) 정보사회의 정의 및 특징

(1) 정보사회의 정의

현대사회는 지금까지와는 전혀 다른 모습의 사회로 향하는 거대한 변화의 시기를 맞고 있다. 초기 방랑생활의 수렵시대에 그림을 통한 메시지를 전하다가 문자를 발명하고 목축과 농경을 통한 농업화 사회를 거쳐 15세기에 Gutenberg가 인쇄기를 발명해서 인쇄물을 출판하게 되었고, 18세기 중엽에 James Watt의 증기기관 발명을 시초로 산업혁명에 의한 산업사회로 발달하게 되었다. 그 후 사이버네틱스 이론과 커뮤니케이션 이론을 모태로 정보과학이 태동하였고, 20세기에는 컴퓨터의 발달로 '정보'라는 무형의 자원이 중심이 되는 정보사회로 전환되었다. Toffler의 '제3의 물결'과 Naisbitt의 '거대한 물결(megatrend)' 등 우리 현대사회에서 사회적 · 기본적 원리가 바뀐다는 것이다(이경우, 2002; 이광희, 2006; 존 네이스비트, 1984; Bell, 1973; Toffler, 1980).

21C에는 사회적으로 필요한 지식과 기능의 획득을 위하여 창의성, 혁신, 의사소통, 연구, 문제해결 등의 요구에 부응하도록 인간의 능력을 변모시켜야 하며 특히 공학과 매체를 더욱 의미 있고 목적적으로 사용할 수 있도록 변화시키는 것이 중요하다(Smaldino, S. E., Lowther, D. L., Russell, J. D., 2012).

A. Toffler는 일찍이 우리 인류가 수렵과 채집을 위주로 하던 시대로부터 정착하여 농사를 짓게 된 것을 제1의 물결, 농경사회에서 산업사회로 넘어간 것을 제2의 물결이라고 표현하였으며 산업사회에서 정보화 사회로의 변화를 제3의 물결이라고 이야기했다.

제1의 물결은 인류가 문자를 발명하여 언어혁명을 일으킴으로써 가능하게 되었고 토지를 많이 가진 사람에게 권력이 집중되었다. 두 번째 변화의 물결은 인쇄술의 발명으로 산업혁명을 촉발시켰으며, 과학기술의 발전이 그 원동력이라 할 수 있다. 이때에는 기계와 공장을 이용한 생산품의 소유에 따라 힘이 집중되었다.

이후 1980년대에 들어오면서 통신기술의 발전, 확대와 더불어 컴퓨터의 대량보급은 정보혁명으로 일컬어지는 제3의 물결을 유도하여 정보사회의 막을 열게 되었다.

이러한 A. Toffler의 견해와 더불어 정보사회에 대한 희망적인 시각으로 종종 인용되는 것은 Bell이 제창한 '탈공업화 사회'의 견해이다. 이는 경제를 지배하는 중심적 요소가 토지에서 제조로 이행함에 따라 농업사회가 공업사회로 대체된 것과 마찬가지로, 탈공업화 사회가 발달한 것은 경제가 서비스업을 지향한 결과라는 것이다.

정보의 개념은 어떤 측면에 초점을 맞추느냐에 따라 매우 다양하다. 시대적 측면에서 정보는 정보사회의 정보와 산업사회의 정보로 나눌 수 있다.

정보사회의 정보(information)는 개방적이며 나누고 공유할 수 있는 것인데 반해 산업사회의 정보(intelligence)는 산업정보나 군사정보 등 비밀스럽고 독점적이며 교류가 허락되지 않는 것을 뜻한다. 앞에서 Bell이 언급한 탈공업화 사회에서의 정보는 자료의 처리를 의미하는 것으로 자료의 처리, 지장, 검색은 모든 사회적 · 경제적 교환에 있어 중요한 자원이 된다.

다양한 정보의 개념에도 불구하고, 정보를 이루는 기본 요건은 다음의 세 가지로 구분될 수 있다. 첫째가 커뮤니케이션이 존재해야 한다는 것이며, 둘째는 송신자와 수신자가 있어야 한다는 것이고, 셋째는 양자 간에 상호교류가 이루어져야 한다는 것이다.

정보는 '인간과 인간 사이에 전달되는 일체의 기호'이다. 이러한 정보를 McDonorgh는 '특정 상황에 놓여진 가치가 평가된 데이터'라고 정의하였는데, 내용의 확실성에 따라 [그림 1-1]과 같이 데이터, 정보, 지식으로 구분할 수 있다.

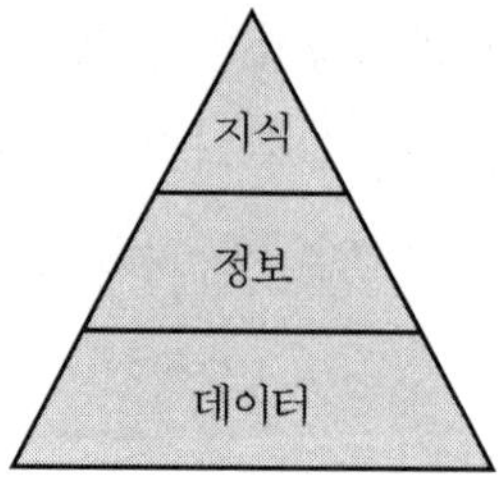

지식 : 자료+일반적 상황에서의 평가
정보 : 자료+특정 상황에서의 평가
데이터 : 평가되지 않는 메시지

※ 출처 : 김원규(1998)에서 인용.

[그림 1-1] McDonorgh의 정보개념

한편 '정보화'란 사회에서 수집, 생산, 가공, 보존, 활용되는 정보의 양이 인적 · 물적 자원에 비하여 상대적으로 증대되며, 이러한 활동에 투입되는 인적 · 물적 자원도 기존의 산업 활동에 비해 크게 증대되는 것을 의미한다. 따라서 유형의 물적 재화에 의한 기능보다 무형의 정보에 의한 정보 기능의 가치와 역할이 상대적으로 중요하게 인식되며, 이러한 정보화 과정이 발전된 사회를 '정보사회'라고 할 수 있다.

정보사회의 개념을 최초로 논한 학자는 미국의 경제학자 F. Machlup으로 그는 1962년 지식산업이 주가 되는 '지식사회'를 예견하였다. '정보사회(information society)'라는 명칭은 1960년대 우메사오 타다오(梅倬忠夫), 하야시 유지로(林雄二郞) 등과 같은 일단의 일본학자들이 명명한 것으로 알려지고 있다. 1963년 1월 우메사오 타다오는 정보사회를 'the age of spiritual industries'라는 말로 표현하였는데, 그는 사회 진화의 정도가 농업, 물질산업, 정신산업의 구성 비율에 따라 결정되며, 발달된 사회일수록 정신산업의 비중이 확대된다는 논리를 근거로 인류발전의 3단계를 설정하고, 현대가 물질산업 중심 사회에서 정신산업 중심 사회로의 이행선상에 있음을 강조하였다.

정보사회의 개념은 텔레마티크(telematique), 컴퓨니케이션(compunication), 탈근대(post-modern), 탈이념(post-ideological), 탈대량 소비사회(post-mass consumption society) 등 사회적으로 많은 관심을 끌게 되었는데, 오늘날에도 통일된 하나의 개념이기보다는 학자들의 시각에 따라 조금씩 의미가 변하는 다의적 개념으로 발전하고 있는 추세이다. 또한 정보사회의 여러 가지 특징 중에서 어느 부문을 강조하느냐에 따라 그 해석에 차이가 나타난다(김원규, 1998; 이광희, 2006).

21C 우리나라 정보화 촉진 기본법 제2조 2항에 의하면, '정보화'란 정보를 생산 · 유통 또는 활용하여 사회 각 분야의 활동을 가능하게 하거나 효율화를 도모하는 것이며(초고속정보통신 편집부, 1995a), '정보사회'는 인간과 사회 각 구성원의 욕구 변화를 정보공학과 기술을 이용한 정보의 생산 · 유통 · 축적 · 활용을 통해 충족시킬 수 있도록 산업 부문을 포함한 사회 전체의 구조와 절차 및 인간의 사고 · 행동 및 일상생활이 변화된 사회로 개념 지을 수 있다(김두정, 1996).

또한, 문헌에서는 정보사회가 갖는 의미를 다음의 세 가지로 요약하고 있는데 첫째, 질과 양의 두 가지 면에서 풍부한 정보가 전달되는 사회, 둘째, 이들 풍부한 정보의 생산 · 처리 · 전달 · 축적에 일정한 경제적 가치를 인정하고 직접, 또는 간접적으로 그 비용을 부담하는 구조를 이룬 사회, 셋째, 정보의 생산 · 처리 · 전달 · 축적을 원활하고도 효율적으로 행하기 위한 정보통신매체가 급격히 발달하여 보급되는 사회이다(신극범, 1996).

먼저 첫 번째 의미에서 설명하는 바와 같이 현재 우리는 이전에는 개개인이 가질 수 없었던 고급정보나 희귀한 정보들에도 손쉽게 접근할 수 있게 되고 정보의 양도 기하급수적으로 팽창하게 된다. 풍부한 정보는 인간에게 새로운 가능성을 열어주기도 하지만 한편으로는 새로운 능력과 작업을 요구하게 된다. 수많은 정보들 속에서 개개인이 자신의 필요에 따라 적절한 정보를 선별해내는 능력이나 그 정보들의 진위 여부나 가치를 판단해 낼 수 있는 능력 등이 그 대표적인 예라고 할 수 있다.

두 번째 정보사회가 갖는 의미는 정보사회에서는 정보가 중요한 경제적 자원으로 인식되기 때문에 첨단 정보통신매체를 이용하여 정보를 수집, 처리, 전달하는 행위가 경제 활동의 중심이 될 뿐만 아니라 사회 전체의 기능이 정보의 생산, 유통, 처리, 활용을 중심으로 이루어진다는 것이다. 따라서 정보사회에서는 물질 자원이나 인간의 노동력, 기계 위주의 산업사회와는 달리 정보를 효율적이고 생산적으로 운용할 수 있는 인간의 지적인 창조력이 사회의 운영과 발전을 위한 원동력으로 작용하게 되고 따라서 지식산업의 확장이 급속히 이루어지게 된다. 지금 가시적으로 드러나고 있는 대표적인 예로, WTO 체제에서 서비스 무역으로 지적 재산권이 포함된 것을 들 수 있다(김두정, 1996).

세 번째 정보통신매체의 급격한 발달도 매우 중요한 의미를 갖는데 이는 정보통신기술의 발달이 개념적으로 예측되어 온 정보사회의 모습을 기대했던 것 이상의 빠른 속도로 실현시켜 주고 있기 때문이다. 또한 사회의 변화가 가속화됨으로써 사회 구성원의 생활 방식이 시시각각 달라짐은 물론, 습득해야 할 지식과 기술도 빠른 속도로 변화하게 되어 결과적으로 기존과는 전혀 다른 새로운 방식의 교육이 요구된다는 사실을 시사하고 있다.

정보사회에서는 지식 및 정보의 검색, 응용, 창조, 보급이 중요시되며 이를 위해서는 원하는 때에 원하는 정보를 손에 넣을 수 있어야 한다. 이제 Know-how보다 Know-when, Know-where가 중요하게 생각되는 시대이다. 정보사회에서는 산업사회에서 기계가 인간의 손을 연장하였던 것처럼, 컴퓨터가 인간의 두뇌를 대신한다. 컴퓨터는 각종 정보와 지식을 수집, 처리, 분석하여 인간의 생활에 이용할 수 있게 해줌으로써 사회 전반의 능률과 생산성을 향상시키고 있다. 원하는 정보를 자유자재로 입수하고 다룰 수 있는 능력은 정보사회에서 필수적이라 볼 수 있다.

(2) 현대 정보사회의 특징

인간의 생활과 문화를 규정짓는 가장 기본적인 요소인 시·공간의 개념에서부터 정보사회로 인한 변화는 시작되었다. 일과 휴식의 경계선을 파괴하고 시간에 구애받지 않고 24시간 업무를 수행하는 정보시대의 시간개념으로 변화되어왔다. 공간의 개념에도 엄청난 변화가 있었음은 당연하다. 농경사회에서의 공간개념은 초고층 빌딩의 공간을 확장시킨 산업사회를 지나 정보사회에서는 어느 정도의 시스템만 갖추면 장소에 관계없이 어디서든지 업무 처리가 가능한 무한대의 공간개념으로 확대된 것이다.

현대 정보사회는 크게 4가지 측면에서 변화를 가져왔다.

첫째, 공간개념의 변화이다. 돈과 무력으로 정복하던 17, 18세기의 물리적 공간은 이제 컴퓨터와 통신기술의 결합으로 탄생한 사이버 공간으로 바뀌었다. 따라서, 이제 세계를 제패하려면 물리적 공간이 아닌 사이버 공간을 장악해야만 한다.

둘째, 시간개념의 변화이다. 기존의 낮에는 일하고 밤에는 휴식을 취하는 '9 to 5'의 개념은 이제 낮과 밤의 경계가 없이 24시간 항상 낮과 같이 일을 할 수 있는 개념으로 변모하였다.

셋째, 속도개념의 변화이다. 인간은 아무리 빨라야 100m를 10초 이내에 가기가 어렵고, 자동차는 시간당 200km 이내를 달릴 수 있으며, 이보다 빠른 비행기조차 초음속인 마하로 이동한다. 그러나 컴퓨터 통신기술의 발달은 누구든지 빛의 속도로 일하는 것을 가능하게 하였다.

넷째, 커뮤니케이션 개념의 변화이다. 산업사회에서의 커뮤니케이션은 TV, 라디오 등의 방송매체를 통해 '1 : 다수'로 이루어졌으나 일방향통신이었고, 소리와 영상이 따로 전달되는 시스템이었다. 그러나 인터넷 시대의 커뮤니케이션은 '1 : 무한대'로 이루어지며 쌍방향통신이고, 소리와 영상이 동시에 전달되는 멀티미디어 시스템이다.

한편 A. Toffler는 '제3의 물결'에서 공업사회를 대량생산사회로 보고, 정보사회가 되면 디메시피케이셔(demassification), 즉 탈대량화 현상이 발생하므로 규격화는 탈대량화 또는 다양화, 전문화는 탈전문화, 동시화는 탈동시화, 집중화는 탈집중화, 극대화는 탈극대화, 집권화는 분권화와 같은 추세로 변한다고 하였다.

또한, John Naisbitt는 사회가 지속적으로 변화하고 있다는 것을 전제로 오늘날 우리사회가 이러한 시대적 변동의 혼란을 경험하고 있다고 말하였다. 그리고 이러한 변화는 많은 불확실성을 내포하고 있으며 10가지 정도의 추세로 설명되어질 수 있다고 하였다. 이는 구체적으로 산업사회에서 정보사회, 인위적 기술사회에서 고도기술사회, 국가경제체제에서 세계경제

체제, 단기정책에서 장기정책, 중앙집권체제에서 지방분권체제, 제도적 복지사회에서 자조사회, 대의민주주의에서 참여민주주의, 위계체제에서 네트워크 체제, 북의 시대에서 남의 시대, 양자택일사회에서 다원선택사회로의 변화를 말한다.

이러한 현대 정보사회의 특성은 다음과 같이 집약될 수 있다.

첫째, 정보를 얻고 전달하는 데 소요되는 시간과 노력이 절약된다. 인터넷의 전자우편이나 팩스 등을 이용하면 빠른 시간 내에 많은 정보를 먼 거리에서도 손쉽게 주고받을 수 있다.

둘째, 정보에 대한 부익부 빈익빈 현상이 나타나게 된다. 과거에 농업 및 상업 상품을 판매하던 것처럼 정보를 가공하여 판매하는 정보의 상품화가 성행하게 된다. 그러므로 경제적으로 여유가 있는 사람들이 최신의 많은 정보를 독점하게 된다.

셋째, 정보 관련 산업에 종사하는 노동인구의 수가 급증하는 반면 실업자의 문제가 심각해진다. 정보와 관련된 새로운 벤처기업이 증가하고 있다. 구체적으로 우리나라 벤처기업의 80%가 컴퓨터 소프트웨어와 관련된 기업이라 한다. 또 SOHO와 같은 직종도 성행하고 있다. 그러나 업무의 자동화와 급변하는 정보산업의 불황으로 기존의 직장에서 일하던 많은 사람들이 구조적인 실업자로 전락하게 된다.

넷째, 컴퓨터와 관련된 새로운 형태의 문제들이 등장하게 된다. 컴퓨터 사용의 생활화에 따라 작게는 컴퓨터 증후군으로부터 크게는 신종 범죄까지가 나타나게 되었다. PC나 인터넷상에서 해킹이나 개인의 프라이버시 침해, 음란물 판매, 소프트웨어의 불법 복제 등 컴퓨터와 관련된 범죄의 수법이 나날이 교묘해지고 있으며 그 빈도수 또한 늘어나고 있다.

이와 같이 정보사회에서는 정치, 문화, 사회, 경제 등의 각 분야에 미치는 파급 효과가 상당히 크므로 정보사회에서 현명하게 대처하기 위한 교육의 역할이 요청되고 있다.

2) 정보사회의 교육적 변화

정보화의 초기 교육현장에서는 자료처리, 컴퓨터 활용, 정보기술 활용 중심으로 변화가 있었는데 정보화 중기인 1980년에서 1990년 중반에는 경제, 사회 전반에 걸친 변화로 본격적인 PC도입이 교육현장에서 이루어졌다. 그 후 인터넷의 보급으로 전 세계적인 영향력으로 확장된 개념으로 디지털 혁명, 디지털 시대, 지식과 창의 기반사회의 유사 개념으로 학습이 이루어지는 모든 현장에 정보화가 받아들여지고 있다(송영원, 2009).

이는 오늘날의 지식정보사회에서는 학습자가 원하는 정보를 스스로 검색하고 가공하여 필요한 지식으로 재창조해 나갈 수 있는 능력이 필요하기 때문이다. 이러한 시대적 · 사회적 요구에 따라 정보통신기술(Information and Communication Technology ; ICT)을 활용하는 무료 교육과 안내는 성인과 초 · 중등학생은 물론 유아들까지를 대상으로 하여 학교 관련 기관, 지역사회에서 그리고 가정에서도 그 필요성이 크게 부각되고 있다.

교육인적자원부(2001)는 컴퓨터를 기반으로 하는 활용 교육이 다음과 같은 가능성을 제공한다고 했다.

첫째, 학습의 자율성 및 유연한 학습 활동을 제공할 수 있다. 정보통신기술 활용은 지식전달 위주의 교육방법과 교실 중심의 제한된 교육환경에서 탈피하여 학습자의 자율과 특성을 존중하며, 획일적인 교육이 아닌 다양하고 유연한 학습 활동을 수행할 수 있게 한다.

둘째, 자기주도적인 학습환경을 제공한다. 정보통신기술을 활용한 정보탐색 및 의견교환을 통해 학습목표와 전략수립, 결과평가 등 일련의 학습과정에서 학습자의 주도적인 역할을 지원함으로써 자기주도적인 학습환경을 제공할 수 있다.

셋째, 다양한 교수-학습 활동을 촉진시킨다. 다양한 컴퓨터 활용 활동을 통해 학습자가 정보탐색, 수집, 분석, 종합 등 새로운 정보창출 과정에 직접 참여함으로써 창의력과 문제해결력을 신장시킬 수 있다.

넷째, 학습자의 창의력과 문제해결력을 높일 수 있다. 정보통신기기를 활용하여 자신에게 필요한 정보를 용도에 맞게 수집, 분석, 종합하여 새로운 정보로 창출해가는 과정 속에서 학습자의 창의력과 문제해결력을 신장시킬 수 있다.

다섯째, 교육의 장을 확대한다. 다양한 정보통신기술의 활용을 통해 시공간의 제약성을 극복하고 교육의 장을 더욱 확대함으로써 학습자의 사고의 폭을 넓히고 고차원적인 사고능력을 신장시킬 수 있다.

이상에서 살펴본 바와 같이 정보통신기술을 활용하면 교육의 장을 확대하여 학습의 흥미를 유발시키고, 학습의 자율성 및 유연한 학습 활동을 통하여 자기주도적인 학습능력과 창의력 및 문제해결력을 신장시킬 수 있어 교육적 활용 가능성이 높아질 수 있음을 알 수 있다.

이제 정보통신기술을 활용하여 어린 연령의 아동들도 예전에는 상상도 할 수 없을 만큼 다양하고 풍부한 정보에 접근하고 이를 공유할 수 있게 되었다. 나아가 다양한 테크놀로지들의 발전은 필요한 정보를 획득하고 이를 바탕으로 새로운 지식을 창출할 뿐 아니라 각 영역에서 서로 다른 목적과 요구를 충족시키기 위한 중요한 수단이 되고 있다.

지식정보사회의 도래와 더불어 영유아들조차도 유아교육기관과 자신들의 가정에 컴퓨터가 있는 것을 태어나면서부터 자연스럽게 보고 있으며, 정보통신기술을 활용하는 일상생활을 당연하게 생각하고 있다. 나아가 일부 유아는 가정에 있는 교육용 소프트웨어나 유아교육용 웹사이트에 상당히 익숙해져 있다고 한다(심숙영, 2003).

유치원 만 5세반 유아들을 대상으로 한 조사연구에서는 가정에서 컴퓨터 게임을 즐기고 있다고 했다(김수영, 2001). 일주일에 1, 2번 이용하는 경우가 27.1%였고, 매일 한 번 이상 이용하는 경우도 33.4%나 된다고 했음을 두고 볼 때 이제 더 이상 ICT 활용이 성인들만의 독점물이 아님을 알 수 있다.

그러나 유아는 발달단계상 독립적인 정보통신기술 활용이 쉽지 않으며, 스스로 올바른 소프트웨어나 인터넷사이트를 선정하기 힘들기 때문에 교사나 학부모의 지도가 필수적이다. 정보통신기술을 활용하면 다양하고 유용한 정보를 얻을 수 있으나 모든 경우에 그리고 모든 사람에게 유용하지만은 않다. 즉, 정보통신기술은 사용하는 사람들의 연령, 능력, 용도에 따라 그 가치가 달라진다.

새로운 테크놀로지의 발전에 따라 불건전한 정보나 불법 콘텐츠 등은 더욱 늘어나고 있어 건전한 판단과 선택 없이 정보통신기술을 무조건적으로 받아들일 때에는 정서적 갈등과 혼란을 초래하게 된다. 특히 미성숙하고 판단과 자기조절능력이 극도로 부족한 유아들의 경우 정보통신기술 환경에 무방비 상태로 노출된다면 매우 위험할 것이다.

정보통신기술 활용이 생활화되어가고 있는 오늘날의 상황하에서 유아들의 ICT 활용에 대한 안전성에 있어서 우려의 소리가 높아지고 있다. 판단력이 약하고 자기조절능력이 절대적으로 부족한 유아들이 건전한 활용에 대한 아무런 준비나 대책 없이 음란물이나 폭력물에 접하게 되고, 비윤리적인 상대와 상호 비방이나 욕설을 나누게 된다면 왜곡된 견해의 형성은 물론 인성발달에 극도로 부정적 영향을 미치게 될 것이다. 나아가 잘못된 시각과 호기심은 아무런 죄의식 없이 범죄 행위까지도 부추길 수 있게 될 것이다.

청소년에 비해 정신적, 신체적으로 미성숙한 영유아의 ICT 활용에 대해서는 1990년대 초반까지 긍정적인 견해와 부정적인 견해(Barnes & Hill, 1983 ; Pardeck, 1986 ; Cordes & Miller, 2000)가 공존했으나 최근 들어 ICT 활용에 대한 사회적 압력은 점점 더 증가하고 있어 이제는 ICT 활용 자체를 부정하기보다는 적절하지 않은 ICT 활용을 우려해야 할 것이다. 즉 이제는 영유아의 ICT 활용이 이들의 발달에 긍정적인지 아니면 부정적인지의 여부보다는 ICT의 활용방법(Papert, 1980 · 1993)에 관심이 모아지고 있다.

영유아들이 정보가 넘쳐나는 지식정보사회에서 현명하게 대처하며 살아나가려면 어릴 때부터 체계적이고 계획적인 교육을 실시하여야 한다. 영유아들이 불건전한 정보 자원으로부터 벗어나 건전하고 적절한 정보를 취사, 선택, 활용하는 능력을 기르도록 하기 위해서는 유아를 대상으로 하는 체계적이고 계획적인 활용 방안을 고려해야 한다. 나아가 ICT에 대한 유아들의 태도는 유아들을 가르치고 지도할 학부모와 교사들로부터 강하게 영향을 받으며 가정과 교실에서의 성공적인 ICT 활동은 이들의 긍정적인 태도와 관점에 달려 있으므로(Stevens, 1982) 학부모나 교사의 ICT에 대한 이해와 긍정적 태도는 유아의 ICT 활용 활성화에 필수적이다.

3) 교사매체

디지털 도구는 교사의 역할과 수행능력을 다양하게 확장시켜 주므로 많은 교사들이 디지털 교실환경으로 변화하고 있다. 일반 교실에서 수업내용 제시를 위하여 시청각 매체인 OHP 대신 파워포인트를 활용하고 전자칠판에 복잡한 화합물 구조를 제시하거나 수기로 표시하던 것을 워드프로세스와 클립아트를 사용하는 것은 일상적인 풍경이다.

디지털 환경을 교실에 도입한 교사는 가상수업 등 새로운 도구 활용으로 매체 활용을 확장하기도 하며 장애 학습자를 위해서 교수자료를 디지털 버전으로 제공하기도 한다.

디지털 교사는 매체인 디지털 도구를 통하여 수업 설명과 제시를 다음과 같은 방법으로 상호작용이 풍부한 학습 분위기로 제공한다(이미자 외 9인, 2011).

① 상호작용 수업

디지털 도구를 통하여 수업 설명과 제시를 매체 활용 및 상호작용이 풍부하고 다양하도록 제공한다.

교실에서 실시간 디지털 비디오 컨퍼런스를 통한 역사가, 소설가, 내용 전문가와의 상호작용이나 전자칠판의 사용, 학습자와의 이메일 전송, 디지털 비디오 및 오디오 사용, DVD 검색자료 사용, 파워포인트 활용 수업 등 디지털 정보를 활용한다.

② 개별응답시스템

디지털 교사는 교사의 질문에 학습자가 응답한 것을 그래픽과 함께 제시하기 위해 개별응답시스템(prs)을 사용한다. 이는 무선 키패드 방식이며 개별적 응답을 쉽게 즉각적으로 시각적 그래프로 파악할 수 있기 때문에 주의집중에 유용하며 학습자와의 상호작용을 촉진하고 보다 나은 학습 결과를 획득하게 된다.

③ 모바일 평가도구

모바일 컴퓨터 기술의 발전으로 소형 디지털 장치는 아동들의 읽기능력, 발표, 실험, 보고서 등에 대한 수행평가 자료를 입력하고 바로 결과평가를 제공할 수 있게 한다.

모바일 장치는 교사의 업무시간을 절약하고 학습자의 학습 결과의 자동화를 이룰 수 있으므로 개별화 수업을 용이하게 한다. 특수아동 지도 교사들의 경우는 모바일 평가 도구인 GoObserve 소프트웨어가 내장된 모바일 컴퓨터 도구를 사용하여 학습자 수행 및 행동 관찰을 맞춤형으로 수행하게 한다.

④ 교사 동아리

디지털 교사는 인터넷 기반 상호작용을 통해 전국 규모의 교사 동아리 활동에 참여하여 교육 관련 아이디어와 자료를 교환하고 상호 협동할 수 있다. 예를 들어 공학의 통합적 사용이나 교실수업 관리, 영재아 및 장애아 지도 등과 같이 다양한 공통 관심사에 참여할 수 있다. 그밖에도 온라인 수업, 멘토 활동, 공동 학습 프로젝트 작업을 공유할 수 있다.

한편, 교사를 위한 국가교육공학(National Educational Technology Standards for Teacher ; NETS-T)은 디지털 교사의 역량을 〈표 1-1〉과 같이 5가지의 기본 가이드라인으로 제공하고 있다.

〈표 1-1〉 교사를 위한 국가교육공학 표준(NETS-T)

표 준 항 목	세 부 내 용
학생들의 학습과 창의성을 촉진하고 영감을 줌	교사들은 교과, 수업과 학습, 공학의 지식을 활용하여 면대면 수업과 가상학습 상황에서 학생들의 학습, 창의성, 혁신을 촉진한다.
디지털 시대의 학습 경험과 평가를 설계하고 개발함	교사들은 현대적 도구와 자원을 활용하여 실제적인 학습경험과 측정을 설계, 개발, 평가하여 맥락에서의 수업내용 학습을 최대화하며 NETS-S에서 확인된 지식, 기능, 태도를 개발한다.
디지털 시대의 작업과 학습의 모델이 됨	교사들은 글로벌 사회, 디지털 사회에서 혁신적 전문성을 지닌 대표자로서 지식, 기술, 작업과정을 시범 보인다.
디지털 시민 정신과 책임감을 촉진하고 모델이 됨	교사들은 진화하는 디지털 문화에서 지역 및 세계의 사회적 이슈와 책임을 이해하고, 교직을 수행할 때 법적이고 윤리적으로 행동한다.
전문성 신장과 리더십에 참여함	교사들은 전문가로서 또한 평생학습자의 모델로서 디지털 도구와 자원을 효과적으로 사용하여 지속적으로 전문성을 향상시키고 학교와 교직사회에서 리더십을 보인다.

출처 : 이미자 외 9인, 2011, p.13.

이 표준은 교실 수업에서의 실제 상황과 수업 개발 및 교사의 전문성에 대하여 표준항목과 세부내용으로 기술되어 있다. 교사 각자의 전문성 개발을 위하여 시범 예시와 전문 포트폴리오 만들기 활동에 큰 도움을 제공한다.

4) 학습자매체

디지털 환경 속에서의 학습자는 공학이 중요한 학습환경으로 통합된 교실에서 지구촌과 소통하게 되므로 매체 활용을 통한 디지털 연결 활동 여부에 따라 학습자능력도 다양한 방향으로 향상될 수 있다.

① 상호작용 도구

학습자 간 상호작용을 도와주는 도구인 무선 노트북, PDA, 디지털카메라, MP3, 오디오파일 등을 사용하여 학습자의 역량을 전문적으로 확장시키는 학습자매체를 활용한다.

② 학습자 간 상호작용

현대사회의 무선 디지털 환경에서처럼 학습자 간 연결이 활발한 적은 없었다. 학습환경에서 유아부터 성인 연령의 구분 없이 스마트 폰, PDA, 노트북을 통한 음성, 텍스트, 애니메이션 이용으로 음악, 미술, 영화, 사진 감상 등을 활발히 상호작용하기 위하여 이들을 의사소통의 도구로 활용한다. 특정 주제에 관한 블로그 정보를 공유하고, 다른 학습자의 블로그를 링크하며 개별 학습 탐구와 조사 및 배경지식의 공유에 공학적인 학습자매체를 활용하고 있다.

학습자매체의 활용을 위하여 다음에서 소개하는 국가교육공학 표준은 〈표 1-2〉와 같은 6가지의 중요한 기능을 제공한다. 이 표준은 21C 지식과 기능의 역량인 연구능력, 비판적 사고, 문제해결능력, 의사결정능력, 시민의식, 공학매체의 작동법 등에 매우 밀접하게 연관되어 있다.

〈표 1-2〉 **학습자를 위한 국가교육공학 표준(NETS-S)**

표준항목	세부내용
창의성과 혁신	학생들은 공학을 활용하여 창의적 사고를 시범보이며, 지식을 구성하고, 혁신적인 결과물과 과정을 개발한다.
의사소통과 협력	학생들은 원격교육이 포함되는 디지털 미디어와 환경을 사용하여 의사소통하고, 협력하여 공부하며, 개인적인 학습을 지원하고 다른 학생이 학습하는 데 기여한다.
연구와 능숙한 정보 활용	학생들은 디지털 도구를 사용하여 정보를 수집, 평가, 활용한다.
비판적 사고, 문제해결, 의사 결정	학생들은 비판적 사고 기능을 활용하여 연구를 기획하여 수행하고, 프로젝트를 관리하며 문제를 해결한다. 그리고 적합한 디지털 도구와 자원을 활용하여 정보에 기반한 의사결정을 한다.
디지털 시민정신	학생들은 공학과 관련지어 인간, 문화, 사회적 이슈를 이해하고 합법적이고 윤리적인 행동을 실천한다.
공학 작동과 개념	학생들은 공학 개념, 시스템과 작동법 등에 대하여 잘 이해하고 있음을 보여준다.

출처 : 이미자 외 9인, 2011, p.16.

21C 학습자들은 디지털 미디어와 환경을 사용하여 자신의 창의적 사고를 시범보이며, 지식을 의사소통하고, 협력하여 공부하며, 개인적인 학습을 지원하고 다른 학생의 학습에까지 기여한다. 학습자들의 유연한 비판적 사고 기능을 활용하여 연구 수행, 프로젝트 관리 및 문제해결에 적합한 디지털 도구와 자원을 활용하여 정보에 기반한 의사결정과 합법적이고 윤리적인 행동을 실천하여 공학과 매체 활용을 확장한다.

결국, 교사를 위한 국가교육공학 표준과 학습자를 위한 국가교육공학 표준은 미래 교수-학습 현장에 매체 활용을 통한 공학적 지식을 활용할 수 있는 구체적 가이드라인을 제시하여줄 수 있다.

1 탐구과제

1. 정보사회의 의미를 설명하여 봅시다.
2. 21C 정보사회의 특징에 따른 교육적 변화는 어떠할지 예를 찾아봅시다.
3. 국가교육공학 표준을 참조하여 교사매체로 활용될 수 있는 예를 찾아봅시다.
4. 국가교육공학 표준을 참조하여 학습자매체로 활용될 수 있는 예를 찾아봅시다.

제 2 장

보육교사와 영유아

01_보육교사

02_보육교사의 자격기준

03_유아교육기관의 조직구조

04_영유아의 정의

05_영유아교육의 목적 및 의의

01 보육교사

보육교사는 자격증을 소지하여야 하며 전문대학 또는 이와 같은 수준 이상의 학교에서 관련 교육과정을 통하여 무시험 보육교사 자격증을 취득하게 되는데 이는 보육교사 2급 자격을 말한다.

다시 말해서 보육교사 2급 자격의 취득을 위하여 보육 관련 교과목 및 해당 학점을 이수하여야 하는데 필수 교과목으로 160시간의 연속적인 보육실습 수행이 필연적이다.

한편 보육교사 2급 자격을 취득한 후 3년 이상의 보육업무 경력이 있는 사람으로 보건복지부 장관이 정하는 승급교육을 받은 사람은 보육교사 1급 자격을 취득할 수 있다.

02 보육교사의 자격기준

전문대학 또는 이와 같은 수준 이상의 학교에서 보건복지부령으로 정하는 보육 관련 교과목 및 학점을 이수하고 졸업한 사람이 보육교사 자격증을 취득할 수 있다(※ 현행법에 의한 석사학위 취득자 포함).

〈표 2-1〉 보육교사 자격기준

	자격기준	제출서류
보육교사 1급	1) 보육교사 2급 자격을 취득한 후 3년 이상의 보육업무 경력이 있는 사람으로서 보건복지부장관이 정하는 승급교육을 받은 사람	① 보육교사 2급 자격증 사본 ② 경력증명서 원본 (보육교사 2급 자격취득 이후 3년 이상의 보육업무) ③ 1급 승급교육 수료증 사본 ④ 사진파일(인터넷 신청 시 사진등록) ⑤ 자격증 발급신청서(인터넷 신청 후 출력)
	2) 보육교사 2급 자격을 취득한 후 보육 관련 대학원에서 석사 학위를 취득하고 1년 이상의 보육업무 경력이 있는 사람으로서 보건복지부장관이 정하는 승급교육을 받은 사람	① 보육교사 2급 자격증 사본 ② 보육 관련 석사학위증명서 원본 ③ 경력증명서 원본(1년 이상의 보육업무 경력) ④ 1급 승급교육 수료증 사본 ⑤ 사진파일(인터넷 신청 시 사진등록) ⑥ 자격증 발급신청서(인터넷 신청 후 출력) ※ 대학원에서 보육교사 2급 자격을 취득한 경우에는 3년 이상의 보육업무경력 및 1급 승급교육을 이수해야 보육교사 1급 자격에 해당함. ※ 보육 관련 대학원이라 함은 ① 학과(전공) 및 학위명에 '보육, (영)유아, 아동'의 단어가 포함된 경우 또는 ② ①의 경우가 해당되지 않을 경우 보육 관련 교과목 이수기준으로 보육 관련 대학원으로 인정함(보육 관련 교과목 최소 4과목 이상, 12학점 이상 이수 여부를 확인하여 인정)
보육교사 2급	1) 전문대학 또는 이와 같은 수준 이상의 학교에서 보건복지부령으로 정하는 보육 관련 교과목 및 학점을 이수하고 졸업한 사람 ※ 현행법에 의한 석사학위 취득자 포함	① 대학(또는 동등이상 학교) 졸업증명서 원본 ② 대학(또는 동등이상 학교) 성적증명서 원본 ③ 보육실습확인서 원본 ④ 보육실습기관 인가증 사본 (07년 이후 실습이수자에 한함) ⑤ 보육실습 지도교사 1급 자격증 사본 (07년 이후 실습이수자에 한함) ⑥ 사진파일(인터넷 신청 시 사진등록) ⑦ 자격증 발급신청서(인터넷 신청 후 출력) ※ 「학점인정 등에 관한 법률」의 규정에 따라 보육 관련 교과목 및 학점을 이수한 경우, 「학점인정 등에 관한 법률」에 의해 학점을 인정받고 학위를 취득한 이후 보육교사자격증을 신청할 수 있음.
	2) 보육교사 3급 자격을 취득한 후 1년 이상의 보육업무 경력이 있는 사람으로서 보건복지부장관이 정하는 승급교육을 받은 사람	① 보육교사 3급 자격증 사본 ② 경력증명서 원본 (보육교사 3급 자격취득 후 1년 이상의 보육업무) ③ 2급 승급교육 수료증 사본 ④ 사진파일(인터넷 신청 시 사진등록) ⑤ 자격증 발급신청서(인터넷 신청 후 출력)
보육교사 3급	고등학교 또는 이와 같은 수준 이상의 학교를 졸업한 사람으로서 보건복지부령으로 정하는 교육훈련시설에서 정해진 교육과정을 수료한 사람	① 최종학교 졸업증명서 원본 ② 교육훈련시설 수료증 사본 ③ 보육실습확인서 원본 - 보육실습기관 인가증 사본 - 보육실습 지도교사 자격증 사본 ④ 교육훈련시설 성적증명서 ⑤ 사진파일(인터넷 신청 시 사진등록) ⑥ 자격증 발급신청서(인터넷 신청 후 출력)

03 유아교육기관의 조직구조

1) 유아교육전문인의 조직과 관리

스타이너는 전략적 계획이란 현 결정안의 미래와 관련하며, 조직의 목표, 전략, 정책 결정의 계획 과정일 뿐 아니라, 언제, 어떻게, 어떤 종류의 계획 과정을 위한 노력들이 취해지는지와 더불어 그 결과에 따른 조치까지도 미리 결정할 수 있는 계속적인 과정이라 하였다(Steiner, 1979).

즉, 유아교사는 급변하는 변화 속에 놓여 있는 조직을 효율적으로 관리하기 위하여 전략적인 사고를 문제의 실제 특성에 근거하여 논리적으로 분석하고 새로운 양상으로 여러 요소를 창의적으로 재통합하여야 한다. 사고하는 관리자만이 성공적인 업적을 이룰 수 있다.

행정 분야에서 소개되는 조직구조는 보통 최고 관리자(strategic apex), 기술조직(techno-structure), 작업운영자(operating core), 중간계층(middle line), 보조 지원인력(support staff) 등 다섯 요소로 구성된다(Kim and Lee, 1993; Mintzberg, 1983). 이에 비추어볼 때 유아 분야도 조직의 임무가 다양하다.

유아기관에서 총괄적 조직임무가 결정되는 전략적인 정상으로는 최고 관리자인 원장이 있으며, 행정업무를 지원하고 집행 기능에 책임을 지는 중간계급의 원감, 일선 업무를 집행 운영하는 주임교사, 일선 유아 업무작업자인 유아교사나 보육교사, 보조 역할을 하는 보조교사가 수직적 상하체계 선상에 놓여 있다. 그 외에 유아기관의 조직체계가 작동되기 위해서는 유아교재 연구개발을 기획하고 고안하는 업무가 있고 식당, 교통지원 등의 보조업무를 지원하는 직원들과 자원봉사자들이 추가 구성된다([그림 2-1] 참조).

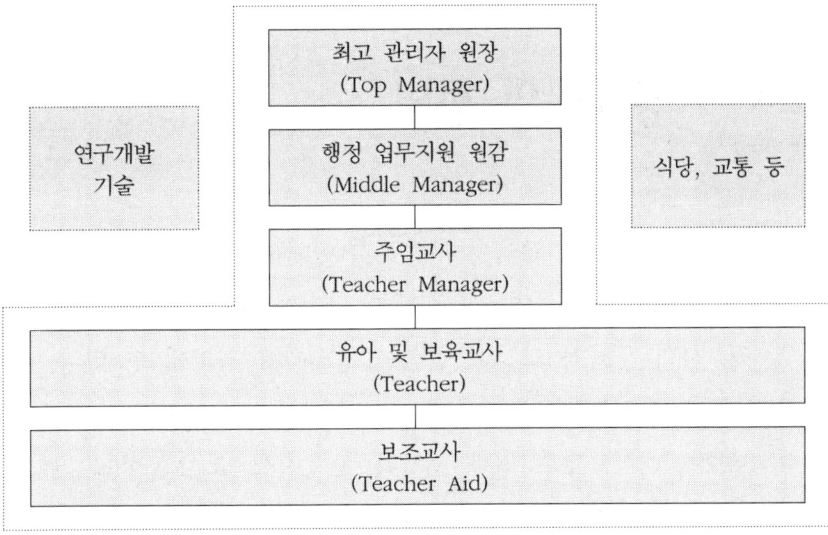

[그림 2-1] 유아기관의 조직표

효율적인 유아조직은 내부뿐 아니라 조직의 크기나 연륜, 보육시설이나 유아기관에 대한 평가인증의 여부, 서비스를 제공하는 지역사회에서 운영하는 산업과도 일치하여야 한다.

이상과 같이 유아교육전문가들은 조직체계를 통하여 진보된 유아사업의 발전을 이해하고 조직체 내에서의 지위향상 기회를 얻으며 유아교사 역할을 통한 인간관계에서 적극 활동하게 되는 전문인 개발을 이룩한다. 이러한 전문인력 개발에는 조직이론, 행동분석 이론과 방법론이 적용되어야 한다(Lee, 1995).

사회가 급속도로 현대화되면서 보육수요의 증가는 보육시설의 양적 확충과 양질의 보육 서비스 제공이라는 과제를 안고 평가 인증제라는 국가적인 체제를 전문인 역할 수행으로 이끌고 있다. 따라서, 유아교육전문인 역할 수행과 인간관계 및 태도, 교육 프로그램 성과, 행정관리능력, 목표 설정, 문제해결력, 의사소통, 직무 기술서 기획 등이 개발 프로그램에 포함되어야 한다.

04 영유아의 정의

영유아 대상의 교육이 무엇인지 이해하기 위하여 영유아의 의미를 먼저 알아보고자 한다. 영유아에 대한 정의는 학자에 따라 조금씩 다르나 발달적, 사회 문화적 그리고 법적인 측면에서 정의될 수 있다.

어떤 학자는 유아를 대상으로 교육하는 경우 0세부터 8세까지의 유아와 부모를 대상으로 가정과 유치원, 보육시설 및 초등학교 저학년 등에서 유아들의 전인적 성장, 발달을 위한 형식적 · 비형식적 교육으로 정의하고 있다. 또 이일주(1999)는 유아교육은 '만 0세부터 취학 전 아동을 주된 대상으로 하여 보육시설과 유치원에서 행하는 보호교육'으로 정의하고 있다.

최근 표준보육과정에 명시된 구분은 연령별로 만 2세 미만, 만 2세, 만 3~5세이다. 또한 교육과학기술부(2012)는 '누리과정'을 만 3세, 4세, 5세 유아를 위한 국가수준의 교육과정으로 소개하고 있다. 그동안 누리과정제정은 보육과 유아교육으로 나뉘어 각각 독자적 과정(표준보육과정, 유치원 교육과정)을 운영하여 왔었는데 최근 보육계와 유아교육계가 합심하여 만 3세, 4세, 5세아에게 반드시 필요한 목표와 내용에 대한 국가적 공통과정에 합의하게 되었다. 이는 큰 의미를 시사한다.

첫째, 유아교육체제의 이원화에 따른 혼란과 폐해를 극복하고 교육의 기회를 균등하게 하는 것이다.

둘째, 유치원이나 어린이집에서 공통된 교육과정을 만 3~5세에게 제공하여 내실화된 필수 기본 능력을 확보하게 하는 것이다. 즉, 보육시설기관이나 유치원에서 아동들의 연령에 따른 보육과정을 수행할 수 있게 하는 것이다.

유아교육을 넓은 의미와 좁은 의미로 구분하면, 넓은 의미의 유아교육은 출생에서 8세까지의 유아들을 대상으로 가정이나 사회에서 이루어지는 비형식적 교육과 유치원, 유아원, 어린이집 등 유아교육기관과 초등학교 저학년에서 체계적으로 실시되는 형식적 교육을 모두 포함한다고 하였다. 반면에 좁은 의미의 유아교육은 3, 4세에서 5세까지의 유아들을 대상으로 하여 유치원, 유아원, 어린이집 등 유아교육기관에서 체계적으로 실시되는 형식적 교육으로 정의하고 있다.

1) 발달적 측면에서 본 영유아

인간은 태어나면서부터 시간이 지남에 따라 생물학적으로 변화하게 되며, 시간의 경과에 따른 연령별로 그 발달 특성이 다르게 나타나게 된다. 유아교육의 대상이 되는 유아의 경우에는 그 발달 특성에 따라 태아, 신생아, 영아 그리고 유아로 구분하는 것이 일반적이다. 태아기는 수정이 시작되고 나서 태어나기 전까지의 생명체를 의미하고, 출생 후 첫 한 달 동안은 신생아로 불린다. 생후 1개월로부터 만 2세 미만의 어린이는 영아, 그리고 만 2세부터 6세 미만의 어린이는 유아로 지칭한다.

유아기 전 단계인 영아기의 발달 특성을 살펴보면 이 시기는 신체, 인지, 언어, 사회 및 정서 발달의 각 영역에서 모든 기초가 이루어지는 시기이다. 영아기에는 키, 몸무게 등의 신체발달이 급속하게 이루어지며, 신경세포와 이들을 연결하는 시냅스가 급속하게 증가한다. 영아들은 옹알이, 한 단어기, 두 단어기를 거치면서 영아기가 끝날 때쯤이면 150~200개 정도의 어휘를 알게 된다. 영아들은 자신과 다른 사람의 존재를 인식하고 이들과의 관계를 형성해 나가는 것을 학습하면서 사회 및 정서 발달의 기초를 닦게 된다. 영아기에 자신을 돌보는 사람과의 긍정적인 관계 형성은 이후의 발달에 결정적인 역할을 하게 된다.

만 2세부터 6세까지의 유아기는 영아기의 발달에 기초하여 발달해간다. 신체발달이 주를 이루었던 영아기에 비해 유아기에 들어선 어린이들은 다양한 운동 기능을 발달시키게 된다. 인지적으로 유아기 어린이들은 사물이나 사건을 내재화하고 보이지 않는 것을 기억하는 표상이 나타나며, 상징적으로 사고할 수 있는 능력이 발달한다.

영아기 후반부터 급속도로 이루어진 언어발달은 거의 언어 폭발기로 명명될 만큼 놀랄 만한 성장을 이루며, 유아기 후반에 이르면 성인과 거의 같은 수준에서 의사소통이 가능해진다. 유아기 어린이들이 습득해야 하는 가장 중요한 과업 중의 하나는 그가 속한 사회의 구성원으로서 필요한 가치와 규범들이다. 유아기의 어린이들은 다양한 사회화 과정을 통해 성역할, 도덕성, 친사회적 행동 등을 학습하게 된다.

2) 사회문화적 관점에서의 영유아

역사적으로 유아에 대한 정의와 이미지는 시대와 사회적 배경에 따라 계속해서 변화해왔다. 고대사회에서 유아는 부모나 사회의 부속품으로서 가족, 사회, 국가의 이익에 따라 의미를 가지는 도구적인 존재였기 때문에 종교의 제물이 되기도 하고, 사회의 인구 증가를 막기 위해 살해되기도 하며, 경제적인 이유로 노동을 착취당하기도 했다.

기독교 사상이 지배하던 중세의 유아는 신체적인 크기만 제외하고 모든 면에서 성인과 똑같은 존재로 여겨졌다. 중세시대의 사람들은 유아들이 이미 완성된 성인의 축소판으로 이 세상에 태어난다고 믿었기 때문에 유아들이 걷고 말을 할 수 있게 되면 놀이, 의복, 일, 공부 등에서 성인과 같은 수준의 기대를 했다. 이처럼 고대 혹은 중세에서는 유아기라는 시기가 따로 존재하지 않았던 것으로 보인다.

서양에서 불완전한 존재 혹은 성인의 축소판으로 여겨지던 유아들이 하나의 독립된 인격체로서 인식되기 시작한 것은 16세기의 종교개혁과 르네상스 시대의 계몽 사상가들의 영향 때문이다. 코메니우스를 시작으로 루소, 페스탈로치, 프뢰벨 등의 사상가들은 어린이를 성인의 축소판이 아닌 그 나름대로의 완전한 인격을 가진 존재임을 주장했으며 성인과 구분된 유아기의 중요성을 강조했다.

근대 이전의 사회에서 아동기 혹은 유아기가 인간의 생애에서 잊혀진 시기였다면 현대사회에서 유아기는 이에 대한 정의는 존재하되 실제로 유아들이 유아로서의 권리를 누리지 못하는 유아기의 실종기로 볼 수 있다. 유아기의 실종에 가장 큰 영향을 미친 것은 1960년대에 이루어진 유아의 인지발달에 대한 연구와 현대 가족구조의 변화이다. 1960년대에 이루어진 많은 연구들은 성인기의 발달, 특히 인지발달에서 유아기가 매우 중요하다는 것을 발견했다. 헌트는 그의 저서 《지능과 경험》에서 인간의 지능발달은 8세 이전에 가장 빠르게 성장하며 환경의 자극에 따라 변할 수 있다고 주장했다(조정숙 · 전인옥, 2005). 블룸 역시 한 개인이 만 17세까지 도달할 수 있는 지능을 100%로 볼 때 만 4세까지 50%, 만 8세까지 80%가 발달한다고 주장함으로써 헌트의 견해를 지지했다.

이러한 연구의 결과는 부모들로 하여금 유아기 지능발달에 지대한 관심을 기울이게 하였고, 부모들은 유아기에 적절한 자극을 줌으로써 자녀들의 능력을 무한으로 개발시킬 수 있다고 믿게 되었다.

3) 법적인 관점에서 본 영유아

유아를 개별적으로 가정에서 교육하는 것이 아니라 사회에서 일정 기간에 일정한 집단을 구성하여 교육하기 위해서는 유아의 존재에 대한 법적인 구성이 필요하다. 현행 국내법에서 유아교육과 가장 밀접하게 관련이 있는 것은 교육법과 영유아보육법이다.

현행 교육법에는 유치원을 유아를 교육시키기 위한 기관으로 규정하고 있으며, 동법 148조에서 유치원에 입학할 수 있는 자를 만 3세부터 초등학교 취학시기까지로 규정하고 있다. 유치원 교육을 규정하는 교육법과 달리 영유아보육법은 영유아를 만 6세 미만의 취학 전 아동으로 규정하여 유아의 범위를 영아까지 확대하고 있다. 따라서 우리나라에서 유아를 법적으로 규정한다면 출생에서 초등학교 취학 전(일반적으로 만 6세 미만)의 아동으로 정의할 수 있다.

우선 학자들은 유아교육이 태아기인 0세부터 만 8세까지의 교육이라는 데 대부분 동의한다. 최근 의학 및 과학의 발달로 태아기에 대한 이해가 증가되고 태교의 중요성이 새삼 강조되고 있다. 이에 따라 산모가 태아를 대상으로 하는 교육적 시도가 점차 일반화되고 있다는 점을 고려해보면 유아교육은 태아기부터 시작된다고 보아도 무방할 것으로 보인다.

또한 학자들은 유아교육의 상한 연령을 만 8세로 보는 데 이의가 없다. 이는 유아들의 발달 특성 혹은 유아와 초등의 연계 등을 고려하여 초등학교 저학년도 유아교육에 포함시켰기 때문으로 보인다. 실제로 유아와 초등의 연결이 잘되고 있는 미국, 영국, 프랑스 등지에서는 초등학교 저학년을 유아교육에 포함시키고 있다. 그러나 이러한 개념상의 정의는 우리나라에서 실제로 이루어지고 있는 유아교육의 현실과 차이가 있다.

현재 유아교육에 관련된 사항을 규정하고 있는 초 · 중등교육법을 살펴보면 제2조에 '유치원에 입학할 수 있는 자는 만 3세부터 초등학교 취학 전까지의 유아로 한다'고 규정하고 있다. 즉 유아교육은 개념상 광의로 해석하면 태아부터 만 8세의 어린이들까지 포함하지만 우리나라의 현실에서는 초등학교 취학 전까지의 유아를 유아교육의 대상으로 간주하고 있음을 알 수 있다. 2005년 유치원 교육을 초등학교 저학년에 편입시키고, 학제를 변경하고 있다. 이것은 유아와 초등 교육을 연계시켜 교육의 효과를 보고자 하는 취지에서 긍정적으로 볼 수 있다.

영유아교육이 초등 혹은 중등의 교육과 차이가 나는 점은 학습자뿐만 아니라 그 부모와 가족까지 교육의 대상으로 삼는다는 것이다. 교육이 그 효과를 거두기 위해서는 기관의 노력만으로 이루어지는 것이 아니라 학습자를 둘러싼 지역사회와 가정의 긴밀한 협조가 필수적으로 요청된다. 뿐만 아니라 영아기 · 유아기 아동의 발달 특성상 학습과 생활의 기초가 비형식적인 교육의 영향을 크게 받기 때문에 그 어떤 시기보다 가정과 지역사회의 협조가 절대적으로 중요하다.

특히 1960년대부터 이루어진 수많은 연구들이 유아교육 프로그램의 성공 요소 가운데 하나로 부모의 참여를 밝히면서 유아는 물론 부모 및 그 형제까지 포함시켜 종합적인 서비스를 제공하는 것이 점차 일반화되고 있다. 유아교육에서의 부모교육은 부모가 자신의 역할을 잘 수행할 수 있게 하기 위한 교육 활동이며 부모가 자녀의 교육에 적극적으로 참여할 수 있는 방법을 알려주는 것이다. 다시 말해서 유아교육은 교사와 부모가 유기적으로 상호 보완하는 일관성 있는 교육체제를 실시하여야 한다.

05 영유아교육의 목적 및 의의

1) 전인교육

초·중등교육법 제35조에 의하면 '유치원은 유아를 교육하고 유아에게 알맞은 교육환경을 제공하여 심신의 조화로운 발달을 조장하는 것을 목적으로 한다'고 규정되어 있다. 유아교육진흥법에는 좀 더 구체적으로 유아교육은 '유아를 대상으로 그 발달 특성에 적합한 교육과정을 다양한 교수방법으로 실시하는 학교교육'을 말한다고 규정되어 있다. 즉, 유치원 교육의 목표는 전인적 성장을 위한 기초교육으로서 유아의 일상생활에 필요한 기본능력과 태도를 기르는 것이며, 이는 유아교육에서 지속적으로 강조되어 온 기본적이고 기초적인 가치이다.

이처럼 유아교육에서 지속적으로 강조되어 온 전인교육이란 신체, 정서, 사회, 인지, 언어 등 인간의 여러 측면이 조화롭게 발달된 인간을 기르는 교육을 말한다.

이처럼 유아교육의 목적은 교과별 학습내용에 비중을 두는 초등교육과 차별화되는 것이며 특정한 기술이나 재능을 조기에 개발시키는 조기 재능교육과도 구분된다. 유아교육의 본질은 유아에게 특정한 분야의 기술이나 재능을 가르치는 것이 아니라 전인교육에 있음을 분명히 해야 한다.

또한 유아교육은 초등학교 취학 전 유아를 대상으로 하기 때문에 이들이 초등학교에 입학했을 때 잘 적응할 수 있도록 필요한 기능과 태도를 익히는 것이 곧 유아교육의 목적이라고 보는 경우도 많다. 그러나 유아교육은 유아의 전인발달이라는 독특한 목표를 가지고 유아의 발달 특성과 흥미에 적절한 교육을 제공하는 것이다. 이러한 경험을 제공한 결과로 초등교육을 위한 준비를 하는 결과를 가져올 수도 있고, 특정한 영역의 기술이나 재능이 향상될 수는 있으나 조기 재능교육이나 초등을 위한 준비가 유아교육의 목적이라고 보는 것은 부적절하다.

2) 놀이 중심의 통합교육

유아교육의 특성을 살펴보면 그 내용이 놀이를 중심으로 하는 교육적 활동의 통합이라는 것이다. 유아교육에서 통합이라 함은 '유아의 전인발달과 효율적인 학습을 위해 유아의 경험, 흥미 및 요구와 교육내용을 통합하고 유아와 유아 주변의 인적 및 물적 환경을 통합하며, 또한 교과목들을 통합적으로 재조직하여 가르치는 방법'을 의미한다. 유아교육에서는 하나의 주제를 중심으로 모든 내용이 통합되어 운영된다.

예를 들어 생활 주제가 '동물'이라면 노래도 동물과 관련된 노래를 부르고, 동화도 동물과 관련된 동화를 들으며, 미술 활동도 동물을 만들거나 그림을 그리도록 한다. 뿐만 아니라 환경도 동물을 중심으로 구성해준다. 이러한 통합적인 교육과정의 구성은 1969년 제1차 유치원교육과정을 제정할 때부터 이미 그 기본 방향이 정해져 있을 정도로 유아교육과정 운영의 핵심이 된다(한국 유아교육학회, 2005 ; 이은화 외 6명, 2003).

또한 내용면에서 중요한 점은 모든 학습이 놀이를 중심으로 이루어진다는 것이다. 유아에게 놀이는 하나의 생활양식일 뿐만 아니라 학습을 위한 수단이 되는 중요한 활동이다. 유아교육기관에서는 유아들의 놀이가 활성화될 수 있도록 분리대 혹은 기타 방법으로 실내·외 영역을 구분하는데 이를 흥미영역이라고 부른다. 흥미영역은 계절, 주제, 행사 및 유아의 요구에 따라 다양하게 변형 혹은 수정되며 각 영역별로 그에 적절한 교재나 교구가 제공된다. 유아들은 자유선택 활동시간에 바로 이 흥미영역에 제공된 교재나 교구를 가지고 자유롭게 상호작용하며 학습해간다. 유아교육기관에서 일반적으로 제공되는 흥미영역으로는 쌓기놀이 영역, 언어영역, 역할놀이 영역, 수, 조작놀이 영역, 조형영역, 과학영역, 음률영역, 컴퓨터 영역 등이 있다.

3) 영유아교육의 의의

유아교육의 중요성은 1960년대 인간을 대상으로 과학적인 연구를 시작하면서부터 증명되고 주장되어왔다. 초기 환경이 인간의 지적·정서적·사회적 기초를 이룬다는 사실에서 유아교육이 개인적, 국가적으로 중요한 과제로 대두되었으며, 교육투자의 효율성 분배로까지 생각하게 되었다. 특히 유아기와 유아교육의 의의는 인간의 발달단계 전 과정에 영향을 줄 수 있는 결정적 시기, 초기 경험의 중요성 등과 관련하여 생각해볼 수 있다.

(1) 결정적 시기

결정적 시기의 의미는 '인간의 발달에는 결정적 시기가 있으므로, 유아의 성장과 발달에 필요한 경험이나 자극이 주어지지 않거나 박탈된다면 손상된 발달의 영역을 치유하기 위한 교육적인 시도가 이 시기 후에 주어진다 하더라고 회복되기 어려울 뿐더러 어떤 것은 전혀 불가능하다'는 것이다(수원대학교 교재편집위원회, 1998 ; 한임순, 1999).

코스텔리닉과 그의 동료들은 유아기가 발달의 최적기인 영역으로 친사회적 태도와 행동, 의사소통능력, 친교적 기술, 자아 존중, 일반적인 문제해결 전략, 논리적·수학적 사고과정, 심미감, 권위와 규칙에 대한 태도, 학습자로서의 자신에 대한 태도 등을 제시한 바 있다. 이처럼 유아기가 다양한 영역에 걸쳐 발달의 최적기라면 유아교육을 담당하는 사람들은 이 시기에 해당하는 발달과업이 제대로 성취될 수 있도록 적절한 교육적 시도를 해야 할 것이다(이은화 외 6인, 2003).

(2) 초기 경험의 중요성

세 살 버릇이 여든 간다는 속담과 마찬가지로 유아기는 인간발달의 기초가 형성되는 시기이다. 캐츠는 지난 20년간 보고된 연구들을 종합한 결과 유아기의 경험은 한 인간의 생애에 지속적인 영향을 미친다고 결론을 내리고 있다. 대부분의 사람들은 신체발달은 타고난 자연의 일정에 따라 저절로 이루어진다고 생각하지만 유아기에 다양한 운동능력의 기초가 형성되지 않으면 민첩성이나 평형성 등의 능력이 능숙하게 발달하기 어렵다는 것이 학자들의 일관된 연구 결과이다.

류삼태와 그의 동료들은 많은 학자들의 연구를 종합한 결과 유아기에 습득된 운동능력이 일생 동안의 신체 움직임이나 운동능력을 좌우한다는 결론을 내리게 되었다. 이들에 의하면, 유아 및 아동기에 걷기 · 달리기 · 던지기 등의 기본적인 운동 기능들을 적절하게 발달시키지 못할 경우 놀이나 활동에서 신체적으로 기능을 발휘하는 데 제한을 받는다.

유아기는 언어발달에서도 성인이 되었을 때 필요한 의사소통의 기초가 형성되는 시기이다. 갓 태어난 아기들은 울음을 통해서 의사소통을 하다가 1세 말경에 이르면 1개의 단어로 의사소통을 시작하며 2세쯤 되면 두 마디를 문장으로 말하면서 자기 의사를 분명하게 표현하기 시작한다. 유아기의 시작인 2세경에는 200~300개에 불과하던 어휘는 5세까지 2000~2500개로 늘어나고 성인 수준에서 의사소통하는 것이 가능해진다(강경미 · 구광현 · 백경숙, 2005).

에릭슨은 인간의 전 생애 발달을 8단계로 구분하고, 각 단계마다 발달시켜야 하는 과업이 있으며, 이를 성공적으로 수행하면 긍정적인 성격과 태도를 발달시킬 수 있다고 주장했다(수원대학교 교재편집위원회, 1998). 에릭슨이 유아기 아동이 발달시켜야 하는 과업으로 제시한 것은 세상에 대한 신뢰, 자신의 행동에 대한 통제, 그리고 부모와는 다른 독립된 존재임을 인식하는 것이다. 자신을 돌보아주는 가장 중요한 사람과의 관계 속에서 이러한 과업이 성공적으로 이루어지면 유아들은 신뢰감, 자율감, 그리고 주도성을 발달시킬 수 있으나 그렇지 못한 경우에는 불신감, 수치심, 그리고 죄책감을 얻게 되므로 이후의 발달에 부정적인 영향을 미치게 된다.

인간발달에서 초기 경험이 후일의 발달에 영향을 미친다는 주장은 학자들에 의해 다양한 각도에서 연구되었다. 특히 볼비가 연구한 애착 현상은 이후 유아들의 발달과 매우 밀접한 연관성이 있는 것으로 밝혀졌다(이은화 외 6인, 2003). 애착은 생후 1년 이내에 유아들이 자신을 돌보는 친숙한 사람과 강력한 정서적인 유대를 맺게 되는 현상을 의미한다.

영아기에 형성된 애착은 유아기에도 지속되고, 유아의 지적 발달이나 호기심에도 영향을 준다. 애착 행동은 유아의 성격 및 사회성 발달에도 영향을 주어 자신을 돌보는 중요한 성인과 애착관계를 형성하지 못하고 성장한 유아는 정서적으로 심한 불안을 보이고 타인과의 관계를 형성하는 사회적 능력이 부족한 것으로 보고되고 있다.

(3) 유아교육의 효과

앞에서 살펴본 것과 같이 유아교육의 의의는 인간의 전인적 성장을 위한 기초교육으로서 그 의미가 매우 크다 하겠다. 그렇다면 유아교육의 효과는 과연 구체적으로 어느 정도인가? 미국의 와이카트와 그의 동료들은 1960년대에 자신들의 프로그램에 참여했던 유아들을 30년이 넘도록 장기 추적하여 유아교육의 효과를 수적으로 밝혀냈다. 이들의 연구에 의하면, 유아교육을 받은 사람들은 그렇지 않은 사람에 비해 고등학교를 졸업하는 비율이 훨씬 높았고, 학교에서 특수반에 배치되는 비율도 낮아졌으며, 청소년 범죄에 가담하거나 미혼모가 되는 비율 등이 현저히 낮았다.

결국 우리 사회에서도 영유아를 위한 국가수준 교육과정이 2012년 7월부터 고시되어 표준보육과정과 누리과정에 대한 실시로 영유아를 위한 교육을 받은 사람들은 교육과 연수 및 고등교육기관 진학률이 이전보다 높아지고 연간 소득이 증가되는 국가적 관리와 지원을 받는 체제로 들어가고 있다. 이러한 모든 효과들을 계산해볼 때 영유아교육에 하나를 투자하면 이들이 성인이 되었을 때 몇 배의 효과를 가져오므로 적절한 시기에 유아교육에 투자하는 것이 후일 잘못되었을 때 교정하는 것보다 훨씬 효율적이라는 결론을 얻는다.

2 탐구과제

1. 보육교사의 1급과 2급의 자격기준에 대하여 설명하여 봅시다.
2. 유아교육기관의 조직구조에서 보육교사의 역할을 하기 위한 어떤 노력이 필요한지를 생각하여 봅시다.
3. 영유아교육의 목적 및 의의를 살펴보고 최근 정부 정책 방향과 비교하여 봅시다.

제 3 장

교수-학습

01 교 수

교육의 과제를 달성하기 위해 의도적 교육기관으로 유아교육기관이나 학교는 보다 계획적이고 체계적으로 만들어진 가장 중요한 조직체이다. 이러한 교육은 대부분 교육과정을 통해 교수자와 학습자 간의 상호작용을 통해 교수와 학습 활동이 이루어진다. 설리스(Searles)는 '교수자, 학습자 그리고 교육내용', 이 세 가지 요소가 상호 관련된 기능을 가지고 서로 영향을 끼치고 작용한다고 보았고, 교육과정을 '교육내용'을 탐구해야 할 대상, 즉 학습과제라고 부르고 있다(최동근 역, 1993).

이때 '교수자'는 학습과제의 구조를 결정할 권한을 갖게 되며, 따라서 그 체제의 목표에 도달할 책임 및 기능수행에 관련된 권한은 상당하다. '학습자'는 내적 · 외적 동기유발을 일으키는데, 동기가 주어지면 요구되는 활동에 응하고, 스스로 학습과제의 구조를 발견하게 되어 그 체제를 작동시킬 수 있게 된다.

또한 학습자가 학습과제를 계속 진행해 나아갈 수 있는지는 교수자의 피드백에 달려 있다. 교수자와 학습자 두 사람 사이의 상호적 감정의 연결이 유지되는 경우 교수체제는 더욱 효과적으로 운영된다.

이와 같이 교수자와 학습자는 교육내용이나 학습과제를 통하여 상호작용하고 있으며, 이는 가르치는 일과 배우는 일, 즉 교수(teaching)와 학습(learning)이라 불린다.

교수(instruction)는 학교교육에서 가장 중요한 기본 요소이다. 교수라는 말은 '가르쳐 주는 것'을 뜻하며, 수업을 포함하는 더 포괄적인 의미로 사용된다. 수업과 교수는 영어로 teaching과 instruction으로 구별하여 사용할 수 있으나 실제적으로 두 용어의 사전적 정의를 살펴보면 '학문이나 기술을 가르치는 행위'로 그 의미가 과히 다르지 않아 호환 사용하여도 무관하다.

교수 활동은 일정한 기간 동안 어떤 목표를 향하여 계획적인 방법을 통해 체계적으로 활동을 전개하는 것을 말하는데, 코리(1971)는 교수의 개념을 다음과 같이 정의하였다(주영주, 이광희, 2002).

"교수란 개인으로 하여금 특정한 조건이나 사태에 임했을 때 특정한 행동을 하도록 학습하게 하거나 또는 그 특정 행동에 참여할 수 있도록 개인을 둘러싼 환경을 계획적으로 조작하는 과정이다."

여기에는 두 가지 의미가 내포되어 있다. 하나는 특정한 조건하에서 특정한 행동을 하도록 학습하게 한다는 것이다. 이는 교수란 처음부터 어떤 행동변화를 일으키고자 하는 명확한 목표를 전제로 하고 있다는 것이다. 또 다른 의미는 계획적으로 행동을 조작하는 것이다. 이는 교수란 항상 계획된 활동임을 의미한다.

즉, 의도한 교수목표를 달성하기 위해서는 학습자의 행동을 매우 구체적인 계획하에서 통제하여야 한다는 것이다. 따라서 교수란 목표를 달성하기 위해 학습이 잘 이루어지도록 환경을 계획적으로 조작하는 과정이라고 볼 수 있다.

02 학 습

학습(leaning)이란 주어진 환경 속에서 지속적으로 경험에 의해 일어나는 행동의 변화를 말한다. 이때 행동의 변화는 타고난 반응경향, 성숙, 또는 피로나 약물에 의한 일시적 상태의 변화는 포함시키지 않는다(Hillgard & Bower, 1979).

학습에 대한 정의는 주로 다음 세 가지 기준에서 내릴 수 있다.

- 어떠한 행동의 변화가 있어야 한다.
- 행동의 변화는 경험이나 훈련 또는 연습에 의해 나타난다.
- 변화된 행동은 그 효과가 비교적 오래 지속되어야 한다.

그러므로 인간에 있어서 학습이란 한두 가지의 원리에 바탕을 둔 단순한 과정이 아니라 그 과정이나 형태에 있어서 다양성을 내포하고 있는 복합적이고 다면적인 과정이라고 볼 수 있다(Gagne & Briggs, 1979).

학습이란 환경으로부터의 자극을 새로운 능력을 획득하는 데 필요한 정보처리의 여러 단계들로 변형시키는 일련의 인지과정이라 결론지을 수 있다.

교육과정이란 교육의 목적이 설정되었을 때 교육의 모든 과정을 마칠 때까지 요구되는 교육목표, 내용, 시간까지 포함한 교육의 전체 계획이다. 구체적으로 교육과정은 학습자가 교육목적을 달성할 수 있도록 계획된 경험인 학습내용을 일컫는다.

교수는 교육과정에 내포된 내용을 가르치는 일이며, 학습이란 학습자의 지식과 행동의 변화를 의미한다. 이들의 관계는 [그림 3-1]과 같이 이상적일 수 있으며, [그림 3-2]와 같이 실제적인 모습으로 나타나기도 한다(이화여자대학교 교육공학과, 2001).

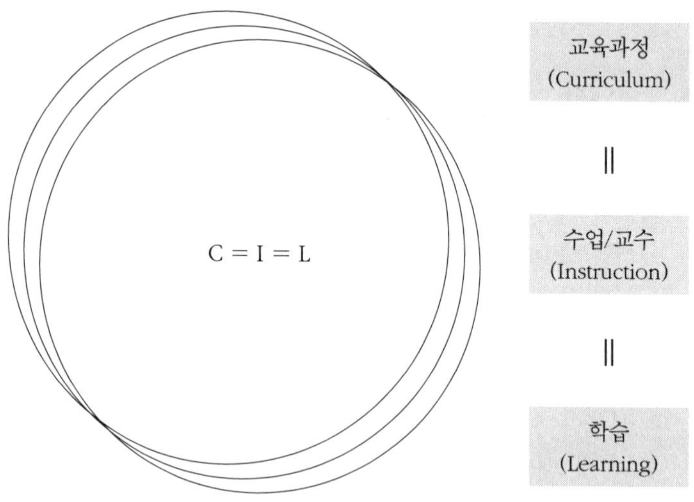

[그림 3-1] 교육과정, 수업/교수, 학습의 이상적 관계

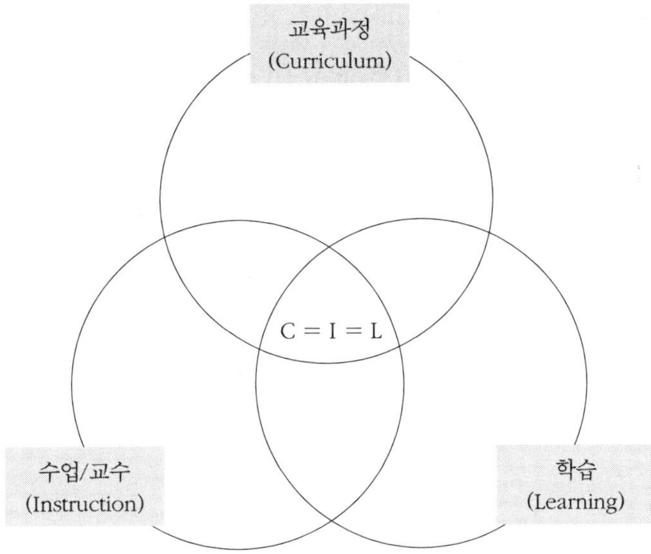

[그림 3-2] 교육과정, 수업/교수, 학습의 실제적 관계

03 학습에 영향을 주는 요소

메이어(Mayer, 1982)에 의하면 학습은 경험의 결과로 인하여 어떤 개인의 지식, 행동, 태도가 비교적 지속적으로 변화되는 것이다. 그러므로 학습의 효율성은 준비성, 지능, 동기유빌, 개인치에 따른 다양한 학습방볍, 학습 환경 조건 등의 요인이 지대한 영향을 미치게 된다.

1) 준 비 성

준비성(readiness) 또는 준비도는 학습자가 학습할 수 있는 기초 능력이다. 어떤 학습이 효과적으로 이루어지게 하기 위한 준비상태가 어느 정도 되어 있는가를 말한다.

학습자 변인에는 신체적 발달, 정서적 발달, 지능, 학습동기, 인성 특성,

발달 특징 등이 포함된다. 외적 변인으로는 교사 특징, 교육방법, 교육내용, 학습자료, 학습 분위기가 포함된다.

2) 지적 특성

학습능력은 다양한 지적 특성을 이룬다. 지능, 사고력, 창의력, 학습양식, 학습자세 등은 학습과 밀접한 관계에 있다. 이들 중 지능이란 인간이 환경을 지각하고 사고하며 다루는 종합적인 능력이다. 지능이 중요시되는 학습은 지각, 기억, 추리, 사고력 등도 크게 요구된다.

3) 학습동기

학습동기란 학습자의 배우려고 하는 욕구이다. 학습동기 유발방법으로는 학습의 요구를 개인의 요구와 일치시키고, 학습목표를 명확히 설정하고, 개인의 흥미, 적성에 맞는 학습과제를 실제 수행하는 것이 추천된다.

동기유발은 자연적이며 내부로부터 오는 동기유발과 인위적이며 외부로부터 오는 동기유발로 구분된다. 전자인 내재적 동기는 관찰 가능한 보상 없이 계속 행동하도록 하는 것이며, 후자인 외재적 동기는 외부적 보상이나 강화를 의미한다.

4) 학습방법

학습방법이란 학습자의 개인차를 고려하여 발달수준에 맞는 적절한 교재를 선택하고, 교재는 학습 준비도에 맞게 배열하여 개인에 따른 성숙도나 학습문제의 난이도 등에 따라 학습시간의 길이를 다르게 조절하는 것이다.

5) 환경적 조건

환경적 조건은 학습자의 학습에 영향을 미치고 있는 외적 요인을 말한다. 학습의욕을 높이고, 효과를 올리기 위한 학습환경 특성을 생각할 때에는 의자 배열, 크기, 온도, 변화, 채광, 소음 등의 물리적 조건, 교육장의 특성, 교육장의 분위기 등이 고려되어야 한다.

04 교육방법과 유형

교육방법이란 교육과 방법의 의미를 합한 것으로 정의할 수 있다. 넓은 의미의 교육방법은 '교육의 과정'을 의미하며, 교육목적 탐구, 교육과정 구성, 수업, 교육평가, 생활지도 영역까지 포함한다. 그러나 협의의 교육방법은 바로 구체적으로 '교수방법/형태 또는 교수전략'을 의미한다(이화여자대학교 교육공학과, 2001).

교육과정에는 여러 가지 다양한 변인들이 작용된다. 라이겔루스(Reigeluth)와 메릴(Merrill)은 교육의 변인을 조건, 방법, 결과의 세 가지 범주로 분류하며, 이에 따른 다양한 변인들을 설명하고 있다(Anglin, 1995).

'조건'은 교과내용의 특성이나 학습자의 특성을 말하고, 방법은 학습 결과를 성취하기 위한 다양한 전략들을 뜻하며, 결과는 효과성, 효율성, 매력성이다. 즉 교수방법은 교수조건을 기초로 교육목표에 도달하기 위한 효과적 교수 결과를 동반하는 다양한 학습전략들을 의미한다.

이때 '방법'이란 "목표를 이루기 위하여 취하는 수단"으로 "객관적인 진리에 도달하기 위하여 연구하는 수법"이다. 이러한 방법 속에는 이론과 실제가 담겨 있어야 한다. 그러므로 교수방법은 이론과 지식을 기반으로 하여 실제적인 문제해결을 위한 지식의 적용이라고 할 수 있다.

예를 들어 교육방법은 교수자가 학습자들에게 교육내용을 효과적으로 전달하는 실제 과정이다.

하이니크(Heinich, 1996)는 교육방법이란 전통적으로 교수내용을 제시하는 형태(presentation forms), 즉 교수형태를 의미한다고 하며, 매체와 메시지와의 관계를 설명하고 있다. 매체는 통신수단으로 정보원(source)과 수신자(receiver) 간의 정보전달 수단이다. 예를 들면 필름, TV, 인쇄자료, 컴퓨터 등을 말하며, 교육목적을 위해 메시지를 전달할 때 교수매체가 된다.

메시지(message)는 의사소통이 이루어지는 정보로서 매체를 통해서 메시지가 전달된다. 그리고 방법(methods)은 교수자들이 학습목표를 달성하는 데 도움을 주기 위해서, 또는 메시지나 교수내용을 내면화하기 위해서 선택된 수업의 절차이다.

결국 교육방법은 교육목표를 달성하기 위해 매체와 메시지를 통해 선택된 수업의 절차이다.

한편 교육의 '결과'는 효과성(effectiveness), 효율성(efficiency), 매력성(appeal) 측면에서 평가되어야 한다. 그러나 이제까지 교육방법을 결정할 때 효과성과 효율성에 더 중점을 두어왔다.

변영계 등(1996)도 좋은 교육방법이란 효과적이고 효율적이며 매력적이고 안전한 것이어야 한다고 했다. 매력적이란 학습자와 교수자들이 얼마나 그 과정을 즐길 수 있으며 좋아하느냐에 대한 고려이고, 안전하다는 것은 교육방법의 실천과 수행이 도덕적으로 문제가 없다는 것을 말한다.

그러므로 어떤 교육방법이 학습자에게 더욱 매력적이고 안전한 방법이며, 어떤 교육방법이 인간을 중심으로 한 최선의 교육방법이 될 것인지를 고려해야 한다.

교육 활동에는 다양한 교수접근 방식을 활용할 수 있다.

1) 강 의

강의는 설명을 이용한 전통적이고도 보편적인 해설 방식의 교수기법이다. 언어를 매개로 많은 수의 대상자를 상대로 원리나 지식을 일방적으로 전달하는 데에 좋다. 교수자의 육성으로 전개되는 강의를 보조하기 위하여는 칠판과 마이크가 사용되며, 유인물이나 교재를 동반하는 것이 일반적인 추세이다.

먼저 강의목표를 설정하고 구체적인 강의내용을 결정하고 조직해야 하는데, 이때 동반할 보조자료나 교수매체와 물리적인 강의환경을 배려해야 한다.

강의법은 사실적인 정보나 개념의 논리적인 전달에 효과가 크며, 새로운 정보의 소개나 복잡한 정보를 설명하는 데에 적합한 기법이다. 강의에서 가장 기본이 되는 기법으로 미리 짜서 진행하면 시간의 계획과 통제가 용이하고 많은 내용을 짧은 시간 내에 전달하게 되어 효과적이다. 비용 또한 가장 적게 든다.

그러나 이 방법은 학습자가 단지 가만히 앉아서 경청하고 필기 위주의 수동적인 입장이 되게 만들며, 일방통행식으로 진행되기 쉽다. 또 발표자 위주의 주입식 전달이 되기 쉬운 단점을 지니고 있다.

강의 후나 면담을 통하여 질문을 받을 수 있으며 시험, 과제물, 사후 면담 조정 등으로 어느 정도 단점을 극복할 수 있다. 정의적인 학습목표 달성이나 심체적인 변화를 위한 수업상황에서는 적절하지 못하다.

따라서 강의방법과 기타의 교수방법을 혼용하면 더욱 효과적이다. 즉 강의를 통하여 주제에 대한 전반적인 소개를 한 뒤 주어진 문제에 대해 학습자들 스스로가 토론, 시범, 실습 등을 하면 좋은 해결책을 찾아낼 수 있다.

장점

- 단시간 내에 가장 많은 내용을 전달할 수 있어 경제적인 방법이다.
- 기본이 되는 정보를 제공, 소개하여 공통적인 이해를 돕는다.
- 대단위 집단을 한꺼번에 다룰 수 있어 편리하다.
- 학생들이 교육에 대한 부담감이 적다.

단점

- 학생들이 수동적이 되기 쉽다.
- 학생의 개인차를 배려하기 힘들다.
- 많은 양의 지식이 전달되는 반면 파지는 짧다.
- 기술이나 행위가 중심이 되는 주제에는 적합하지 못하다.
- 문제해결능력을 배양하기 힘들다.
- 학생의 이해 정도를 파악하기 힘들다.
- 교수자 중심의 강의가 되기 쉽다.

2) 토 의

토의는 공동의 문제나 관심사를 의논하기 위한 것으로 파커(Parker)의 회화적 방법(conversational method)에서 유래되었다. 토의는 혼자서는 해결하기 힘든 문제나 상황에 직면했을 때 5~15명의 학생이 하나의 소조직을 이루고, 구성원들 사이에서 자유로이 의견을 교환하여 집단의 의견과 사고를 통하여 문제를 해결해나가는 방법이다.

구성원은 자진해서 토의에 참여하여 해결책을 찾아나가게 되므로 자기 자신을 표현하는 능력을 개발할 수 있는 기회를 가질 수 있다. 이때 토의를 주도하는 교수자 또는 사회자는 물론 구성원 각자가 토의되는 주제에 대해 잘 알고 있어야만 활발한 의견교환이 가능하다.

토의에는 분명한 목적이 있어야 하며, 구체적으로 무엇을 해결하기 위한 토의인가를 명확히 해야 한다. 실제적이고 구체적이지 못한 주제는 참가자들의 흥미를 감소시키고, 무관심을 불러일으켜 공론이 되기 쉬울 뿐 아니라 두서없는 대화나 자서전인 방백으로 흐르기 쉽다.

목적이 설정이 되면 토의 주제와 방식이 결정되어야 하고, 토의시간을 계획하게 된다. 그 다음으로 토의에 필요한 자료를 준비하고 실제 토의가 전개되는데 이때 참가자의 참여동기가 적극적으로 유발되어야 함은 물론 교수자는 참여 관리자로서, 정보 제공자로서 또 활동 관리자로서의 역할을 담당해야 한다. 마지막으로 토의 결과가 환류되어야 한다.

또한, 토의의 주제는 다소 제한적이어서 신체적인 활동이 요구되는 기재의 조작과 같은 기술의 습득에는 적합한 교수방법이라 볼 수 없다.

장점

- 학생의 적극적인 참여를 유도한다.
- 참여자가 내놓은 여러 가지 아이디어를 자신의 경험과 비교하여 지식과 경험을 새롭고 창의적으로 재구성하게 된다.
- 의사전달능력이 개발된다.
- 협동, 인간관계 등의 건전한 사회적 태도를 함양할 수 있다.

단점

- 참여자의 수에 제한이 있다.
- 참여를 위한 참여는 체계적인 사고를 방해한다.
- 토의 통솔자의 능력이 그 어느 방법에서보다 중요하다.

토의에는 구체적으로 다음과 같은 여러 가지 유형이 있다.

① **원탁식 토의**(round table discussion)

10명 정도가 둘러앉아 규칙 없이 자유로이 의사교환을 한다. 참여자 전원이 자신의 지식, 정보를 활발하게 발언할 수 있다.

② **배심 토의**(panel discussion)

토의한 문제에 대하여 대립된 의견을 가진 대표(배심원) 4~6명과 일반 학생으로 구성이 된다. 배심원의 토의를 학생이 듣고, 이해하고, 비판하여 자기 나름대로 의견을 조성한다.

짧은 시간에 전문가의 의견을 다각도로 들을 수 있어 흥미롭지만 자칫 단상 위의 사람들만 참여하는 토의가 되기 쉽다. 사회자의 토의 유도 기교가 완벽해야 한다.

③ **공개 토의**(forum discussion)

어떤 주제에 대해 새로운 정보나 자료분석 결과를 제공하며, 참가자에게 질의응답 기회를 줌으로써 관심을 끌고 사고를 활발히 하고자 한다. 대개의 경우, 한 사람 또는 몇 사람의 연사가 청중 앞에서 강의를 한 다음 주제에 대한 질문을 중심으로 교수자와 학생 사이에 질의응답이 이루어진다.

④ **대화식 토의**(dialogue discussion)

6~8명 정도가 적당한 인원이며, 주제에 대한 권위자와 전문가를 교실에 초빙하거나 현장에 가서 대면하여 질의응답식으로 지식을 얻는다.

⑤ **심포지엄**(symposium)

몇 명의 연사가 같은 주제를 각기 다른 입장에서 발표한다. 강연내용도 사전에 청중에게 배부하여 알려주고, 강연 후에 교수자와 학생이 질의응답이 활발히 이루어져 종합적인 의견을 집성할 수 있어야 한다.

⑥ **세미나**(seminar)

참가자 모두가 주제에 대하여 권위 있는 전문가나 연구가들로 구성된다. 세미나는 주제에 대한 공식적인 보고와 함께 참여자들의 의견을 전개하거나 질의응답을 통한 공개 토론의 형태로 이루어지며, 참가자들에게 특정 주제에 대한 전문적인 연수나 훈련의 기회를 제공해주는 데 목적이 있다.

⑦ **버즈 훈련학습방법**(buzz session method)

버즈란 벌이 붕붕 소리를 내면서 무리를 이루고 있는 상태를 말하며, 여기서는 토의법의 하나로서 시간적 제약이나 다수인에서 오는 압박감으로 인해 일부 인원이 발언할 수가 없을 때, 여러 사람을 토의에 참가시키기 위하여 참가자들을 소집단으로 편성하여 특정한 주제나 문제점에 대하여 토론하도록 하는 교수법이다.

이 교수법은 원래 필립스(Philips)에 의해 개발되었으며, 6명씩 한 그룹으로 하고 6분간 토의하는 '필립스 6.6 방식' 등이 있다. 이러한 버즈 훈련학습방법은 다른 교육기법, 특히 강의나 배심토의 등과 결합해서 사용하면 더욱 좋다.

버즈 토의방법은 다음과 같다.

- 연수자 전원을 6명 정도씩 그룹으로 나눈다.
- 리더를 정하고, 각 소그룹은 주어진 주제에 대해서 5~20분간 함께 자유로이 토의하고 결론을 낸다.
- 각 소그룹의 대표는 그룹의 결론을 전원에게 발표한다.
- 리더는 그것을 참고로 해서 전체 토의를 진행한다.

3) 시범/실습

시범/실습은 실제 행동을 통하여 경험하게 함으로써 학생에게 무엇을 어떻게 하는지를 보여주고, 학생이 이를 모방해본다. 시범/실습은 기재의 기능이나 성능, 조작법이나 절차를 가르치고 소개하기 위하여, 문제의 해결과 분석적인 기술을 가르치기 위하여, 또는 원리를 설명하는 데 활용된다. 즉 실물을 가지고 와서 소개하거나 실기를 습득시키는 데 목적이 있다.

요점에 대한 구체적인 설명과 조작은 참여자의 흥미를 일으키고, 감각기관을 이용해 극적인 호소력을 갖게 된다. 따라서 참여자는 더 빠르게 강의하고 기억과 전이를 더 오래 지속시킬 수 있다. 이때 참여자가 시범을 하는 사람을 가까이에서 볼 수 있어야 함이 전제조건이 되며, 자유로운 질문이나 토의가 허용되어야 한다.

그러나 참여자가 많은 경우에는 적절한 방법이라 볼 수 없으며, 비용이 많이 드는 단점이 있다. 또한 참여자의 기준을 설정해야만 하고, 기재의 정비라든지 시범에 필요한 사전 준비가 많고, 기동성이 떨어진다.

장점

- 언어 설명보다 행동적인 요소를 포함하는 주제 교육에 효과적이다.
- 학생의 적극적인 참여를 유도한다.
- 동기유발이 용이하며, 흥미로운 강의가 가능하다.
- 교육 대상자의 수준이 일정하지 않아도 보고 따라하면 된다.
- 교육의 성과가 확연하고, 시범 자체가 평가과정이 된다.

단점

- 사고를 해야 되는 주제에는 부적당하다.
- 시범과 실습에 필요한 기재나 도구를 충분히 확보해야 한다.
- 시범을 보이는 발표자의 행동이 숙달되어야 한다.
- 학생의 수가 제한된다.
- 시간이 오래 필요하다.
- 비경제적이다.

4) 역할 연기

인간관계의 문제 또는 상황을 현실 그대로 또는 가상적으로 극화시킨 것이다. 일부 청중이 학생의 역할을 분담하여 담당하고, 다른 청중은 관찰자나 비평가가 되어 연기가 끝난 다음 주제에 대해 토론을 하는 방법이다. 보통 당사자와는 관계가 없는 역을 담당하므로 타인의 관점에 서서 상황을 재검토하는 것을 목적으로 하고 있다.

역할 연기는 인간관계의 문제 측면을 나타낼 때, 다른 사람의 견해나 감정에 대한 이해를 촉진시킬 때, 문제 진단에 있어서 기술을 개발시키고자 할 때, 개인의 태도, 행동, 가치에 대한 통찰력의 개발을 원할 때, 학생이 특정한 상황에서 어떻게 반응하는가를 발견하고자 할 때 및 구체적인 인간 상호관계 혹은 통신기술(communication skill)을 개발하고자 할 때 주로 사용한다.

다른 사람의 특성, 감정, 태도, 가치 및 능력에 대한 이해를 높일 수 있고, 청중으로 하여금 새로운 형태의 행동을 발견할 수 있도록 최대의 자발적인 기회를 허용하고 다른 상황을 관찰하고 모방할 수 있는 기회를 제공하는 장점을 지닌다.

그러나 학생의 준비, 실행 및 사후 토론의 측면에서 볼 때 상당히 많은 시간을 필요로 하며, 적절한 지도자가 없으면 시간의 낭비가 되는 수가 많다. 또 실제 상황과 직접적인 연결이 없어서 학생이 자신의 역할에 대한 책임감을 느끼지 않는 단점을 지닌다.

장점

- 강의나 토론에서 결핍되기 쉬운 현실감을 느낄 수 있다.
- 규칙이나 경쟁이 없이 지극히 자유로운 분위기에서 이루어질 수 있다.
- 학생들이 실제의 현장에서와 거의 같은 조건에서 실패에 대한 두려움 없이 가장 편안한 상태에서 주어진 역할을 수행할 수 있다.
- 실제로 장시간이 요구되는 과정을 단시간에 경험할 수 있고, 부담감 없는 피드백을 받을 수 있다.
- 실제 현장에서보다 경제적인 부담이 그리 크지 않음으로써 손쉽게 활용할 수 있다.
- 다른 교육방법보다 학생들이 적극적으로 참여하도록 유도할 수 있다.
- 일성한 상황에서 발생하는 사건들을 학생들이 직접 통제, 관리해볼 수 있게 한다.
- 학생 상호 간의 협력이 중시된다.
- 전통적인 교수방법에 비해 인과관계에 관한 문제를 훨씬 깊게 탐색할 수 있다. 말하는 것에 의한 것이 아니라 보여주는 것에 의해서 대화를 촉진하게 한다.
- 학생들이 인간의 상호작용에서 일어나는 공통적인 문제가 무엇인지를 이해함으로써 통찰력을 길러주게 되며, 실제로 문제에 직면하였을 때 효과적으로 대처해나갈 수 있는 문제해결능력을 길러준다.

- 타인의 역할을 수행함으로써 타인을 이해하고 자신의 행동이 어떤 영향을 미칠 수 있는지 알게 되며, 갈등의 원인을 풀어갈 수 있다.
- 자신의 판단을 정당화하는 기회를 통하여 자율적인 도덕성 함양에도 도움이 된다.
- 역할 연기를 수행함으로써 인간 간의 상호작용 기술을 향상시키게 되며, 자신과 타인의 행동의 동기를 좀 더 잘 깨닫게 된다.
- 가상적으로 어떤 역할을 수행해봄으로써 문제나 상황의 핵심을 잘 이해할 수 있게 된다.
- 모의상황하에서 청중들은 자신의 이상이나 의견을 행동으로 테스트해볼 수 있다.

단점

- 아무리 상황을 잘 설정하여도 그것이 현실에서 그대로 생생하게 재현되기 어렵다. 즉 상황의 인위적인 설정은 현실을 완벽하게 교실 속으로 옮겨놓을 수 없다는 제약점을 지닌다.
- 역할극을 통해 얻어진 경험이나 태도의 변화는 대체로 생명이 짧다. 즉 역할 연기에 참여하는 도중에는 마음이 움직여서 태도가 바뀔 수 있다 하더라도 지속되지 못하고, 역할 연기가 끝남과 동시에 이를 잊어버리게 된다.
- 일반 강의환경하에서 해보기에는 시간을 너무 많이 소모하게 된다.
- 학생들의 능력수준과 참여의욕에 따라 그 성패가 크게 좌우된다.
- 조언이 없는 단순한 연기는 생산성이 결여될 수 있다.

5) 사례연구

주제와 관련된 여러 가지 사례를 놓고 소집단의 구성원이 각자 그 문제를 분석하고 사람, 환경, 규칙, 물리적 변인 등의 요인을 고려하여 해결책을 찾아나가는 방법이다. 개별적인 해결책 모색이 끝나면 집단이 모여서 그 사례에서 기본이 되는 원리를 확인하고, 이론을 추출해내어 해결방안을 찾아나가게 된다.

해결책이 한 가지로 좁혀지지 않는 경우도 많아서 참여자들은 문제해결에 있어서 융통성을 갖게 된다.

장점

- 학습내용을 실제 상황에서 응용할 수 있다.
- 학습자들의 참여도가 높다.
- 문제를 분석하고 해결하는 기술을 획득한다.

단점

- 사례연구의 내용이 복잡하면 분석시간과 노력이 힘들어 쉽게 포기할 수 있다.
- 해결방안이 한 가지 이상이 될 수 있으므로 최적의 분석기술이 필요하다.

6) 게 임

게임은 인간관계의 훈련, 문제의 해결, 실험적인 테스팅과 선택, 마케팅 등에서 적용될 수 있는데 반드시 승자와 패자가 가려지게 된다. 대개의 경우 몇 개의 팀으로 나누어져서 한 팀이 1~20명의 참가자로 구성된다. 지도력 기술의 개발, 업무수행능력의 향상, 협동과 팀워크의 배양, 결정능력의 향상을 위하여 사용된다.

장점

- 게임에서는 실제 상황과 유사한 구조 속에서 결정을 내려야 하므로 교수자는 학생의 결정을 구체적으로 관찰하고 평가할 수 있으며, 학생들은 그들의 판단 여부의 적절성에 대한 피드백을 가질 수 있다.
- 장기간에 일어날 일이 짧은 시간 안에 압축될 수 있고, 게임에 몰입하게 되면 실제 상황에서 느끼는 긴장감을 경험할 수 있다.

단점

- 요원, 교구, 예산 등의 측면에서 비용이 더 많이 소요된다.
- 게임에 너무 몰입하다 보면 흥분과 경쟁에 빠져서 강의라는 본연에 대한 인식과 결과평가에 대한 통찰을 잃는 수가 많다.

7) 브레인스토밍

오즈본(Osborn)이 개발한 기법으로, 제한된 시간 안에 문제해결을 위한 아이디어를 다양하게 수집할 수 있는 이 방법은 타인이 제시한 아이디어에 대한 비판을 하지 않은 채 자유로운 분위기하에서 가능한 한 많은 대안을 모으게 된다. 그러므로 문제에 대한 참신하고도 창의적인 해결방안을 개발해낼 수 있다.

제시된 의견은 모두 기록되어 추출되고 비교되어 그룹에서 정리하게 되는데 모든 사람이 자유롭게 생각하고 틀을 벗어난 사고를 할 수 있어 효과적이다. 그룹 내에서 개개인의 다양한 사고를 끌어내는 데 목적이 있다.

실제로 수집된 아이디어 중 10% 정도만 유용한 정보가 되기도 하지만 이것이 질적으로 가치가 있는 것이라고 말할 수 있다. 교수자는 학생에게 자신의 역할을 이해시켜야 하며, 계속적으로 아이디어를 제시할 수 있도록 유도해야 하므로 상당수준의 기술을 갖추어야 한다.

아이디어가 모이면 소위원회를 구성하여 각각의 아이디어에 대한 평가를 하는데 이때 청중은 평가의 기준을 정할 수 있다. 기준에 의거하여 평가되고 엄선된 아이디어는 다시 전체 학생들과의 토의에 붙여진다.

장점

- 문제에 대한 참신하고도 창의적인 해결방안을 개발해낼 수 있다.
- 짧은 시간에 손쉽게 실행할 수 있다.
- 짧은 모의상황하에서 자신의 이상, 창조적 의견을 행동으로 표현할 수 있다.

단점

- 소극적인 사람은 참여하기 어렵다.
- 참가자의 수가 15명 이하의 소집단이거나 이 방법 자체에 대한 이해가 부족할 경우에는 효과적이지 못하다.

8) 문제해결법

인간의 생활을 문제의 연속으로 보고 문제를 찾아내는 데에서 출발하여 그 문제를 토론하고 해결하여 목표에 도달해나가는 방법을 이야기한다. 학생이 선택한 문제나 학생에게 주어진 문제를 자세히 검토하고 그 본질을 정확하게 인식하는 것이 문제해결을 위한 첫 번째 단계이다. 즉, 문제에 대한 명확한 인식이 문제해결법의 출발단계가 되는 것이다.

문제가 설정이 되면 각자나 그룹이 맡게 될 문제를 어떤 방법이나 절차를 통해 해결할 것인가를 연구해야 하는데 이를 위해서는 문제해결에 필요한 자료를 빠짐없이 수집하고 수집된 자료의 가치를 검토해야 한다. 선정된 자료는 분석, 관찰, 실험 및 비교되어서 이를 바탕으로 문제의 실제적인 해결이 이루어져야 하겠다.

문제해결을 위한 활동의 결과를 정리하여 구두, 보고서 및 제작물 등의 다양한 형태로 발표를 해야 하며, 이에 대해서는 교수자의 올바른 비판과 지도가 뒤따라야 한다.

장점

- 다양한 상황에 대처능력을 향상한다.
- 창의적인 사고능력을 개발할 수 있다.

단점

- 학습자가 적극적이지 않으면 문제해결에 실패하기 쉽다.
- 학습자가 충분히 생각할 시간과 기회가 필요하다.

9) 질 문 법

질문법(question)은 교수자와 학습자 사이의 상호작용을 전제로 교수자의 질문에 학습자가 답변하고 학습자의 질문에 교수자가 답변하는 지도과정을 통해 학습에 대한 주의를 집중시킬 수 있는 방법이다.

이와 같은 방법은 개념이나 원리에 대한 비교, 가치판단, 비판, 설명, 선택 등에 대한 논술을 요구할 때 사용할 수 있다. 따라서 질문법은 학습자의 탐구능력과 추상적 사고작용, 비판적인 태도를 기를 수 있는 유용한 방법이다.

질문의 조건은 다음과 같다.

- 질문은 학습자가 이해하기 쉽도록 간결하고 명료하게 제시하여야 한다.
- 질문은 학습목표와 결부된 뚜렷한 목적을 지닌 것이어야 한다. 그렇지 않을 경우, 오히려 학습자의 체계적인 사고 활동을 방해할 수 있다.
- 질문은 학습자의 지적 활동을 개발하며 사고 작용을 자극하도록 전개되어야 한다. 단지 교과서에 나타난 사실을 반복하는 질문은 학습자의 능동적 사고를 자극하지 못한다.
- 질문은 학습자 각 개인의 능력이나 흥미에 맞도록 해야 한다.

장점

- 학습에 대한 동기를 유발시켜 활기 있고 적극적인 학습 활동을 가능하게 한다.
- 학습자 스스로 생각하게 하므로 문제에 대한 해결책을 생각할 수 있는 기회를 제공한다.
- 학습자의 주체적인 학습이 가능하도록 한다.
- 교수자와 학습자 간의 의사소통의 기회가 많이 주어진다.

단점

- 대집단일 경우, 질문법을 사용하는 데는 한계가 있다.
- 질의와 응답과정에 많은 시간이 요구된다. 교수자는 질문을 한 후 학

습자가 충분히 사고할 수 있는 시간적 여유를 주어야 한다.
- 학생의 개별적 특성이 영향을 미칠 수 있다. 즉, 수줍음이 많거나 대인공포증이 있는 학생들에게는 적합하지 않은 교육방법이다.
- 학생들의 다양한 질문에 대한 대처기술과 능력이 필요하다.

10) 면담학습

면담학습(interview)은 사전에 정해진 주제에 관한 면담자의 질문에 한두 사람의 전문가가 응답함으로써 이루어지는 5~30분간의 대화를 의미한다. 이때 학습자는 청중의 입장이 된다.

면담자는 미리 질문할 사항을 만들어놓고, 사전에 전문가에게 질문내용을 보여준다. 그러나 면담자는 학습자를 대변하여 질문을 하므로 학습자들의 반응을 살피며, 면담 중에 임의로 계획되지 않은 질문을 할 수도 있다.

장점

- 전문가는 연설이나 강의보다는 면담을 선호하므로 편안한 상태에서 진행할 수 있다.
- 전문가는 학습자들이 이해하지 못하는 점이 있다면 학습자들의 반응에 따라 그 부분을 명확하게 전달할 수 있다.
- 나루어질 주제에 대한 학습자들의 동기유발이 용이하다.
- 면담을 준비하는 과정이 간편하다.

단점

- 체계적인 질문을 하더라도 상세한 정보 제시에는 어려움이 있다.
- 면담 중에 면담자의 역할을 제대로 수행하지 못할 경우, 교육적 효과는 미비하다.
- 전문가의 설명이 장황한 연설이 될 수 있다.

11) 동료학습

동료학습(peer teaching)은 동료학습자가 교수자의 역할을 하는 것으로서, 내용을 먼저 숙달한 학습자가 그렇지 못한 1~3명의 학습자에게 내용을 가르치는 방법이다. 이는 동료집단 사이에 능력수준이나 경험의 차이가 클 때 더욱 효과적이다.

장점

- 동료는 교수자보다 학습과정에 있어서의 문제점을 더 잘 파악할 수 있다.
- 학습이 소단위 혹은 개별적으로 이루어지므로 학습자의 참여를 높일 수 있다.

단점

- 동료교수자가 학습내용을 잘못 이해하거나 완전히 알지 못할 경우, 그들의 잘못된 개념이 다른 학습자에게 전달될 수 있다.
- 학습내용을 잘 알고 있다고 해서 반드시 좋은 교수자가 되는 것은 아니다.

12) 코 칭

코칭(coaching)은 능력이나 경험 있는 관리자를 훈련시키는 실제적인 관리자 훈련기법으로, 지시 · 충고 · 비평 · 제안을 통하여 실시된다.

장점

- 관리자가 직접 하급 관리자를 관리할 경우, 밀도 높은 상호작용을 통하여 서로를 이해할 수 있는 기반이 된다.
- 자신의 업적에 대하여 확인할 기회를 가진다.
- 관리자 교육방법으로 학습방법이 실제적이므로 학습 효율이 높다.

단점

- 훈련의 성패는 관리자의 경험, 능력에 좌우된다.
- 능력 있는 관리자가 훌륭한 코치는 아니므로 훌륭한 코치를 선택하는 데 어려움이 있다.
- 관리자가 하급 관리자에게 자신의 관리방법을 전수하게 되어 이러한 체계가 영속적으로 이어질 수 있다.

13) 인 턴 십

인턴십(internship)은 2년제 이상의 대학에 재학 중인 학생이 졸업 전에 관심 있는 조직에 일시적으로 근무하며 실적을 체험하는 것으로서, 주로 경영학적인 기법이다.

인턴십은 준전문직이나 전문직에 관한 지식을 학교에서 학습했던 학습자가 실제적인 조직기관에 참여하여 학교에서 배운 지식을 적용, 활용하며 전문적인 역할을 습득하는 데 중점을 두는 방법이다.

보통 인턴십에 참여할 기관은 학교에서 선정하며, 학습자는 선정된 기관에 있는 전문가의 지휘 · 감독을 받으며, 이에 대한 수당을 받는 경우도 있다.

장점

- 실제 현장을 체험하는 것으로, 직무에 대한 편견을 없애고 올바른 견해를 가질 수 있는 기회가 된다.
- 학교에서 배우는 이론적인 내용보다 실제적인 지식을 사전에 습득할 수 있다.

단점

- 취업과 연결되지 않을 경우 소득이 없다.
- 학습자가 참여하는 기관에서 인턴십에 대하여 긍정적이지 않다면 교육적 효과는 미비하다.

14) 도제제도

전통적인 도제제도(apprenticeship)에서는 어떤 사람이 특정 전문 분야에서 그 분야의 전문가로서 성장하고 싶다면 그 분야에서 능력과 경험을 갖춘 전문가의 도제로 들어간다.

여기에서 그는 전문가의 모든 행동과 사고를 살피고 모방하면서 그 분야의 지식이나 기능 · 태도 등을 익혀나간다. 즉, 계속되는 전문가의 시범을 관찰하고 모방하면서 전문가로부터의 조언과 지도를 받는다. 점차 어려운 일을 직접 해봄으로써 그 분야의 전문성을 익혀나간다.

여기서 전문가는 도제를 하나의 독립된 전문가로서 성장시키는 것을 교육의 목적으로 삼고 전문가의 도움 없이도 스스로 일을 해나갈 수 있는 능력을 갖추게 한다.

계속되는 행동 관찰과 지도가 병행되는 것으로서 코칭 · 시범 등도 이에 속할 수 있다.

장점

- 전문가의 도움하에 일을 직접 실행하면서 배울 수 있다.
- 계속적인 지도로 새로운 기술을 익히는 데 적합하다.

단점

- 인지적 · 정의적 개념을 습득하는 데만 매우 한정적으로 적용된다.
- 속도가 느린 학습방법이다.

15) 서류함기법

서류함기법(in-basket method)은 가상상황을 실제와 유사하게 만들어 가상의 요구에 따라 의사 결정기술을 평가하거나 개발하려는 훈련방법으로 경영실기기법이라고도 한다.

훈련참가자를 여러 가지 업무 관련 자료에 노출시켜 놓고 업무지시 용지를 바구니 안에 넣어놓고 참가자가 이를 꺼내 정해진 시간 내에 스스로 문제에 대한 답을 내도록 하거나 필요한 행동을 해보게 하는 기법이다.

참여자들을 업무들이 혼합된 자료에 노출시켜 놓고 일을 처리해나가는 진행과정을 지켜보면서 참가자들의 의사결정능력, 문제분석능력, 관리능력 등을 평가할 수 있다.

장점

- 학습자들이 흥미로워한다.
- 적극적인 참여가 가능하다.
- 현실적인 문제에 대한 학습이 가능하다.

단점

- 비용이 많이 든다.
- 시간이 많이 소요된다.

16) 감수성 훈련

감수성이란 심리적인 자극이나 자극변화에 대한 감각반응 정도를 말한다. 감수성 훈련(sensitivity training)은 실험실 훈련이라고도 부르며, 여러 행동과학의 이론을 기초로 하여 주체성 회복과 인간의 의사소통과 협동심 및 내·외부적인 조건에 의한 긴장감과 변혁에 대응함으로써 사회 또는 직장에서의 적응력 향상을 목표로 하고 있다.

또한 감수성 훈련은 모든 인간이 평등한 관계를 유지하며 신분·지위·연령·직업에 대한 편견을 갖지 않고 어느 누구나 동등한 입장을 가지고 대하는 인간관계 훈련이라고 할 수 있다.

이 학습의 가장 큰 특색은 '행함으로서 배운다(learning by doing)'이다. 특정한 주제가 주어지는 것이 아니라 자유롭게 감정을 표현하고 이야기한다.

장점

- 학습자들의 주체성 회복을 중요한 목표로 삼고 그 주체성에 따라 경험되는 과정을 학습하도록 계획되어 있다.
- 실제로 행함에 의한 직접적인 학습이 가능하다.

단점

- 상대방이 수용할 자세가 갖추어져 있지 않음에도 불구하고 상대방의 평가가 상당히 부정적이고 직선적인 경우가 많다.
- 훈련자가 전문적 지식만을 내세우게 되면 참여자들에게 불쾌감을 주고, 자유로운 토론을 방해하는 경우가 생긴다.

17) 모의실험

실제 모의실험(simulation)이란 글자 그대로 현실세계에서 이루어지는 어떤 현상의 과정 또는 역동성을 선별적으로 재현시키는 방법이다. 이러한 의미에서 모델(model)이라고도 한다.

이러한 실제 모의실험에서는 실제 현실에서 나타나는 여러 가지 물리적 또는 사회적 상황의 크기와 복잡성을 축소시켜 필수적인 요소들만을 교육적 목적으로 재현시키는 교수방법이다.

장점

- 강의나 토의에서 결핍되기 쉬운 현실성을 바탕으로 학습자 스스로 경험하고 학습할 수 있으므로 학습자들의 호기심과 동기가 강화될 수 있다.
- 위험 부담이나 비용, 실패에 대한 두려움 등을 최소화하여 가장 편안한 상태에서 학습하도록 한다.
- 학습자들의 사회화 과정을 돕는 데 기여한다. 즉, 학습자들이 긍정적이고 자신감 있는 태도로 서로 협동하여 학습하도록 하는 상호관계를 보여준다.

- 학습자들의 참여가 중요하므로 학습자들이 수업에 적극적으로 임할 수 있다. 수줍음이 많거나 성취수준이 낮은 학습자들은 이와 같은 교육방법을 통해 적극적인 자세를 가질 수 있다.
- 집단적 · 개별적 교육이 가능하며 개인차를 고려할 수 있다.
- 학습자들에게 즉각적인 피드백이 가능하다.

단점

- 현실을 왜곡하고, 단지 재미있는 놀이로 끝나 학습목적의 달성이 이루어지지 않을 수 있다.
- 시뮬레이션(simulation)을 위한 설계와 실행에 많은 노력과 시간이 필요하다. 여러 물리적 여건의 준비 및 실행 시 학습자들이 가상적인 상황을 이해하도록 유도하는 등 시간과 비용이 많이 소요된다.
- 모의실험 시 학습 결과를 평가하는 데 어려움이 따른다.
- 모의실험을 위한 장소나 장비가 갖추어져 있어야 하므로 비용이 많이 든다.

18) 실 험

실험(lab experience)은 관찰하려는 일정한 현상을 계획적으로 조사하여 그 사실을 규정하는 조건을 여러 가지로 바꾸어 보고, 거기에 나타나는 조건과 결과와의 상관관계를 파악하려는 방법이다.

이것은 어떤 현상이나 사실의 문제를 인식하는 단계에서 시작한다. 문제를 찾고 이에 대한 자신의 생각을 접근시켜가면서 문제를 해결하기 위한 계획을 세우고 실제 실험 활동을 통하여 객관적인 자료에 근거하여 결론을 찾아낸다.

이러한 단계를 모두 마친 후, 자신의 결과와 타인의 결과를 비교하며 이에 대한 개념과 원리를 정착시킬 수 있다.

장점

- 일상생활의 지식 · 기술을 경험으로 습득할 수 있다.
- 이론학습의 단점을 실제적인 활용을 통해 보완할 수 있다.
- 학습자의 자발성 · 창조성이 존중된다.
- 특정 기능의 습득 · 개발에 효과적이다.

단점

- 자료 및 기계를 실행시키는 데 위험성이 있을 수 있다.
- 실험이 먼저 끝난 집단을 별도로 배려하지 않을 경우 학습 분위기가 산만해질 수 있다.

19) 현장견학

현장견학(field trip)은 한 집단이 직접적인 관찰과 연구를 위해서 관심 있는 대상이나 장소를 방문하는 계획된 교육적 여행이다.

보통 현장답사는 쉽게 접할 수 없는 것에 대한 직접적인 관찰을 요할 때 연구하고자 하는 대상의 이론과 실제를 관련하고자 할 때 사용한다. 이때는 방문만 하는 것이 아니라 방문하는 장소와 수집된 정보에 대한 분석 및 토의가 병행될 때 교육적 효과도 증가할 수 있다.

장점

- 견학은 자연상태를 구체적이고 현실적으로 관찰할 수 있는 직접 경험을 제공해준다.
- 직접적인 경험이 가능하므로 학습자가 이해를 보다 쉽게 할 수 있다.
- 학습자들의 태도변화와 주의집중의 훈련과 관찰력을 길러준다.
- 학습자들에게 공동체험의 경험을 제공하며, 이 방법을 계속적인 학습 활동 자원으로 활용할 수 있다.
- 이론적인 지식에만 머물지 않고 학습자 자신이 직접 관찰하고 연구하므로 교육적으로 효과적이다.

단점

- 학습이 효과적으로 일어나기 위해서는 관찰 대상과 장소의 선정이 중요하다.
- 육체적 결함이 있는 사람이나 시간이 많지 않은 사람에게는 사용할 수 없는 방법이다.
- 사고의 위험 가능성이 있다.

20) 현장실습

현장실습(industrial educational cooperation)은 학교교육만으로 고도로 발달된 산업사회에 필요한 유능한 기술인·기능인을 양성하는 데 한계를 느끼고 학습목표를 달성하기 위한 생산적인 작업현장에서 경험을 얻도록 계획된 프로그램이라고 정의할 수 있다.

현장실습은 현장경험을 통해 실제적인 경험에 바탕을 두어 학습하도록 하는 경험 중심 학습에 기초한다. 이것은 산업계와 학교가 협동하여 교육 목적을 달성하도록 한다는 점에서 산학협동교육이라고도 한다.

현장실습은 학습목표와 결부되기 위한 분명한 목적을 가지고 계획을 하며, 이를 실시하기 전에 학습자의 학습 욕구 및 이해도, 학습자의 성격, 개개인의 생활환경 등 다양한 사전 조사를 바탕으로 해야 한다.

장점

- 학교에서 배운 지식을 실천해봄으로써 이론과 실제를 체험할 수 있다.
- 전공 분야에 대한 사전 경험을 통하여 자신의 적성·흥미에 맞는 직업을 선택할 수 있다.
- 학습자들에게 일의 중요성, 책임감, 신뢰감, 성취감 등을 가지게 한다.
- 전공 분야와 관련된 각종 사회 분야와 밀접한 유대관계를 가질 수 있는 계기가 된다.
- 학교시설에서 부족한 것을 보충할 수 있고, 실험 실습에 소요되는 비용을 줄일 수 있다.

• 학교교육과정을 사회의 요구에 보다 적합하도록 계획 · 운영할 수 있다.

단점

• 현장실습은 경제 여건에 많은 영향을 미친다. 즉 경제불황 시 기업에서는 교육에 투자할 정신적 · 경제적 여건이 없으므로 현장실습할 장소를 선정하기 어렵다.
• 학교의 교육적 의도가 달성되기 어렵다. 기업과 학교는 모두 각기 다른 목적을 가지고 있으므로 학교 · 기업 모두의 목적을 실현시키기에는 현실적 제약이 따른다.
• 현장실습에 대한 가치관이 실제 현장에서 좋지 않은 경우 학습자들은 오히려 실망감과 좌절감을 갖게 되어 비교육적인 결과를 초래할 수 있다.
• 실습예산을 확보하거나 담당자를 선정하는 데 어려움이 있다.

21) 연 습

연습(drill) 활용법은 학습자들이 반복적인 연습을 통해 비교적 단순한 기능을 획득하고 획득된 기능을 보다 잘 숙달시키기 위하여 혹은 학습 전이나 일반화를 시키기 위하여 실시하는 교수방법이다.

반복적인 연습은 숙련된 기능을 완성하도록 촉진하므로 어떤 상황에서도 필요한 기능을 즉각적으로 행동할 수 있게 된다. 따라서, 이와 같은 방법은 수영 기술이나 테니스 기술, 자동차 기술을 익히거나 공식을 암기하고 암기한 것을 바탕으로 문제를 풀어나갈 때, 대인관계에서 만남의 태도를 익힐 때 운동 기능적 영역, 인지적 영역, 정서적 영역 등 다양한 방면에서 효과적으로 사용될 수 있다.

장점

- 배운 내용에 대한 사실·정보 등에 즉각적으로 반응할 수 있도록 한다.
- 배운 내용에 대하여 완전하게 숙달시킬 수 있다.

단점

- 연습에 대한 학습자의 욕구부족 시 오히려 역효과가 발생할 수 있다.
- 단순작업의 반복으로 학습에 대한 흥미가 쉽게 감퇴될 수 있다.
- 한 번에 여러 가지를 연습해야 할 경우 연습한 것에 대해 혼란을 일으키기 쉽다.
- 단순히 암기만 할 경우 실제적인 상황에서 적용을 하는 데 어려움이 있다.

22) 구 안 법

구안법(project method)이란 어떠한 목적을 가진 경험을 통해 목적의식이나 행동의 목적을 갖게 하여 그 과정을 진행해갈 수 있는 동기를 부여하는 목적적인 활동을 통하여 학습하는 방법이다.

장점

- 학습자 스스로에 의해 이루어지는 학습이기 때문에 정확한 동기가 있다.
- 모든 과정이 스스로 행하는 것이므로 자주성과 주체성을 발전시킬 수 있다.
- 활동을 이용하는 창의적인 방법이므로 학습자의 창의성이 생긴다.

단점

- 학습 부진아에게는 시간을 낭비할 우려가 크다.
- 활동에 필요한 자료수집이 미비하면 실패할 가능성이 높다.
- 전체적으로 구안법을 실시할 경우 개인의 능력에 따라 함께 참여하지 못하는 학습자가 존재할 수 있다.

• 학습자 스스로에 의하여 이루어지는 학습이기 때문에 무질서해지기 쉽다.

23) 매체 기반 학습(technology based teaching)

기존의 학습이 교재, 즉 책(text)을 중심으로 이루어진 것에 반하여 나날이 발전해나가는 기술과 더불어 효과적인 교육효과를 창출하기 위하여 여러 가지 매체나 신기술을 활용하는 방법이다.

이것은 독립적으로 존재하는 것이 아니라 강의법이나 토론법 혹은 여러 가지 교수방법들과 함께 사용된다.

예를 들면, 컴퓨터 기반 학습(computer based learning), 상호작용 비디오(interactive video), CD-ROM, CD-I(Compact Disc-Interactive), ICT (Information & Communication Technology), WBI(Web Bared Instruction) 등이 활용된다.

장점

• 매체를 사용함으로써 학습동기와 흥미를 유발시킬 수 있다.
• 학습자의 필요에 따라 학습자와의 상호작용이 가능하다.
• 지식과 기술을 넓은 영역에 관련지을 수 있다.
• 유지비가 저렴하다.
• 교수자 도움의 필요를 줄일 수 있다.
• 학습자에게 직접적이고 자세한 피드백을 제공한다.

단점

• 초기 설비비용이 많이 든다.
• 초기의 성과를 내기까지 준비시간이 많이 걸린다.

3 탐구과제

1. 교수와 학습의 정의를 밝혀 봅시다.
2. 학습에 영향을 주는 요소를 소개하고 각 사례를 들어 봅시다.
3. 다양한 교육방법 중 가상 교실수업(영유아 대상)에서 활용할 수 있는 방법 5가지를 선택하여 장점과 단점을 논하여 봅시다.

제 4 장

교육공학

01_교육공학의 선구
02_교육공학의 발달
03_교육공학의 응용

01 교육공학의 선구

1) 코메니우스

교육공학의 선구자적인 역할을 한 코메니우스(Comenius : 1592~1670)는 인쇄매체로서 그림을 삽입한 최초의 교과서인 '세계도회'를 출판하였다. 이전까지의 교육은 학습자의 나이와 수준을 고려하기보다는 추상적으로 언어 위주로 이루어졌다.

그러나 코메니우스는 교수는 학습자의 감각을 통해서 접근해야 하며, 이를 위해 감각적인 자료, 즉 그림이나 삽화자료를 활용할 것을 강조하였다. 그 당시에 교수-학습 현장에서 이용할 수 있는 교수매체라는 것은 인쇄교재였기 때문이었다. 그래서 '세계도회'의 교과서에서 학습의 효과를 위하여 학습자의 감각을 중시하여 그림으로 교육내용을 설명하였다.

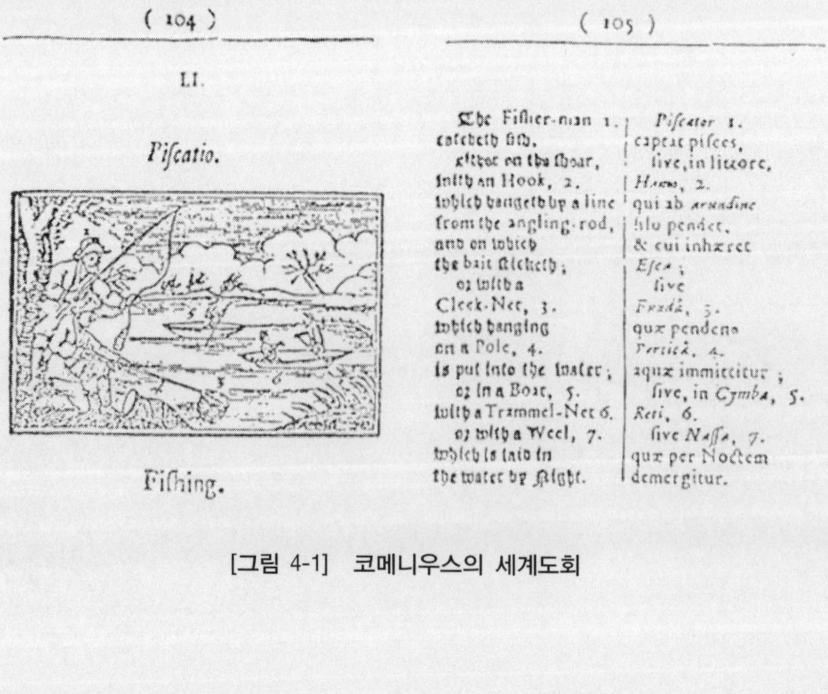
(104)

LI.

Piscatio.

Fishing.

(105)

The Fisher-man 1.
catcheth fish,
either on the Shoar,
with an Hook, 2.
which hangeth by a line
from the angling-rod,
and on which
the bait sticketh;
or with a
Cleek-Net, 3.
which hanging
on a Pole, 4.
is put into the water;
or in a Boat, 5.
with a Trammel-Net 6.
or with a Weel, 7.
which is laid in
the water by Night.

Piscator 1.
captat pisces,
sive, in litore,
Hamo, 2.
qui ab arundine
filo pendet,
& cui inhæret
Esca;
sive
Fundâ, 3.
quæ pendens
Perticâ, 4.
aquæ immittitur;
sive, in Cymba, 5.
Reti, 6.
sive Nassa, 7.
quæ per Noctem
demergitur.

[그림 4-1] 코메니우스의 세계도회

2) 에드가 데일

근세에 들어오면서 그림 또는 사진 자료뿐만 아니라 텔레비전, 슬라이드, 오디오 매체 등의 시청각적 매체가 발달하기 시작하였다.

시청각 매체는 학습자의 여러 감각기관을 이용하여 학습내용을 전달하는 것을 용이하게 해주었다. 구체적으로 시청각 매체에 대한 개념이 확고히 정립되지 않았을 때 교수매체라는 개념의 기반이 된 시청각 자료를 사용하기 위해서 데일(Edgar Dale, 1969)은 경험의 원추 모형을 제시하였다.

[그림 4-2]에서 보듯이 경험의 원추는 교수매체를 구체성과 추상성으로 분류하여 교수-학습에 있어서 학습경험을 언어적 · 추상적 형태뿐만 아니라 직접적 경험과 영상을 통한 경험으로 구분하였다.

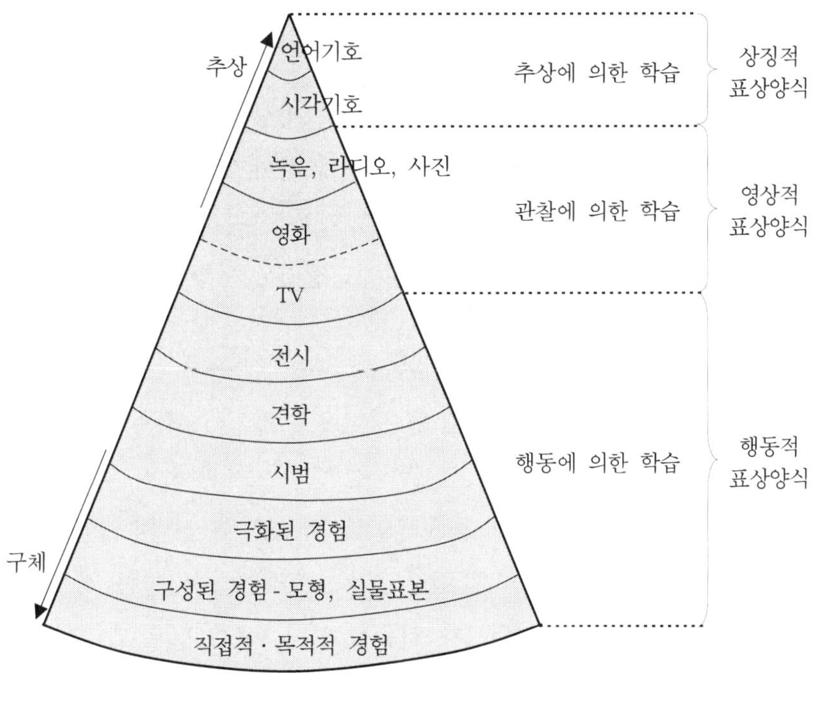

[그림 4-2] 데일의 경험의 원추

학습자들의 발달단계에 따라서 학습이 실제 경험을 통하여 도구를 이용하여, 그리고 기호나 언어를 통하여 이루어질 수 있다는 것이다. 즉 학습이 이루어지기 위해서는 학습자의 발달단계에 따른 적합한 시청각적 매체가 활용되어야 한다.

어린 학습자는 행동에 의해서 또는 직접적인 경험에 의해서 학습이 이루어지지만 성인 학습자의 경우는 대리 경험이나 관찰, 더 나아가 언어적인 형태로 학습이 이루어진다는 것이다.

이들 각 단계를 구체적으로 살펴보면 다음과 같다(이화여자대학교, 1996).

(1) 행동적 경험

① 직접 경험

말 그대로 직접 경험을 할 수 있는 학습상황을 지칭한다. 영상적 경험, 영상적 경험의 기초가 되며, 지각적 사고기인 유아에게 직접 경험을 통하여 배울 기회를 많이 제공하는 것이 바람직하다.

예로서 직접 노끈을 묶어본다든지 강아지를 키워보고, 또 깨끗한 물의 중요성에 대해 알기 위해 샛강에 가서 주변 식물과 생태계를 관찰해보고 물을 채취하여 성분을 분석해보고 걸러보는 등의 활동을 들 수 있다.

② 고안된 경험

직접 경험처럼 오감을 통한 경험을 지칭하나 차이는 '편집된 경험'이라는 점이다. 직접 경험만큼 생생한 경험을 주지 못하지만 주어진 학습목표에 필요한 경험만을 추려 효율적으로 제공할 수 있다.

그러나 제작자에 의해 편집된(추려진) 경험이니만큼 직접 경험을 왜곡하여 제시할 수 있는 우려가 있음을 알고, 이런 경우 교사의 설명이나 보충자료를 통하여 가장 직접 경험에 유사한 경험을 제공하도록 하여야 한다.

고안된 경험은 직접 경험이 불가능하거나 이의 제공이 현실적으로 어려운 경우, 그리고 안전문제가 대두될 경우에 많이 사용된다.

예로서 여러 종류의 공룡 모형을 통하여 공룡에 대해서 배우고 지구 모형을 통하여 전체 지구의 구조를 파악하는 것, 화산 모형을 통해 화산의 구조에 대해서 배우고 간단한 마그마 분출 실험을 통해 마그마에 대해 배우는 것을 들 수 있다.

③ 극 화

직접 경험이나 고안된 경험 제공이 부적절한 경우 많이 사용된다. 특히 어린이의 심리상태를 파악하는 데 극화 경험이 많이 이용되고 있다. 소꿉장난이 대표적인 예이며, 이 외에도 동물이나 사물의 의인화, 심리 등을 극화한 것을 꼽을 수 있다.

(2) 영상적 경험

① 시 범

영상적 경험 중 가장 구체적인 경험으로서 대표적인 것이 교사의 시범을 들 수 있다. 교사가 직접 시범을 보일 때 다른 매체 — 실물이나 그림, 모형 등 — 를 함께 사용할 수 있는 장점이 있다.

예로서 교사가 계란 굽는 법을 보여준다거나 노끈 묶는 법을 보여주는 것을 들 수 있다.

② 견 학

견학은 시범처럼 학습자에게 학습상황을 인위적으로 고안하여 보여주는 것이 아니라 직접 현장을 보여준다. 그러므로 실생활 그대로의 경험을 보여줄 수 있는 반면 교사가 의도한 방향에서 벗어난 학습이 될 수도 있다.

견학을 할 때에는 사전 · 사후 지도를 철저히 하여 유아들에게 보여주고자 한 것을 제대로 현장에서 볼 수 있게끔, 그리고 이의 확인이 필요하다. 그리고 몇십 명의 유아들과 함께 장소를 이동하여 하는 학습이므로 행정적인 사전 절차를 철저히 준비하여야 하며, 될 수 있는 한 현장답사를 사전에 해보고 계획을 세우는 것이 좋다.

예로는 경찰서, 소방서 등 관공서를 비롯하여 시장견학 등 다양한 견학이 있을 수 있다.

③ 전 시

관찰하는 내용이 동적(dynamic)인 견학과 달리 전시내용은 주로 정적(static)인 모형이나 그림 · 사진 등이 많다. 유치원의 벽면 전시나 게시판 전시를 비롯, 박물관 관람까지 다양한 전시를 들 수 있다.

견학과 마찬가지로 사전 · 사후 지도가 중요하며, 예를 들어 학습자가 전시 소감을 발표할 기회를 제공해주어 전시경험을 더욱 공고히 할 수 있다.

④ TV

TV를 통한 영상 경험은 영화와 비슷한 점이 많으나 영화보다는 좀 더 시간에 민감한 매체이다. 즉 어떤 일이 일어남과 동시에 TV를 통해 시청자에게 전달할 수 있다. 그 외에도 TV 시청은 영화에 비해 개인적이다.

또한 어떤 사실을 극화하여 비교적 생동감 있게 시청각적인 전달이 가능하므로 어린이에게 많이 쓰이고 있는 매체이다. 그러나 TV를 통해 의미 있는 학습이 일어나기 위해서는 교사나 부모의 사전 · 사후 지도가 필수적이다.

⑤ 영 화

영화는 TV 매체와 달리 집단시청의 특성이 있으며 특수 음향효과, 스펙터클한 화면을 통해 드라마틱한 경험을 제공할 수 있다. TV나 영화는 사진 · 그림과 달리 동적인 시청각 경험을 통해 훨씬 더 인상적이고 구체적인 경험을 줄 수 있다.

⑥ 사진, 그림, 라디오, 녹음

시각이나 청각 어느 한 감각만을 이용한 경험은 시청각적인 경험을 제공하는 위의 매체보다 추상적이라 할 수 있으나 이것이 교육적 가치가 그만큼 줄어드는 것을 의미하지는 않는다.

예를 들어, 청각에만 의존하는 라디오 구연동화를 통하여 어린이는 마음

껏 상상의 나래를 펴면서 TV나 영화보다 훨씬 더 의미 있는 경험을 할 수 있다.

그림은 사진보다 사실성이 떨어진다는 점에서 사진보다 추상성이 강한 매체지만 때에 따라 생략 · 강조 기법을 사용하여 꼭 전달하고자 하는 내용을 방해하는 주변의 디테일 없이 학습자에게 전달할 수 있어 교육적 효과면에서 사진을 능가하는 경우가 많다. 시각 또는 청각을 이용한 매체는 대체로 시청각적인 매체보다 경제적이다.

영상적 경험은 경험의 원추에 나타난 대로 시범 · 견학 · 전시 · TV · 영화 · 녹음 · 라디오 · 슬라이드 · 사진 등과 같이 시청각적인 경험을 말하며, 위로 올라갈수록 추상성이 짙어진다.

(3) 상징적 경험

① 시각적 상징매체

지도 · 도표 등이 여기에 속한다. 지도에서 산을 나타내는 삼각형 · 등고선, 도시를 나타내는 동그라미, 공장지대를 표현하는 기호 이외 교통표지판도 시각적 기호에 속한다.

시각적 기호는 복잡한 내용을 간단히 함축적으로 표현할 수 있는 반면 학습자가 그 기호의 의미를 알 때에 비로소 효율적으로 사용될 수 있다. 즉, 시각적 기호가 상징하는 의미를 학습에 의해 터득했을 때 사용이 가능하므로 이런 학습기회를 갖지 못한 유아들에게는 비교적 제한적으로 쓰이고 있다.

도로표시판 · 교통표시판의 학습, 날씨를 나타내는 기호 사용, 자신의 몸무게나 키의 변화를 그래프로 표현하기 등이 유치원에서 시각적 상징매체를 활용하는 예이다.

② 언어 상징매체

데일의 경험의 원추에서 언어는 가장 추상적인 매체인 동시에 가장 포괄적인 매체이다. 언어를 통하여 강아지와 같은 구체적인 사물에서부터 사랑 · 정의와 같은 추상적인 개념에 이르기까지, 그리고 적절한 문구를 통하여 거의 무한한 사상과 감정을 표현한다.

일상생활에서뿐만 아니라 유아교육에 있어서도 언어를 완전히 배제한 학습경험을 상상하기 어려울 정도로 가장 많이 사용되는 매체이다. 이렇기 때문에 종종 지나치게 언어에 편중된 학습경험을 제공할 우려가 있기는 하지만 적절하게 다른 매체와 균형을 이루어 사용한다면 최고의 효율성을 올릴 수 있다.

이와 같이 데일은 교재가 제공하는 경험을 추상과 구체의 선상에서 분류하고 있다. 그는 학습을 개념 형성의 과정이라고 보고 개념이 형성되기 위해서는 다양한 경험이 제공되어야 함을 강조했다.

예를 들어, 비행기에 대한 그림책을 통하여 정보를 얻고, 그림을 그려보고, 모형을 맞추어보고, 직접 타보고, 이런 경험을 글로 써보고 함으로써 일반화될 수 있는 비행기 개념이 형성되어간다는 것이다.

이런 점에서 경험의 원추를 통하여 어떤 학습경험이 다른 경험보다 더 교육적이라든지, 원추에서 제시하고 있는 순서대로 경험을 제공해야 한다든지 하는 것을 의미하는 것은 아니다.

이보다는 다양한 경험의 제시를 강조하고 있다. 너무 구체적인 경험만 제공할 경우 학습자는 종합 · 분석하고 추리하는 능력이 결핍될 것이고, 너무 추상적인 경험에만 의존하여 학습할 경우 구체적인 사실과 연결짓지 못하고 막연한 암기식의 학습이 일어날 수 있음을 경고하고 있다.

02 교육공학의 발달

교육공학 발달에 대한 이해를 위하여 우선 공학이란 용어의 어원을 살펴보고자 한다. '공학(technology)'은 그 어원이 희랍어에 있으며 기예(art) 또는 기술(craft)을 뜻하는 'techne'와 학문에 대한 탐구를 뜻하는 'logos'의 합성어이다. 라틴어로는 짜다(weave) 또는 구성하다(construct)를 뜻하는 'texere'에서 파생되었다(이화여자대학교, 1997 ; Saettler, 1990).

공학(technology)은 기술이나 기계라는 산물로서의 의미만이 아니라, 과학적 방법에 의해 체계화된 지식을 전문적인 기법으로 적용하는 과정으로서의 개념을 함께 갖는다.

하이닉크(Heinich)와 그 동료들(1996)은 교수와 학습에 관련된 공학을 하드 테크놀로지와 소프트 테크놀로지로 구분한다. 하드 테크놀로지는 산출물(products) 중심으로 교수매체를 일컬으며, 소프트 테크놀로지는 과정(process) 중심의 교수방법에 관련되어 있다.

즉 교육공학의 발달은 시대와 사회적 특성에 따른 교수매체와 교육방법에 따라 변화되었다. 교육공학의 초기 발전에 주요 역할을 담당했던 핀(Finn)은 인류사회의 발전과정 속에서 교육공학이 대두하게 되었던 요인으로 다음의 여러 배경을 밝혔다.

- 지식정보의 팽창과 인구수의 폭발적 증가
- 제2차 산업혁명과 민주적 · 과학적 · 문화적 혁명
- 사회 전반에 걸친 공학의 도입과 시대적 재해석
- 공학기반 사회를 이끌어갈 과학자 양성의 필요성
- 모든 시민을 대상으로 한 공학과 과학에 대한 일반 교육과 재훈련의 필요성
- 사회가 공학을 전반적 교수과정에서 포함해야만 할 당위성의 대두 등을 손꼽을 수 있다(이화여자대학교, 1997; AECT, 1977).

이제 교육공학의 발달을 살펴보면, 1920년대 시각교육으로부터 시작하여 언어 중심의 기존 교육방법에서 탈피하여 구체적 경험을 제공하는 시각교육 운동을 실시하였다.

그 당시 교육에 이용할 수 있는 교수매체는 인쇄자료와 그림자료가 대부분이있기 때문에 교수매체는 단지 수업의 보조물로서 사용되는 협의의 개념을 취하고 있었다. 또한 교육공학의 의미도 단지 시각교육이라는 의미로

사용되어졌다.

미국에서 에디슨에 의한 전기의 발명은 1940년대 음향녹음, 축음기의 보급, 유성영화를 출현시켰으며, 이는 교육에 직접적인 영향을 주었다. 이전에 그림을 중심으로 하던 시각교육에 청각적인 요소가 통합됨으로써 시청각 교육으로 발전하는 기회를 마련하였다.

1940년대 후반의 시청각 교육은 영화 · 슬라이드 · 녹음 · 라디오 · 텔레비전 등의 시청각 교재와 교구를 활용하여 효과적 학습 달성을 도모하는 움직임이었다. 물론 매체의 발달과 함께 여러 학문영역에서의 발달, 즉 커뮤니케이션 이론, 체제이론, 학습이론의 영향은 교육매체를 단지 교사의 보조물로서 이용하는 것으로부터 교육매체가 학습상황에 따라 통합적으로 활용됨으로써 교수-학습 체제 전체의 효율성을 증가시킬 수 있었다.

이와 함께 시청각 교육이라는 개념도 1963년에 시청각 통신으로, 1970년에는 교수공학으로 발전하게 되었다.

특히 현대에 들어오면서 정보통신공학과 컴퓨터 공학의 발달은 교수매체가 교육현장에 통합적으로 사용할 수 있는 계기를 마련하였다. 단지 수업내용의 전달뿐만 아니라 상호작용을 통한 학습자의 진단과 평가, 학습환경의 통제까지 가능해지면서 교수매체의 의미를 확장시켜주었다. 〈표 4-1〉에서 보듯이 매체의 발달에 따라서 교육공학의 역사가 같이 발달하고, 이에 따른 교육공학의 정의의 변천에 영향을 준 것을 알 수 있다.

각 교육공학의 발달단계를 구체적으로 살펴보면 다음과 같다(이화여자대학교, 1997).

(1) 시각교육(visual education)

1920년 당시 개발된 무성영화는 미국의 오락시장에 큰 영향을 미친다. 이렇게 파급효과가 큰 영화는 사진 · 그림 등과 함께 교육의 효율성을 올릴 수 있다고 생각되어 1923년 교육공학의 첫 번째 공식기구로 시각교육국(DAVI : Department of Visual Instction)이 탄생된다.

〈표 4-1〉 교육공학의 발달과 매체

□ 시각교육(1923) : 그림 · 삽화 자료 □ 시청각 교육(1947) : 슬라이드, 텔레비전, 라디오 □ 시청각 통신(1963) : 교수 학습과정의 통신이론 도입 • 정의 : 교육이론과 실천의 한 분야로서 학습과정을 통제하는 각종 메시지의 고안과 활용에 관련된 사항 □ 교수공학(1970) : 행동주의 이론, 초기 체제개념의 도입 • 정의 : 교수공학은 인간학습과 통신이론에 기반을 두고 특정한 학습목표에 따라 교수학습의 전 과정을 설계하고 실행하고 평가하는 체계적 방법이며, 더 효과적인 교수를 이끌어내기 위하여 인적 자원과 비인적 자원을 적절히 결합하여 사용하는 체계적인 방법이다. □ 교육공학(1977) : 체제적 접근의 정의, 컴퓨터 매체 • 정의 : 교육공학이란 인간학습에 포함된 모든 문제점을 분석하여 이에 대한 해결책을 고안하고 실행하며 평가 · 관리하기 위하여 사람 · 절차 · 이념 · 장치 및 조직을 포함한 복합적이고 통합된 과정이다. □ 교수공학(교육공학, 1994) : 교육공학의 재정립, 정보통신공학의 발달 • 정의 : 교육공학이란 학습을 위한 과정과 자원의 설계 · 개발 · 활용 · 관리 및 평가에 관한 이론과 실제이다.

(2) 시청각 교육(audio visual education)

1930년대 말 음향녹음, 축음기, 유성영화의 출현으로 청각이 시각에 가미되자 시각 교육국은 1947년 시청각 교육국(department of audio-visual instruction)으로 명칭을 바꾼다.

시각 교육국은 구체적인 시각경험을 제공할 수 있는 그림 · 모형 · 사물 등을 통하여 추상적인 개념을 명확히 제시하고 흥미 있는 학습을 도모하고자 하였다.

당시 2차대전은 시청각 교육의 발달에 큰 기여를 하게 되는데, 단시간에 가장 효율적인 방법으로 군인들을 훈련하기 위해 시청각 교육이 많이 활용되고 발전하게 된다. 아울러 시청각 교육을 뒷받침해주는 이론적인 배경도 확립되게 되는데, 대표적인 이론가로 호반(Hoban), 스키너(Skinner), 올센(Olsen), 데일(Dale)을 들 수 있다. 이들 이론의 공통점은 학습경험을 구체와 추상의 선상에서 분류하고 있다는 것이다.

(3) 시청각 통신(audiovisual communication)

2차대전 이후 통신기술이 발달함에 따라 이를 뒷받침하는 통신이론이 등장하게 된다. 통신이론은 학습에도 영향을 미쳐 학습과정을 커뮤니케이션 과정으로 이해하고자 하는 노력이 경주된다. 이에 따라 1963년 시청각 교육국은 시청각 통신으로 바뀌게 된다.

시청각 통신에 영향을 준 대표적인 이론으로 벌로(Berlo)의 SMCR 모델(1960)과 쉐논(Shannon)-슈람(Schramm)의 모델을 들 수 있다.

① SMCR 모델

벌로는 SMCR 모델을 통하여 통신과정에 포함된 요소들의 역동적인 관계를 규명하고 있다. 통신은 송신자(sender)가 수신자(receiver)에게 전달하고자 하는 내용(message)을 감각기관인 통로(channel)를 통하여 보내는 과정을 말하며, 송신자와 수신자의 전달(해독)기술이나 의사를 전달하고 받으려는 태도, 이들의 지식수준, 사회문화 양식에 따라 의사소통 정도에 차이가 난다.

즉 송신자와 수신자가 의사소통 기술이 뛰어난 경우, 의사를 전달하고 받으려는 열성적인 태도를 보여줄 때, 그리고 이들의 지식 · 사회 문화 수준이 비슷한 배경일 때 원활한 의사소통 과정이 성립될 수 있다.

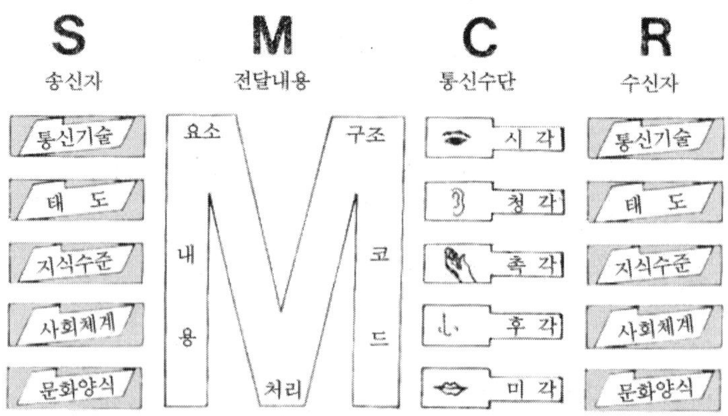

[그림 4-3] SMCR 모델

또한 명확하고 체계적으로 전달내용을 조직하여 내용전달에 가장 적절한 감각기관을 통하여 전달하여야 한다.

② 쉐논-슈람 모델

쉐논-슈람의 모델은 효율적인 의사소통을 위해 경험의 장(field of experience)을 강조하였다. 송신자와 수신자가 같은 경험을 공유하고 있을 때 효율적인 통신이 이루어진다.

이것이 학습에 시사하는 바는 교사는 학습자의 지식수준이나 발달수준처럼 학습에 직접 관련 있는 요인뿐 아니라 학습에 간접 영향을 주는 일반적인 경험까지도 이해할 때 효율적인 학습을 도모할 수 있음을 강력히 시사하고 있다.

특히 과거 경험이 제한되고 심신의 발달이 성인인 교사와 판이하게 다른 유아의 경우 교사는 성인의 눈이 아닌 어린이의 입장에서 그들의 과거 경험을 이해하고, 이를 토대로 새로운 도전을 통하여 유아들의 경험을 넓혀 줄 수 있는 학습 기회를 제공해야 한다.

또한 피드백을 명시함으로써 송신자와 수신자가 메시지 흐름의 방향에 따라 수시로 바뀌는 양방향임을 분명히 하였다. 피드백은 수업에 대한 학습자의 반응을 일컬으며 이는 말이나 글과 같이 분명하게 드러나는 것뿐 아니라 학습자의 표정 · 몸짓 등도 포함된다.

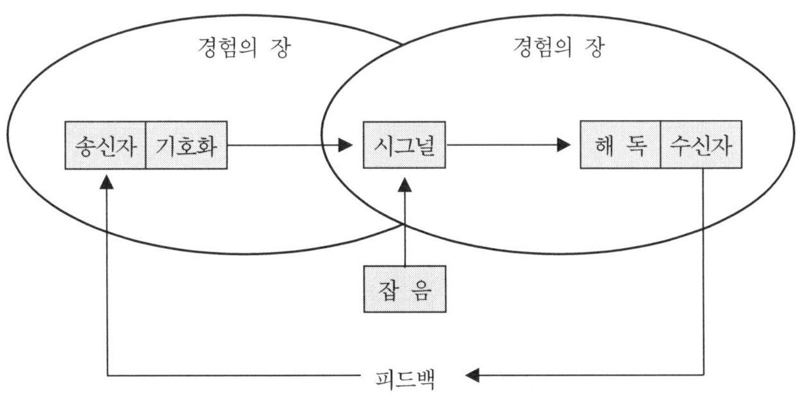

[그림 4-4] 쉐논-슈람의 모델

학습자가 흥미를 가지고 열심히 따라오고 있는지 여부에 따라 교사는 학습내용을 적절히 조정하여 학습자에게 전달한다.

쉐논-슈람의 모델에서 잡음은 의사소통을 방해하는 모든 요소를 일컫는다. 주위 소음, 적절치 못한 통풍, 실내 온도 등이 학습을 저해한다.

이상에서 본 바와 같이 통신이론은 교육공학의 발전에 다음과 같은 기여를 했다.

첫째, 수업의 이원적인 성격을 규명했다. 시청각 교육의 기저가 되었던 제반 이론들이 수업을 단순히 교사가 제공하는 학습경험을 통하여 학습자에게로 전달되는 단선적인 것으로 본 반면 커뮤니케이션 이론은 수업을 송신자인 교사와 수신자인 학습자가 서로에게 영향을 미치는 이원적인 과정으로 규명했다.

둘째, 통신과정을 분석하여 수업이 끊임없이 변화하는 일련의 과정임을 드러냈다. 교사와 학습자 간의 의사소통은 정지된 상태가 아닌 교사와 학습자의 당시 상태에 따라, 그리고 당시 상황에 따라 역동적으로 움직이고 있다는 의미의 과정(process)으로 이해했다는 점이 기여점으로 꼽히고 있다.

셋째, 시청각 교육에서는 교수매체를 사물(things)로 간주하고 수업의 보조물(aids) 차원에서 다루었지만 통신이론에서 교수매체를 통신에서 없어서는 안 될 통신과정의 일부로 보았다.

마지막으로 통신이론이 대두되면서 실제적으로 많은 수업매체가 개발된다. 이는 통신이론의 영향과 아울러 당시 스푸트니크 충격으로 미국의 교육계에 자성과 혁신의 바람이 불고 있었던 영향이 컸던 것으로 여겨진다.

(4) 초기 교수공학(instructional technology)

획기적인 과학의 발달과 더불어 지식 및 인구의 팽창은 급기야 과학적 지식과 공학을 사용하여 교육개혁을 이루고자 하는 흐름을 형성하게 된다. 이런 흐름의 주류였던 시청각 교육국은 1970년 미국 교육공학회(AECT-

Association for Educational Communications and Technology)로 거듭나게 된다.

특히 이런 변화에 영향을 준 이론적 체계로 체제적 접근(systems approach)과 행동과학을 들 수 있는데, 새로운 패러다임인 교수공학으로 대두되었다.

① 체제적 접근

체제란 공동의 목적을 가진 구성요소들의 조직체를 일컬으며, 체제적 접근이란 체제 공동의 목적을 달성하기 위해 이 체제를 구성하고 있는 요소들이 각기 독립적인 기능을 하면서 동시에 서로 상호작용하여 총체적인 효과를 도모하는 과학적인 접근 방식을 일컫는다.

체제적인 접근은 수업을 분석적인 관점으로 보아 수업에 관련된 각 요소를 규명하고, 이 요소들의 기능을 수업이 이루어지는 전체 속에서 조명했고, 그리고 교수매체를 수업에 있어 반드시 필요한 요소로 간주하였다. 체제적 접근은 후일 교수개발 및 설계에 영향을 미치게 된다.

② 행동과학

행동과학은 심리학에 있어 실증주의 · 과학주의가 첨예하게 나타난 대표적인 학문이다. 과학주의가 표명하는 여러 특징이 있지만 대표적인 것은 감각적 경험을 중시한다는 것, 즉 관찰 가능하고 측정 가능한 대상을 연구대상으로 삼았다는 것이다.

꿈이나 가치와 같이 관찰할 수 없는 것은 그 자체로 학문의 대상이 될 수 없으며, 이런 관념적인 개념이 관찰 가능하게끔 정의될 때에 비로소 학문적 연구 대상이 된다.

행동과학은 학습 또한 명료하게 관찰할 수 있는 활동으로 정의하고자 하였으며, 대표적인 이론으로 스키너(Skinner)의 강화이론을 들 수 있다. 이전의 S-R 이론에서는 자극이 반응에 시간적으로 우선한다고 믿었다.

큰 소리에(자극) 놀랐다(반응)든지 환경이 좋으니(자극) 공부를 잘한다(반응)는 것과 같이 들 수 있다. 이에 반해 스키너는 실제 학습현장에서 학습자는 명료하게 규명하기 난감한 요인에 의해 반응 행동을 먼저 보여준다고 믿었다.

그러므로 학습자가 바람직한 반응을 보여주었을 때 시기를 놓치지 말고, 즉각적인 보상으로 학습자의 반응을 강화시켜 학습을 유도해야 함을 주장하였다. 이와 같이 학습자의 반응이 자극(강화인자)에 우선한다고 하여 스키너의 이론을 R-S 이론이라고도 하고, 학습자의 자발적(operant) 반응을 강화인자에 의해 습관화시킨다고 하여 조작적 조건화라고도 한다.

예를 들어, 심부름을 했더니(반응) 칭찬(강화인자)을 받았고, 그래서 심부름을 잘하게 되었고, 시험에서 높은 점수를 받았더니(반응) 선물과 찬사(강화인자)를 받아 계속 높은 점수를 받기 위해 공부를 열심히 했다는 것을 들 수 있다.

스키너는 학습을 행동의 변화로 보고 그의 이론을 통하여 다음과 같은 점을 강조하였다.

첫째, 즉각적인 피드백을 중시하였다. 학습자가 바람직한 행동을 보여주었을 때 즉시 피드백을 통하여 자신의 행동 결과를 확인할 수 있게끔 해주어야 한다.

둘째, 학습은 긍정적인 강화를 통하여 잘 일어난다. 스키너는 학교현장에서 교사들이 학습에 부정적인 영향을 미치는 벌의 남용을 비판하면서 학습은 칭찬을 비롯하여 학습자에게 즐겁고 긍정적인 기분을 일으키는 긍정적인 강화인자에 의해 강화되어야 함을 주장하였다. 학습자가 바람직하지 못한 반응을 보여줄 경우(손가락을 빤다든지 떼를 쓰는 등) 이를 벌하기보다는 긍정적인 강화를 해주지 않음(무시함)으로써 이러한 행동은 소거된다.

셋째, 단계적인 학습을 중시하였다. 학습은 쉬운 것에서 시작하여 점점 어려운 것으로, 그리고 한 번에 이해할 수 있게끔 소단위로 나누어서 하여야 함을 주장하였다.

넷째, 개별학습을 강조하였다. 스키너는 개인차를 학습속도의 차이로 보고, 학교에서 느리게 학습하는 자와 빠르게 배우는 자를 같은 진도로 가르치려 하기 때문에 여러 문제가 야기되므로 학습자 개개인의 속도를 충분히 수용할 수 있는 개별학습을 주장하였다.

스키너는 교사 없이 이루어질 수 있는 자동학습에 관심이 많았다. 그는 오하이오 주립대의 심리학과 교수 프레시(Pressy)의 자동시험기계를 진일보시켜 티칭 머신을 개발하였다.

티칭 머신은 ① 정답에 대한 즉각적인 강화 ② 오답을 했을 경우 벌을 하지 않고 ③ 학습자 개개인이 자신의 페이스대로 학습할 수 있으며 ④ 각 문제는 잘게 나누어져 쉬운 개념에서부터 점차 어려운 것으로 배열되어 있음으로써 스키너의 학습이론을 충실히 반영하고 있다.

프로그램 학습도 위의 원리를 이용하고 있으나 단지 기계를 빌리지 않는 인쇄매체 형식을 취하고 있다.

스키너는 매체를 사진 · 영화 · 메시지와 같이 자극으로 보던 개념에서 벗어나 매체는 단순한 자료제시의 수단이 아니라 학습자의 반응을 강화시켜 주는 역할을 해야 함을 주장하여 매체에 대한 개념을 바꾸었다. 이러한 그의 이론은 오늘날 컴퓨터나 멀티미디어를 이용한 모든 자동학습의 기초가 되었다.

(5) 교수공학(1970)

1970년 교수공학적 견해는 인간학습에 대한 행동주의 이론과 초기 체제개념을 도입하였으므로 그 정의는 인간학습과 통신이론에 기반을 두고 있었으며, 특정한 학습목표에 따라 교수학습의 전 과정을 설계하고 실행하고 평가하는 체계적 방법이라 할 수 있었다.

또한 효과적인 교수를 이끌어내기 위하여 인적 자원과 비인적 자원을 적절히 결합하여 사용하는 체계적인 방법을 사용하였다. 그러나 이러한 특정한 학습목표에 따른 교수적 견해는 실제적인 교수-학습 전 과정에 대한 상세한 설명이 결여되었다고 지적되었다.

(6) 교육공학(educational technology)

1977년 미국 교육공학회는 기존 교수공학적 견해에서 벗어나 교육공학에 대한 정의를 다시 내렸다. 즉 교육공학이란 인간학습에 포함된 모든 문제점을 분석하여 이에 대한 해결책을 고안하고 실행하며 평가 · 관리하기 위하여 사람 · 절차 · 이념 · 장치 및 조직을 포함한 복합적이고 통합된 과정이라 하였다.

이때 교육공학의 정의는 방대하였으며 그 분야도 인간학습 문제들을 규명하고 해결하는 데 필요한 이론이며, 인간학습 문제점들을 분석 · 해결하기 위한 복합적이고 통합된 과정을 적용하는 분야이고, 더욱이 지적 이론, 기술, 조직적인 노력으로 구성되어 있는 하나의 전문직으로 강조되었다.

그 후 교육공학 분야는 사회 발전의 경향과 특성에 따라 분야의 학문적 성격 · 정의 · 적용 · 방안 · 활동 영역 등을 논의해온 결과 새로운 정의를 최근 다시 소개하게 되었다.

(7) 교육공학의 새로운 정의

교육공학 개념의 새로운 정의(1994)는 그 발달과정에 따라 교육공학자들간의 이해와 공통적 논의를 거쳐 미국 교육공학회(AECT)를 중심으로 지난 50년간 점진적으로 수정되어왔다.

1977년 이후 17년간의 연구와 논의 끝에 1994년 미국 교육공학회의 공식적인 새로운 정의는 실즈(Seels)와 리치(Richey)에 의해 《Instructional Technology : The Definition and Domains of the Field》라는 책에 다음과 같이 소개되었다(Seels & Richey, 1994 ; 이화여자대학교, 교육공학과 2001).

"교수공학[교육공학]이란 학습을 위한 과정과 자원의 설계 · 개발 · 활용 · 관리 및 평가에 관한 이론과 실제이다."

이 정의는 간단하게 기술되어 있으나 네 가지 핵심적 개념을 한 문장에 함축하고 있다. 즉,

- 학습을 위한
- 과정과 자원의
- 설계 · 개발 · 활용 · 관리 및 평가에 관한
- 이론과 실제

임을 이야기하고 있다.

1994년의 정의는 세 가지 관점에서 이전 1977년과 다르다.

첫째, 분야 이름의 변경이다.

여기서 분야의 지칭을 위해 사용된 용어를 보면 '교수공학(instructional technology)'과 '교육공학(educational technology)' 두 가지 개념을 포함하는 의미로 'Instructional Technology'를 사용하고 있는데, 실즈와 리치는 교수공학을 교육공학의 하위영역에서가 아니라 동위개념으로 간주하고 있음을 밝히고 있다. 이는 교수공학 · 교육공학 등의 용어가 모두 교수와 학습의 문제를 해결하기 위한 공학적 절차와 도구를 적용하는 것을 일컫고 있기 때문이다.

둘째, 분야 추진 활동의 지향성의 변경이다.

그동안 실제 지향적인 정의에서 이론을 다루는 학문 분야와 실제를 다루는 전문 분야 모두 지향한 정의로 바꾸었다. 따라서 분야 활동도 산물 지향적인 관점에서 산물과 과정 모두를 분야의 핵심으로 받아들이고 있다.

셋째, 분야의 영역과 하위요소들의 속성이 변화되었다.

[그림 4-5]는 1977년 정의의 세 영역인 교수관리 · 교수개발 · 교수체제에서 설계 · 개발 · 활용 · 관리 · 평가의 다섯 영역으로 그 범주를 넓히고 분야의 영역과 하위요소들의 관계를 잘 보여주고 있다. 이는 교육공학 분야의 활동영역과 연구 관심 분야가 다양화되고 확대된 것을 시사하고 있다.

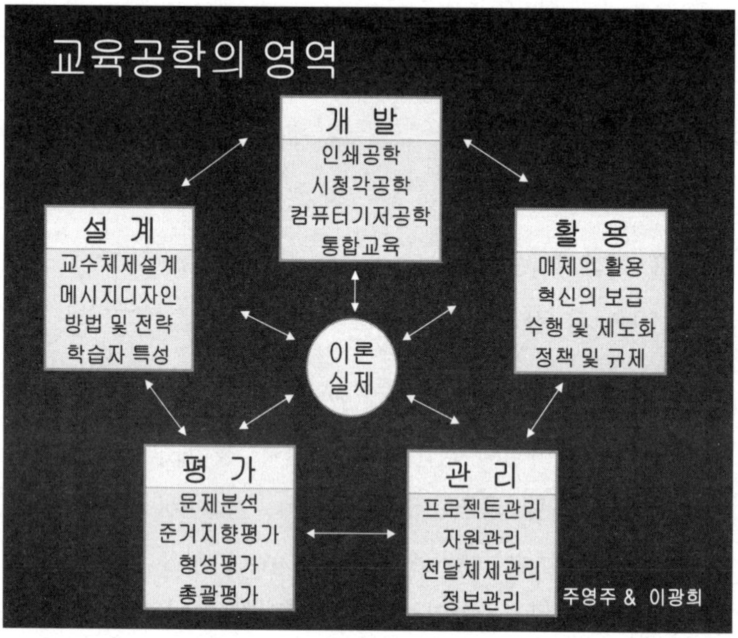

[그림 4-5] 교육공학의 영역 및 관계(Seels & Richey, 1994)

우리 사회에서 교육의 문제는 우리가 해결하고 달성해야 할 교육의 목표이다. 이를 위해 여러 가지 첨단 하드 테크놀로지와 소프트 테크놀로지를 적용시킨 학문 분야는 교육공학이며, 각각의 영역은 개인 · 가정 · 학교 · 기업 · 공공단체 · 기타 교육에 이르기까지 학습이라는 총체적 맥락을 보여주고 있다.

교육공학의 영역은 그림과 같이 다섯 가지 영역이며, 각 영역은 몇 개의 하위 구성요소들로 이루어진다. 각 영역과 영역 관계는 상호보완적이며 상호의존적이라 할 수 있다.

① 설계영역

교수심리학 운동에 기원하고 있으며, 체제이론의 적용이 설계방법론화 되었다.

설계영역은 교수체제 설계, 메시지 디자인, 교수전략, 학습자 특성 등의 연구를 포함하고 있다.

② 개발영역

교수매체 제작 분야에 기원하고 있으며, 설계작업을 통해서 산출된 명세서를 물리적인 형태의 자료로 바꾸어가는 과정이다.

개발영역은 인쇄 테크놀로지, 시청각 테크놀로지, 컴퓨터 기저 테크놀로지, 통합 테크놀로지 등을 포함한다.

③ 활용영역

활용은 학습을 위해 절차나 자원을 사용하는 행위이다.

활용영역 종사 요원들은 학습자를 자료나 활동에 연결, 학습수행 시 안내 제공, 결과에 대한 평가 제공, 활용을 기관에서 사용하는 절차와 통합하는 등의 활동에 종사, 한편 사용 · 보급 · 확산 · 실행 그리고 제도화를 필요로 하고 있다.

활용영역은 매체 활용, 혁신의 보급, 실행의 제도화, 정책의 규제의 네 가지 하위영역을 포함한다.

④ 관리영역

교육 공학자들이 학교 매체 센터나 산업체 학습 센터의 관리를 하는 영역이다.

관리영역에는 프로젝트 관리, 자원관리, 전달체제관리, 정보관리 등을 포함한다.

⑤ 평가영역

교수-학습 프로그램에는 프로그램의 가치를 규명하기 위하여 프로그램의 목적과 사용 결과를 비교하는 과학적이고 체제적인 평가가 요구된다. 교육에서의 평가는 프로그램 평가, 프로젝트 평가, 자료, 교수 산출물 평가가 요구된다.

평가영역은 문제분석, 준거지향 측정, 형성평가, 총괄평가의 네 가지 하위영역을 포함한다.

03 교육공학의 응용

교육공학의 영역과 하위영역을 통하여 응용하면 누가 누구에게 무엇을 어떻게 교육시키는가의 최선의 교육방법을 선택할 수 있다. 교육방법의 문제가 이론과 실행이라면 공학의 문제는 과학적 지식과 그의 적용, 즉 실행에 관련된 문제라고 할 수 있다.

그러므로 앞으로의 과제는 교육공학의 범주에 영유아교육 분야도 포함하여 교육공학의 대상인 영유아교육전문인들에게 교육공학의 영역 그리고 하위영역들을 더욱 정교하게 정의하고 그 응용방법을 다양화할 필요성이 제기된다.

[그림 4-6]은 영유아교육 분야(개인, 학교, 지역사회, 유치원, 어린이집 포함)에서 교육공학의 응용 범주를 보여주고 있다. 교육공학은 기저이론(i.e,, 체제이론, 커뮤니케이션 이론, 교수-학습 이론, 교수설계 이론 등)을 바탕으로 영유아 분야 학습자의 능력 요구를 고려하여, 영유아교육전문인들의 철학과 교수-학습 목적에 적합한 교과과정과 자원을 설계하고, 개발하고, 활용하며, 관리하고, 교육의 결과물에 대하여 평가하는 연구이론과 교수 분야에 응용되는 것이다. 교육공학 응용 대상자의 학습을 위한 자원과 과정은 다양한 공학과 매체활용을 통하여 전달되며, 자원에는 모든 인적 자원과 물적 자원을 활용한다.

영아 및 유아들의 발달은 집단적이거나 형식적인 지식획득만으로 불가능하다. 실제적이고 개별적인 개인차를 고려한 학습자능력 발전에 초점을 맞추어야 하므로 요구분석, 학습자 특성과 학습양식 분석, 환경분석, 과제분석기술에까지 적용할 수 있다. 효과적인 학습과 영유아 보육 서비스의 질 향상을 위하여 교수매체 활용과 정보통신기술의 활용, 의사소통능력과 학습전이의 촉진, 자기 주도적 학습 방식 제공, 동기 유발과 참여 유도 등을 더욱 고안하고 제공할 수 있다.

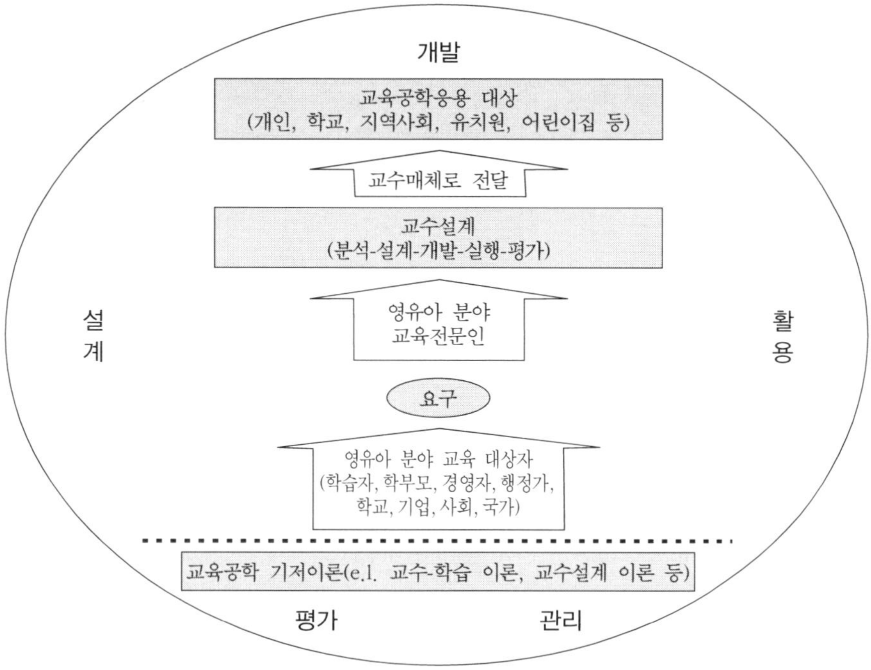

[그림 4-6] 영유아교육 분야의 교육공학 응용 범주

이러한 교육공학의 응용으로 21C 학습자 요구가 충분히 사정되고 체계적으로 학습되고 능력이 평가될 수 있게 하여 다양한 교육방법과 전략이 풍부한 교육적 배경과 경험을 가진 전문가들과 함께 성공적인 성과를 실현시킬 수 있는 것이다.

4 탐구과제

1. 교육공학의 발달과 활용 매체를 소개하여 봅시다.
2. 교육공학의 영역과 하위요소들을 살펴봅시다.
3. 영유아교육전문인으로서 교육공학의 용용방법을 생각하여 봅시다.

제 5 장

학습이론

01_행동주의 이론

02_인지이론

03_구성주의 이론

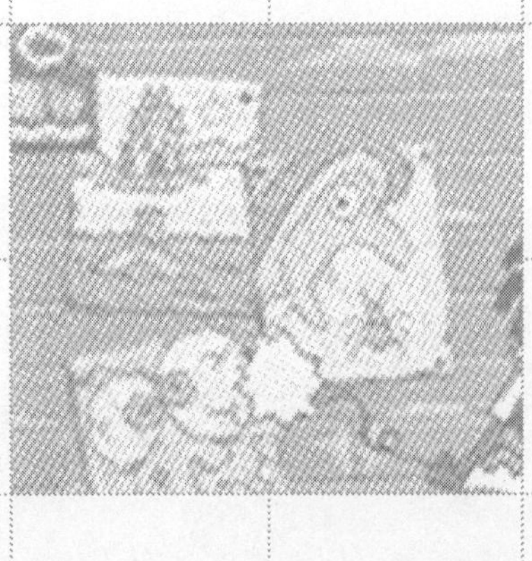

01 행동주의 이론

행동주의 학자들에 의하면 학습이란 환경 조성에 따른 학습자 행동의 변화로 규정내릴 수 있다. 이때 환경이란 학습자의 바람직한 행동변화를 가져올 수 있는 학습의 외재적 조건을 말한다. 학습의 내재적 조건은 학습자의 내재적 사고 활동으로 나타난다는 것이 이들의 입장이다.

또한 외적 환경의 변화에 대한 학습자의 반응을 주요 연구 대상으로 삼으며, 학습은 학습자의 반응과 이를 강화시켜주는 자극과의 체계적 연결 속에서 이루어진다고 보는 입장이다.

이와 같이 학습을 관찰할 수 있는 자극과 반응의 연결로 보는 입장에도 여러 갈래들이 있으나, 하나로 묶어 '자극-반응이론'이라 통칭하기도 한다. 이러한 계열로는 왓슨(Watson)을 비롯하여 손다이크(Thorndike), 스키너(Skinner) 등을 꼽을 수 있다.

1) 고전적 조건반사

가장 단순한 자극과 반응의 원리인 고전적 조건반사에 대한 연구는 파블로프(Pavlov)와 왓슨(Watson)에 의해 이루어졌다. 파블로프는 개의 타액 분비에 관한 생리 실험에서 조건반사가 성립되는 것을 발견하였다.

고전적 조건반사란 일정한 자극에 의해 선천적으로 유발되는 반사행동을 처음에는 그것과 아무런 상관이 없는 중성자극과 연결시킴으로써 이 중성자극이 후에 선천적인 반사행동을 유발하게 되는 것을 말한다(조경원 외 4인, 1990 ; 김아영 외 5인, 1998).

손다이크 역시 동물실험을 통하여 자극과 반응의 결합하는 과정을 설명하였는데, 학습자가 다양한 반응을 해보면서 그중에서 문제를 성공적으로 해결한 반응을 학습한다는 것을 증명하였다. 따라서 그의 이론을 '시행착오설'이라고도 한다(신용일, 1993).

손다이크는 학습이란 통찰이나 이해와는 관련이 없는 단지 신경계통 내의 결합을 각인하는 과정으로 보고, 준비의 법칙, 연습의 법칙, 효과의 법칙 등과 같은 주요 학습의 법칙을 구성하였다.

이상과 같은 고전적 조건 형성의 원리는 왓슨에 의하여 유아에게 적용되었다. 처음에 흰쥐에 대하여 아무런 공포반응을 보이지 않는 아이에게 흰쥐를 대할 때마다 금속판을 울리게 함으로써 그 아이를 놀라게 했다. 이러한 경험을 수차례 반복한 후에는 흰쥐만 보여주어도 유아는 놀라 울면서 피하려 하였다. 이는 곧 중성 자극인 흰쥐에 대해 놀라는 반응(금속 소리)이 결부됨으로써 조건 형성이 된 것을 의미한다.

이상 행동주의 학자들의 실험들은 유기체의 외부 환경을 적절히 조절함으로써 조건화된 자극과 무조건 자극 간의 연합을 가져올 수 있고, 따라서 조건화된 자극만으로도 무조건 자극에 대한 반사행동을 유발할 수 있음을 보여준다.

따라서 학습은 하나의 자극을 다른 자극과 대치시켜줌으로써 조건반응을 형성시켜주는 과정인 것이다. 특히 왓슨의 견해에 따르면 아동의 성장에 따라 나타나는 수많은 정서적 반응도 고전적 조건 형성과정을 통하여 습득된다고 하였다(조경원 외 4인, 1990).

그러나 고전적 조건반사 이론은 비교적 단순한 형식의 학습이나 훈련, 습관 형성 등에는 쉽게 적용될 수 있으나 높은 수준의 사고과정이나 통찰을 요구하는 학습에 대한 적용은 무리가 있다.

2) 조작적 조건화

스키너는 주로 자신이 고안한 방음장치가 된 상자를 사용하여 비둘기는 표적을 쪼는 행동이 먹이로 보상되었을 때는 빈번히 표적을 쪼는 행동을 보이고, 반면 보상받지 못했을 때는 점차 행동이 소멸되었음을 발견하였다.

스키너는 비둘기가 이러한 행동을 환경에 스스로 작용하여 어떤 결과를 생성해낸다고 해서 조작(operant)이라 하고 이러한 절차로 학습되는 과정을 조작적 조건화(operant conditioning)라고 하였다(신용일, 1993).

이 실험은 앞서 살펴본 실험과 비슷하지만 몇 가지 중요한 차이점이 있다. 고전적 조건형성에서는 자극이 반응을 추출하지만 조작적 조건형성에서는 반응이 방출된다. 그리고 고전적 조건형성에서는 반응의 확률이 선행조건에 의해서 좌우되지만 조작적 조건형성에서는 반응의 결과에 의해서 결정된다(앞글, 1993).

다시 말하면 표적반응을 외부 자극에 의해 촉발되는 단순한 반사적 행동이 아니라 동물 스스로 한 행동(표적을 쫌)에 대한 긍정적 결과(먹이 나옴)가 행동의 빈도를 증가시킨 것이다.

여기에서 먹이와 같은 보상이 특정 반응(표적을 쫌) 뒤에 주어짐으로써 반응 빈도를 높이는 절차 혹은 과정이 되는 것을 강화(reinforcement)라 한다. 또한 이때 일정한 행동의 강화를 위해 수반된 자극(먹이)을 '강화물(reinforcer)'이라 한다(조경원 외 4인, 1990).

따라서 스키너의 조작적 조건화란 외부적 자극이 일정 반응을 유도하는 체계라기보다는 반대로 유기체가 요구하는 반응을 일으킬 때 그 반응에 대한 보상이 주어지고, 이러한 보상은 다시 반응을 더욱 강화시키는 작용을 하게 되는 체계이다.

이와 같이 스키너의 조작적 조건 형성은 특정 행동이 환경에 작용하여 결과를 창출해내기 때문에 이를 조작적 행동이라 부른다.

이상에서 살펴본 고전적 조건화나 조작적 조건화는 두 입장 간의 차이는 있으나 결국 인간의 행동은 주변 환경에서 외부적으로 주어지는 강화작용에 의해 학습 또는 수정될 수 있다고 보는 입장이다.

02 인지이론

인지적 관점은 학습을 반응(행동)의 변화가 아닌 인지구조의 변화로 봄으로써 학습에서 행동적인 면보다는 개념적인 면을 더 강조한다. 학습과정은 자극과 반응의 기계적인 결합이나 조건 형성에 의해서 이루어지는 것이 아니라 인간이 환경을 능동적으로 지각 · 이해하고 탐구하는 정신적 과정을 통해서 이루어진다.

1) 통 찰 설

게스탈트(Gestalt)라는 독일어는 형태 · 모양 · 윤곽의 의미로 구조화된 전체의 뜻이다. 쾰러(W. Kőhler) 등 형태 심리학자들은 동물실험을 통해 학습이 행동주의자들이 주장하는 것처럼 자극과 반응의 점진적 연합에 의해 이루어지는 것이 아니라 어느 순간에 문제상황 속의 사물들 간의 관계를 구조, 즉 형태를 파악함으로써 갑자기 이루어진다는 사실을 발견하였다(윤정일, 1995).

즉, 동물의 문제해결이 시행착오적인 행동의 연습이나 반복에 의해서 점진적으로 습득되기보다는 문제상황에 직면했을 때 그것을 해결하는 데 필요한 지각의 변화에 의한 것임을 볼 수 있다(조경원 외 4인, 1990, p.142).

이와 같이 쾰러를 비롯한 형태 심리학자들은 유기체는 통찰력에 의해 문제의 핵심을 이해하고, 해결할 수 있는 방법을 발견하게 되므로 학습은 통찰을 통해 이루어진다고 보았다.

다시 말하면 학습은 곧 문제해결의 한 과정으로 보았고, 문제해결은 과거의 경험을 토대로 사고하고, 창조하며, 관련된 사선을 종합하는 과정에 의하여 이루어지는 것이다. 이것은 결국 학습은 인지조직(cognitive organization)의 과정임을 의미하는 것이다(이화여자대학교 교육공학과, 1997).

그는 통찰에 의한 학습의 주요한 현상에 대해 문제의 해결은 단순한 과거의 경험의 집적(集積)이 아니고, 그의 경험적 사실을 재구성하는 구조전환의 과정이라고 하였으며, 통찰은 탐색적인 과정을 통해서 이룩되는 일이 많으나 이 탐색은 단순한 우연만을 위주로 하는 시행착오와는 다르다고 하였다.

또한 통찰은 실험장면에 의하여 좌우되는데 장면 전체가 잘 내다보이면 그 해결은 용이하며, 이러한 학습의 종류와 개체의 차이에 따라 차별이 있다고 하였다(신용일, 1993).

2) 장 이 론

레빈(Kurt Lewin)과 같은 장심리학자는 학습 현상을 지각과 밀접한 관계를 맺고 있는 것으로 생각한다. 따라서 이들은 학습을 학습자의 지각적 및 심리학적 세계, 즉 그의 장의 재조직에 비추어 정의한다.

모든 사물을 '장의 힘' 안에 존재하며, 장의 힘에 의해 움직이고 변화되며 정의된다고 보았다. 즉, 인간이 어느 주어진 시간에 자신이 직면한 문제상황과 자신을 지각하는 방법에 관한 문제를 주요 연구과제로 삼고 있다.

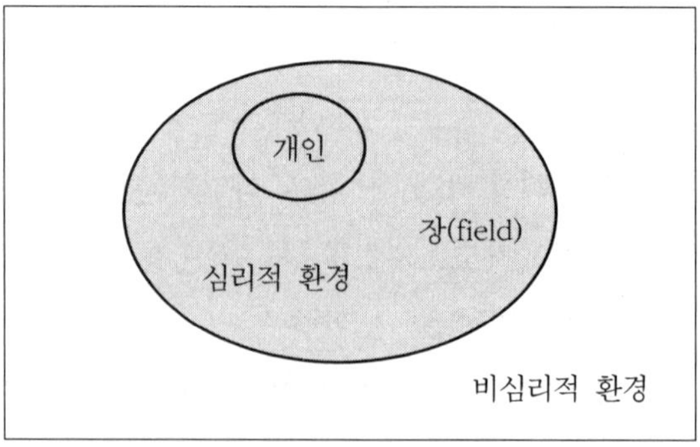

[그림 5-1] 레빈의 생활공간

※ 출처 : 박인학(1995)에서 인용

[그림 5-1]에서 레빈은 인간의 행동은 자기가 추구하려는 목표, 회피하려는 입장, 자기의 움직임(실제가 아닌 심리적인)을 제한하는 장애물들을 포함해서 생활공간의 지배적인, 그리고 그 밖의 다른 요인들 간의 상호작용의 결과로 일어나는 것이라고 보았다.

이때 자신이 지각하는 생활공간의 구조를 레빈은 곧 인지구조로 보았고, 이러한 인지구조의 변화는 곧 '학습'이나 '통찰력'에 의해 일어나는 것이라 하였다. 즉 이를 더 세부적으로 구조화하는 과정을 통해 그들의 인식이 분화 재조직 혹은 재구성되고 인지적 구조의 변화가 초래된다. 이러한 과정이 학습인 것이다.

3) 피아제의 인지발달 이론

스위스의 심리학자 피아제(Jean Piaget)는 인지발달에 대한 연구를 60여 년간 지속적으로 추진해왔다. 주로 생물학과 철학(특히 인식론)에 대한 그의 관심사로부터 출발한 그의 연구는 지식이 어떻게 구성되어지는가와 아동들이 어떻게 자신들의 세계를 알게 되는가에 초점이 맞추어져 있다.

결국, 지적 발달은 유전적 요인과 환경적 요인의 교류에 의해 생기는 결과라는 결론에 도달하게 하였다.

피아제에 의하면, 인간은 자극을 찾아 스스로 행동하는 능동적 행동체이므로 지식의 기초가 선천적으로 주어지거나 혹은 후천적 경험의 반복에 의해 누적된다는 행동주의적 입장과는 달리 그는 인간의 지적 능력은 개인과 환경과의 끊임없는 상호작용에 의하여 쇄신되고 재구성되는 과정으로 보았다.

특히, 아동들은 성장하면서 끝임 없이 자신의 환경과 교류하며, 이 과정에서 그들 자신의 지식을 먼저 구성(construct)해야 한다는 것을 제시하였다(조경원 외 4인, 1990 ; Piaget & Inhelder, 1973).

인간은 환경과의 상호작용을 통해 외부 대상, 자아 그리고 자아와 외부 대상 간의 관계에 대한 지식을 얻게 된다. 이렇게 유기체가 환경과 접촉함으로써 반복되는 행동과 경험에 의한 인지구조 혹은 셰마(cognitive structure, sheme)의 형성과정은 동화(assimilation), 조절(accomodation) 그리고 평형의 개념으로 설명된다.

이 도식은 사고의 기본 단위로서 우리가 세상에서 사물과 사건에 대해 정신적으로 표상하거나 '생각해보도록' 하는 조직화적 행동 또는 사고의 체계이다.

예를 들어 처음 본 장미를 장미로 인식하는 기존 인지구조에 맞추어 새로운 정보를 받아들이는 동화가 있다. 동화는 새로운 학습을 현재의 구조에 통합시키는 것이다.

즉 새로운 대상 · 사건 · 사물을 인지할 때 자신에게 존재하는 도식이나 기존 인지구조에 맞추어 인식하는 것이다. 많은 어린이들이 처음 스컹크를 보고, 그것을 새끼고양이라고 부르는 경우이다.

이에 반해 조절이란 새로운 학습을 통합시키기 위해 본래의 구조를 변화시키는 것이다. 즉 기존 인지구조를 어떤 새로운 상황과 형태나 종류로 수정하고 첨가함으로써 전환시키는 것이다. 따라서 새로운 환경적 사상이 개인에게 던져 주는 여러 가지 요청에 자신을 맞추어 나가는 적응과정이다.

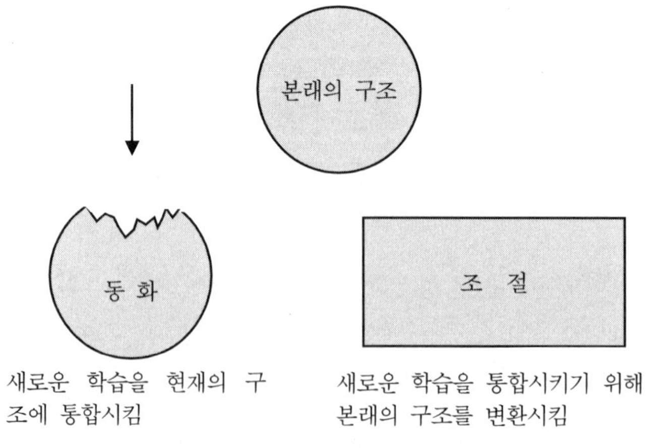

[그림 5-2] 동화와 조절

※ 출처 : 이갑순(1998)에서 인용

동화와 조절이 균형을 이루게 되면, 유기체는 평형(equilibrium) 상태를 유지하게 된다. 그러나 이 평형이란 항상 일시적인 상태이다. 즉 우리의 행동은 동화와 조절이 균형상태를 이룰 때가 가장 안정된 것이 되지만, 이 균형상태는 어린이가 새로운 환경적 자극에 적응하려는 노력에 의해 다시 불균형 상태를 초래하게 된다.

그러므로 인간의 지적 발달은 동화와 조절에 의해 인지적 균형을 이루어 가는 과정이며, 이는 새로운 지적 구조를 조직해가는 원천이 된다(박상호, 김경희, 1995).

피아제는 인간의 지적 발달을 감각운동기, 전조작기, 구체적 조작기, 형식적 조작기의 4단계로 크게 구분하고 있으며, 각 단계에서 나타내는 인지구조의 특징은 다음과 같다(김아영 외 5인, 1998 ; 조경원 외 4인, 1990).

(1) 감각 운동기(sensorimotor period : 0~2세)

영아는 타고난 단순한 반사작용을 하게 되나 점차 주변의 물체를 식별하고, 목표를 향해 움직이고, 근육운동의 조절이 가능하게 된다. 영아가 몸짓과 울음, 그리고 운동을 통해 사람 및 사물과 상호작용할 수 있는 것은 이런 실제적 지능 때문이다.

(2) 전조작기(preoperational period : 2~7세)

감각운동기를 지나면서 유아들은 점차 새로 습득한 언어나 언어 이외의 다양한 상징을 사용하여 개념을 발달시킨다. 그러나 아직 개념의 형성은 성공적이지 못하여 한 개념을 한 대상을 지칭하는 말로만 이해하고, 여러 대상을 포괄하는 추상성을 이해하지 못한다.

또한 유추와 판단은 외형이나 가시적인 조건에 의존할 뿐 내적 조건이나 객관적 기준에 의한 사고는 불가능하다.

따라서 이 시기 유아들에게는, 논리와 지각이 대립된 채 결론을 내려야 할 경우에는 늘 지각이 논리적 사고보다 우위에 서는 사고를 하게 된다. 이

시기를 전조작기라고 부르는 이유도 여기에 있다.

이 시기 어린이들은 분류 · 보존 · 가역성 · 계열 · 유추 · 관계를 개념이 완전히 형성되지 못한 채 자기 중심적이고 직관적인 판단에 의존하여 사고하기 때문이다.

피아제는 이 시기의 사고과정에서 전조작기 아동들이 자기중심적 언어를 사용하는 경향이 있다고 했으나, 비고스키는 자기중심적 언어 사용이 단순한 생각의 표현을 하는 방법이 아니라 문제해결을 위한 사고의 도구라고 설명하였다. 특히 개인적 언어는 혼잣말로 중얼거리는 것인데 특히 어려운 과제에 직면했을 때 사용하게 된다(Vygotsky, 1962, 1978).

아동의 지적 발달은 이처럼 개인적 언어와 사회적 언어 모두에 영향받는다. 학습과 발달은 복잡하고 상호관련적인 양식으로 연결되어 있는 것이다.

(3) **구체적 조작기**(concrete operational period : 7~11세)

아동이 전조작 단계가 지나면서 대략 초등학교 입학 연령이 되면, 전조작기에 할 수 없었던 여러 가지 정신적 조작작용이 나타나게 된다. 이 시기 어린이들은 구체적 문제해결을 위한 논리적 · 조작적 사고를 할 수 있게 되는 것이다. 또한 아동은 자기중심적 언어나 사고에서 점차 탈피하여 가역적 사고가 가능해지며, 한 대상에 의해 두 가지 이상의 요인을 고려하여 사고할 수 있게 된다.

가역적 사고(reversible thinking)란 끝에서부터 처음으로 생각을 거꾸로 하는 것을 말한다. 가역성은 피아제식 논리적 조작의 특성으로, 일련의 단계를 통해 생각하고 그 단계를 정신적으로 되돌려서 출발점으로 돌아가는 능력으로 가역적 사고라고도 부른다. 이에 대한 이해가 생기면 학생은 변화된 것을 머릿속에서 상쇄시킬 수 있다.

(4) **형식적 조작기**(formal operational period : 11세~성인)

이 시기의 아동은 완전한 논리적 사고가 가능해지기 시작하며, 추상적 개념과 상징물을 대상으로 하는 인지적 조작이 가능해진다. 또한 문제해결을 할 때 아동들은 가설을 설정할 수 있고, 이를 연역적으로 추리하며, 실증적으로 검증하는 등의 과학적 사고를 하게 된다.

이상에서 정리 설명한 발달단계는 개인에 따라 그 속도나 시기 등에서 차이가 날 수 있으나 누구나 이 발달과정(단계)을 순서대로 거친다는 것이 피아제 이론의 특성이다.

03 구성주의 이론

구성주의는 인간이 어떻게 지식을 구성하느냐에 일차적인 관심을 갖는다. 지식을 구성하는 것은 어떠한 일이나 사건들을 해석하는 데 사용하는 인간의 사전 경험, 정신구조, 신념 등의 기능에 의해서이다(강인애, 1997).

구성주의의 인식론적 전제는 다음 요소들에 있다.

- 지식은 경험으로부터 구성된다.
- 지식은 마음속에 존재한다.
- 지식은 역동적이다.
- 사고와 인식은 분리될 수 없다.
- 학습은 지식 체계에 대한 개인적인 해석이다.
- 학습은 주관적 경험을 근거한 개인적 의미를 만드는 적극적인 과정이다.
- 학습은 다양한 관점으로부터 절충된 의미를 찾는 것이다.
- 학습은 현실적인 상황·맥락 속에서 일어나야 한다.

구성주의에서의 학습의 개념을 살펴보면 지식은 전수되는 것이 아니라 개인의 사회적 경험에 의거해서 개인적으로 구성된다.

지식은 학습자의 지속적인 상호작용으로 창조되는 산물이며, 개인 학습

상황에서 만나는 인지적 충돌이나 갈등은 오히려 자극이 되며, 학습할 내용의 구조와 본질을 결정하는 주요 요인이 된다. 결국, 학습자가 받는 자극이나 자신만의 학습목표는 학습을 추진하는 원동력이 된다.

구성주의 관점에서 지식은 사회적인 관계 속에서 협상되고 평가되므로 사회적 환경과 타인과의 상호작용이 매우 중요하므로 학습자가 능동적으로 참여할 수 있는 활동을 제공하도록 설계되어야 한다.

이러한 학습환경에서는 학습자 입장에서 중요하고 의미 있는 과제 및 문제를 제시할 수 있어야 한다. 이때 학습자가 학습과정에서 통제권을 갖게 되므로 다양한 대안이나 관점을 허용하는 실제적인 과제 또는 학습환경을 제공하여야 한다.

예를 들어 협력 학습환경을 조성할 때 학습자가 자신이 구성한 지식 또는 의미를 명료화하거나 표현하는 기회를 제공하고, 학습자의 사고를 지원하고 확장시킬 수 있는 학습환경 또는 도구를 제공한다.

구성주의 교육이론은 구성주의 심리학 이론을 응용한 것이다. 이는 크게 피아제의 인지발달 이론에 근거한 것들과 비고스키의 사회발달 이론에 근거한 것들로 나눌 수 있다(황윤한, 1999).

피아제의 인지발달 이론에 의한 구성주의 교육의 원리는 다음 네 가지로 요약할 수 있다.

- 아동들은 인지발달 단계에 따라 실재(reality)에 관한 해석을 달리한다.
- 학습자가 참여할 수 있고, 동화와 조절의 적응과정이 일어나는 활동과 상황에 의해 인지발달이 촉진된다.
- 학습자료와 학습 활동들은 아동의 신체 또는 정신 활동에 적절한 것이어야 한다.
- 학습자들이 적극적으로 참여할 수 있고, 도전적인 학습방법을 사용하여야 한다.

지식구성의 사회적 측면을 강조한 비고스키는 아동들이 인지적 과제를 성공적으로 수행하는 경우 교사나 동료, 사회공동체의 역할을 강조하였다.

혼자서는 해결할 수 없지만 성인이나 동료학습을 통하여 쉽게 이해할 수 있는 경우가 있는데 이는 아동의 능력 내에 있는 근접발달 영역(ZPD) 내에서 학습될 때 가능하다고 한다. ZPD란 학습과 인지발달이 일어나는 역동적인 민감성 지역으로 '유아가 독립적으로 문제를 해결하는 실제적 발달수준(actual development level)과 보다 지식이 풍부한 성인이나 능력 있는 또래들의 협동과 도움을 받아 성취할 수 있는 잠재적 발달수준(potential development level) 사이의 거리'로 정의된다(김진영, 백혜리, 최윤정, 2003; 이윤옥, 2013; Bredekamp, 1992)

ZPD에서 효과적으로 사용되는 교수-학습 방법은 비계설정이다. 교사가 아동들에게 학습 초기 단계에 많은 지지를 주다 차차 그 수준을 단계적으로 감소시켜 독립적으로 학습하게 하는 비계설정의 도움도 필요하다. 사회공동체에 일상적인 상호작용과 다양한 참여를 통하여 사회 문화적 행동양식을 습득하고 동화하는 것이 아동의 인지발달에 지대한 영향을 끼친다고 하였다.

이상에서 소개한 사회발달 이론의 원리는 두 가지로 요약할 수 있다.

• 인지적 발달은 특정한 나이에 있어서 특정한 범위에 제한되어 있다.
• 사회적 교류를 통하여 완전한 인지적 발달이 이루어진다.

이를 반영한 비고스키식의 교실에서는 다음과 같은 네 가지 교육 원칙이 지켜져야 한다.

• 학습과 발달은 사회적이고 협동적인 활동이다.
• 근접발달 영역은 교육과정 및 학습계획을 세우는 지침으로 사용되어야 한다.
• 학교 학습은 학생들이 실생활에서 발달시키는 지식 및 학습과 밀접한 관계를 가진, 학생들에게 의미 있는 생활 내에서 일어나야 한다.
• 학교 밖에서의 생활 경험도 학교 내에서의 생활 경험과 연계되어야 한다.

구성주의에 적용될 수 있는 효과적인 교수는 상황학습과 인지적 도제법인데 다중적인 관점에서 학습 결과를 종합하고 평가할 수 있다.

인지적 도제이론(cognitive apprenticeship theory)은 전통적인 도제제도를 본뜬 이론이라 할 수 있다.

전통적인 도제제도에서는 전문가가 초심자에게 먼저 시범을 보여준다. 이 초심자는 전문가가 하는 일을 보고 따라 배우게 된다. 바로 이런 원리를 인지적인 영역에 적용시킨 것이 인지적 도제이론이다.

즉, 교사의 사고 활동 과정을 교사와 학생 모두가 직접 눈으로 볼 수 있게 만드는 것이 인지적 도제 이론의 목적이다. 그런 후에 교사는 전통적인 도제교육방법(modeling, coaching, scaffolding, 그리고 fading)을 효율적으로 학생들의 학습에 적용하는 것이다.

인지적 도제 이론이 가장 잘 적용되는 곳이 국어 및 수학 영역이다. 예를 들어 국어과에서 독해문제를 다룰 때 학생들로 하여금 소리 내어 내용을 요약하게 하고, 혼동을 초래하는 부분을 확실히 설명하게 하며, 읽은 내용에 대해 질문을 만들거나 예상을 하게 한다.

이때 교사는 먼저 이러한 과정의 지침을 제시하며, 나중에 교사의 역할을 학생들에게 넘긴다. 그 후 교사는 학생들을 지도(coach)하거나 학생들의 노력을 보조(scaffold)해주고, 학생들이 점차적으로 자신들의 독해에 익숙해지면 스스로 해결하도록 놓아준다(fading).

그밖에 영어 독해라든지, 작문, 수학적 문제해결과 같은 복합적이고 인지적인 기능을 요하는 것들은 인지적 도제 이론에 근거하여 수업했을 때 많은 도움을 받을 수 있다.

이는 학생들로 하여금 주어진 자료를 이해하는 데 도움을 줄뿐만 아니라 학생들이 직면한 새로운 상황에서 그들의 갖고 있는 비활성화된 지식(inert knowledge)과 기능을 적용할 수 있도록 해주기 때문이다(Collins, Brown, & Holum, 1991).

상황수업 이론(anchored instruction)은 반데르빌트 대학교의 인지공학연구팀(Cognition & Technology Group at Vanderbilt; CTGV, 1990, 1993)의

브랜스포드와 스타인(John Bransford & B.S. Stein, 1993)에 의해 개발된 현대 기술 문명의 이점을 살린 하나의 수업의 틀이라고 할 수 있다.

상황수업은 호환성 비디오디스크의 발달과 더불어 성장했는데 교사와 학생들로 하여금 복합적이고 실제적인 문제들을 설정하고 해결하는 것을 북돋우는 것이라 할 수 있다.

상황수업 이론의 원리는 활동상황과 교육과정 자료 두 가지로 압축된다.

- 교수-학습 활동은 사례나 문제상황과 같은 상황을 중심으로 설계되어야 한다.
- 교육과정 자료는 학습자에 의해 탐구될 수 있어야 한다. 호환성 비디오디스크 프로그램의 경우 비디오 자료들이 이어지는 모든 교수-학습을 위한 하나의 거대한 상황(macro-contexts)으로 주어진다.

이 비디오 자료들은 일반적인 비디오와는 달리 학생들로 하여금 새로운 지식을 구성할 수 있도록 고안된다. 따라서 단순한 어떤 강의 형식이 아니라 하나의 이야기로 주어진다.

또한, 그 이야기를 학생들이 비디오를 통해 탐험할 수 있도록 하는 것이다. 최근의 발달된 호환적인 비디오디스크의 기술은 이를 가능하게 만들고 있다.

상황수업은 참여학습(situated learning)과 밀접한 관련이 있고, 어떤 면에서는 문제해결 학습의 한 형태라고 할 수 있다. 주로 초등학교의 읽기 · 쓰기 · 수학의 수업에 많이 활용되고 있는데, 예를 들어 호환적 비디오디스크 프로그램을 통하여 학생들이 모험(탐험)을 하면서 문제를 풀 때마다 수학적인 개념들을 하나하나 읽혀가는 것이다.

또 다른 예를 들면 빅토리아 시대의 생활을 이해하기 위해서 영화에 나오는 내용들의 인과관계, 인물들의 동기, 배경의 실제성 등을 점검하도록 되어 있다. 이 영화는 역사적인 이야기 특히 역사적인 시대를 이해하기 위한 하나의 상황 배경으로 주어신나.

그러나 구성주의의 한계는 학습을 어떻게 평가할 것인가 하는 문제에 놓여 있다. 또 다른 문제점은 학습자만이 자신이 무엇을 구성했는지 알 수 있다는 점이다. 즉, 주관적인 판단에 의존하는 주관주의의 문제이다.

다음은 이상에서 논의한 행동주의 · 인지주의 · 구성주의의 개념, 역할, 지식 구성, 교수설계와의 관계를 정리한 표이다.

〈표 5-1〉 행동주의 · 인지주의 · 구성주의 비교

학습이론 / 비교 항목	행동주의	인지주의	구성주의
대표적 교수-학습 이론	스키너 이론	브루너 이론, 오스벨 이론	피아제 이론 비고스키 이론
이론연구의 강조	교수	교수-학습	학습
학습의 정의	바람직한 행동의 변화	인지구조의 변화	주관적 경험적 해석에 의한 개인적 의미 창출, 지식의 내부 표상
학습자 역할	환경에 수동적 인간	적극적 인간	적극적 인간
교수자 역할	정보 제시자	정보와 인지 구조의 변화연결 촉진자	학습환경 조성자
학습의 영향 요인	자극과 반응의 체계적 배열	정신적 활동 정보처리 활동	상황적 맥락(지적, 물리적, 사회적) 인간학습 활동과 지식의 역동적 상호작용
지식의 구성	학습의 연합작용	조직된 정신구조와 절차	학습과제의 맥락화
효과적 학습형태	기억, 변별, 획득, 적용	문제해결, 정보처리, 추론	상황학습, 복잡하고 비구조화된 학습
교수설계와의 관계	• 관찰측정 가능한 행동목표 및 준거지향 평가 • 학습자 출발점행동 분석 • 보상(강화) 즉각적 피드백	• 학습자의 적극적 참여 • 인지과제 분석 • 정보의 구조화, 계열화 • 학습 결과의 효과적 전이 위한 환경 창출	• 일반적 학습지침 제시 • 학습상황 및 적용 분석 • 일반적 학습내용영역 제시, 학습과제의 맥락화 • 다양한 관점 제시, 사회적 협상 • 탈목표 평가, 학습자의 학습과정 평가

5 탐구과제

1. 다음 주요 용어를 설명하여 봅시다.
   · 행동주의 · 인지주의 · 구성주의 · 성취동기
2. 다음 학자들의 주요 업적을 생각하여 봅시다.
   · 스키너 · 쾰러 · 레빈 · 피아제
   · 브루너 · 비고스키

제 6 장

교수매체

01 교수매체의 정의

매체(media)란 고대 희랍어에서 사이(between)의 의미를 가진 단어로부터 유래되었는데, 이는 송신자와 수신자 사이에서 정보를 전달하는 수단이나 매개물을 의미한다. 즉 매체란 정보를 전달하는 과정 속에서 전달을 위해 사용되는 모든 형태의 채널을 뜻하며, 이는 목표달성을 위한 중요한 수단을 의미한다.

여러 가지 목적을 지닌 다양한 매체에서 교수매체(instructional media)란 교수와 학습과정에서 목적달성을 위하여 교수 활동에 필요한 일련의 사항을 학습자들에게 조직적으로 제공하기 위하여 사용되는 모든 수단이나 매개물을 의미한다.

교수자 · 칠판 및 영화 · 슬라이드와 같은 교재는 물론, 통신혁명의 산물 그리고 학습환경까지도 포함될 수 있다. 교수매체의 개념은 좁은 의미와 넓은 의미로 나누어 정의할 수 있다(Gerlach & Ely, 1980)

① 협의의 교수매체

종래에는 교수매체를 좁은 의미로 한정시켜 생각해 교수 활동을 하는 데 있어서 내용을 구체화하거나 보충하여 학습자가 명확히 이해할 수 있도록 도와주기 위하여 사용하는 모든 기계나 자료를 의미했었다.

그러므로 교수매체는 시청각 매체, 즉 시청각적 또는 언어적 정보를 전달하는 데 사용되는 시청각 기재(audiovisual equipment)와 시청각 교재(audiovisual materials)를 뜻하였다.

예를 들어 VCR, 영사기, 컴퓨터와 같은 하드웨어는 물론 필름, 비디오테이프, 디스크 및 컴퓨터 프로그램 등의 소프트웨어까지를 포함하여 이야기해왔다. 협의의 교수매체는 매체를 교수과정에서 분리하여 학습이 이루어지도록 도와주기 위한 도구적 보조물로서 간주한 것이다.

② **광의의 교수매체**

그러나 현대에 이르러 교육공학에 대한 개념이 바뀌면서 매체를 보는 시각도 보다 넓어지게 되었다. 즉, 교수 활동을 하는 데 있어서 내용을 보충하는 보조자료라는 협의의 개념을 탈피하여 교수-학습 과정에서 교수목표를 달성하기 위하여 학습자와 교수자 간에 사용되는 어떠한 수단도 모두 교수매체로 생각해야 한다는 광의의 개념이 점차 지배적이 되어가고 있다.

즉, 교수매체는 시청각 기재와 교재뿐만 아니라 인적 자원(people), 지도내용(message), 학습환경(environment), 시설(facilities) 등 모두를 포함하는 것으로 포괄적이고도 종합적인 개념으로 보게 되었다.

예를 들어, 교수매체는 효과적으로 교수목표에 도달하기 위해서는 학습목표의 분석, 그리고 학습자의 연령 등의 학습자 분석에 의거하여 목적에 도달하기 위한 체계적인 과정을 포함한다. 결국 교수매체는 교수-학습 과정의 보조물이 아니라 교수목적을 달성하기 위하여 필요한 모든 제반요인들과 그 과정을 포함한 개념인 것이다.

이러한 매체의 개념 변화는 교수매체가 교수-학습 현장에서 단독으로 사용되어지는 것이 아니라 기재와 소프트웨어를 이용하여 학습의 목적을 달성하기 위해서 학습과정 전체를 분석 · 설계 · 개발 · 활용 · 평가하는 조직적이고 체계적인 과정을 포함하고 있기 때문이다.

02 교수매체의 종류

교수매체는 교수 학습 과정에서 내용을 구체화하거나 보충하여 학습자가 명확히 이해할 수 있도록 도와주기 위하여 사용하는 모든 기계나 자료를 의미했었다.

교수매체의 종류는 시청각 매체, 즉 시청각적 또는 언어적 정보를 전달하는 데 사용되는 시청각 기재와 시청각 교재를 뜻하였으며, VCR, 영사기, 컴퓨터와 같은 하드웨어는 물론 필름, 비디오테이프, 디스크 및 컴퓨터 프로그램 등의 소프트웨어까지를 포함하여 이야기해왔다. 다시 말하면 교수매체를 구분하는 기준은 주로 하드웨어인 기자재적 측면에서 이루어졌다.

더욱이 현대에 이르러 교수매체의 개념이 과정을 포함하는 광의의 개념으로 변화하면서 교수매체의 종류를 구분하는 것은 더욱 어려운 작업이 되고 있다. 결국 매체의 분류 기준을 무엇으로 보는가에 따라서 다양한 분류 방법이 나올 수 있다.

교수매체 분야에서의 발전과 변화는 내일을 예측하기 어렵지만 아직까지 우리의 교육현장에서 사용되고 있는 교수매체들은 재래적인 형태의 범주와 새로운 공학, 즉 컴퓨터를 이용한 매체로 구분될 수 있다. 이들 교수매체를 유형별로 정리하면 다음과 같이 구분할 수 있다:

① **인쇄자료** : 유인물, 리플릿, 팸플릿, 학습지, 교과서, 참고서, 프로그램 학습지

교수매체의 가장 기본적인 형태로 교과서 또는 교재가 없는 학습은 상상하기 어렵다. 인쇄매체는 문자를 중심으로 구성되며 지식전달에 효과적이다. 첨단공학의 발달로 제작이 간편하고 활용 시에 별도의 기재를 필요로 하지 않아 오랜 동안 가장 기본적인 교수매체로 사용되고 있다. 경비가 저렴하여 다량 복사하여 학습자 개개인에게 나누어줄 수 있어 편리하다.

② **실물자료** : 모형, 모델, 실물, 표본, 디오라마

실물자료는 구체적인 경험을 제공할 수 있는 입체형태의 시각자료이다. 실물을 그대로 사용하기에는 크기나 복잡성, 이동상의 문제로 제약을 받을 때 사용한다.

실제의 자료를 그대로, 크게 혹은 작게 단순화시켜 공간적인 제약을 해결한 것이다. 직접 만져볼 수 있으며 경우에 따라서는 분해나 조립, 나아가서 조작이 가능한 유형들도 있다.

③ **그래픽 자료** : 괘도, 챠트, 포스터, 그래프, 지도, 다이어그램

복잡한 내용이나 개념을 정리, 요약하여 시각화한 것이다. 말이나 글로보다는 시각적인 메시지를 통하여 구체적으로 정보를 제시할 수 있어 효과적이다.

자료 활용에 별도의 기재를 필요로 하지 않을 뿐 아니라 기본적인 요령만 터득하면 자료의 제작도 용이하다. 그러나 제한된 크기로 인해 한 번에 제공할 수 있는 정보의 양이나 학습자의 수가 한정된다.

④ **정사진(still picture) 자료** : 사진, 슬라이드, 필름 스트립, 투시물 자료

가장 사실성이 높은 자료로서 실제의 장면이나 내용을 선명하게 제시할 수 있다. 그래픽 자료가 크기가 제한되어 학습자의 수가 한정되었던 것에 반하여 정사진 자료는 확대 · 투사가 가능하므로 많은 학습자가 동시에 크고 선명한 상을 볼 수 있다. 그러나 움직임이 없다는 약점을 가지고 있어서 기술이나 운동 등 행위 중심의 학습 시에는 다소 효과가 떨어진다.

⑤ **청각자료** : 오디오 테이프, 디스크, 콤팩트디스크(CD), 라디오 방송 프로그램

청각자료는 언어학습이나 음악감상과 같이 청각을 위주로 정보를 전달할 때 사용된다. 동반되는 기재의 가격이 비교적 저렴하고 이동성이 있을 뿐 아니라 공학기술의 발달로 인해 음의 재생능력 또한 우수하다. 그러나 이미 다양한 시청각적인 매체에 길들여 있는 학습자들에게 자칫 단조롭고 지루한 느낌을 가지게 한다.

⑥ **동사진(movie) 자료** : 영화, 비디오테이프, 비디오디스크, 텔레비전 방송 프로그램

일반적으로 청각 정보를 동반하여 움직임을 제공할 수 있어 가장 현실에 가까운 상황의 재현이 가능하다. 구체적인 경험 제공이 가능하여 지식이나 운동, 기술적인 측면의 학습에는 물론 정서적인 측면의 학습에도 효과가 뛰어나다. 그러나 비교적 고가의 제작 장비나 기술을 요한다는 단점이 있다.

⑦ **컴퓨터 자료** : 교육용 컴퓨터 코스웨어, 시뮬레이션/게임자료

컴퓨터는 방대하고 다양한 정보를 제공하여 고질적인 일괄, 집합수업에서 벗어나 개개 학습자들의 능력과 필요에 부응한 개별학습을 제공할 수 있다. 학습자의 반응에 개별적으로 즉각적인 반응을 제공하여 학습효과를 높일 수 있을 뿐 아니라 학습자가 오답을 했을 경우, 그 오답의 특성을 파악하여 적절하게 바른 길로 인도할 수 있다. 또한 사람과는 달리 인내성을 발휘, 몇 번이고 학습자가 필요한 만큼의 반복연습 또는 오답정정을 제공할 수 있다. 일괄적인 수업시간에 얽매이지 않고 학습자의 편의에 따라서 융통성 있는 학습을 할 수 있다.

⑧ **멀티미디어 자료** : 디지털 상호작용 시스템, CD-ROM, 인터넷

1980년대부터 사용되기 시작한 멀티미디어는 문자정보, 그림, 정사진, 소리정보, 애니메이션, 비디오 영상 등을 디지털 방식으로 통합시킨 컴퓨터 중심의 복합 다중매체이다. 이는 단순히 여러 매체를 뜻하는 전통적 개념이라기보다는 각 매체의 장점을 하나로 통합시킨 것이라 볼 수 있다. 그러므로 쌍방향의 커뮤니케이션과 상호작용을 수반하는 특징을 지닌다.

디지털 비디오 컨퍼런스, 가상수업용 자료들은 모바일 컴퓨터 기술의 발전으로 소형 디지털 장치를 이용하여 지구촌을 한 교육현장으로 구성하여 실시간 전문가와의 다양한 형태의 쌍방향 정보 교류를 가능하게 하며 즉각적인 피드백을 학습자에게 제공하여 인터넷 기반 상호작용을 공유하게 한다.

03 교수매체의 기여도

교수매체는 교육목적을 달성하면서도 교육현장에서 다양한 효과를 발휘하고 있다. 이러한 교수-학습 과정에서 교수매체의 기여도를 캠프(Kemp)와 스멜리(Smellie)는 다음과 같이 정리하여 이야기하였다(1994).

① 교수 활동이 보다 표준화될 수 있다

모든 학습자는 같은 매체를 보고 듣게 되므로 동일한 메시지를 전달받게 된다. 교수자가 수업을 주도할 경우에는 누가 가르치느냐에 따라 전달되는 내용이 상당히 달라질 수 있다. 그러나 교수매체를 사용하게 되면 전달방법에 의해 초래되는 차이는 없어지게 된다.

현재 교육방송을 통해 소개되는 수학능력고사 준비용의 프로그램이 그 좋은 예라고 볼 수 있다. 과외 근절을 위해 시작된 영어 · 국어 · 수학 · 과학 · 사회 등의 교과과정용 프로그램은 전국 어디에 살고 있는 학습자라도 똑같은 내용을 시청할 수 있어 교육에서의 기회 균등을 실현하는 데 일조를 하고 있다.

② 학습을 보다 재미있게 해준다

교수매체는 학습자의 주의력을 끄는 특성이 있다. 명료한 메시지, 변화 있는 상의 전개, 특수효과의 사용 등은 학습자를 즐겁게 하여 깊이 생각하게 만들고 동기유발을 시켜준다.

③ 교수이론의 적용을 통하여 학습을 보다 상호작용적으로 만들어준다

교수매체에 담긴 내용이 조직만 잘되어 있으면 학습자를 잘 가르칠 수 있다. 교수매체를 계획할 때는 학습자의 참여 · 피드백 · 강화 등을 고려하여 계속적인 상호작용을 유발시켜야 한다.

교수매체를 통한 내용 중에 소개되는 질문이나 문제에 답하기, 같이 생각하기 등은 자칫 일방적이고 비인간적이기 쉬운 교수매체의 약점을 상당 수준까지 보완해줄 수 있다.

④ 교수에 소요되는 시간을 줄여준다

대부분의 매체는 메시지를 전달하는 데 소요되는 시간을 줄여줄 수 있다. 그러므로 짧은 시간에 많은 양의 정보가 학습자에게 전달 · 흡수된다. 이와 같은 현상은 수업이 진행되는 동안 교수자와 학습자 모두가 시간을 효율적으로 쓸 수 있게 해준다.

요점 정리된 투시물 자료의 제시는 교수자의 판서시간을 줄여줄 수 있으며, 잘 계획된 짧은 비디오테이프는 장시간의 번잡스러움이 요구되는 견학을 효과적으로 대신할 수 있다.

⑤ 학습의 질을 높여준다

'백문이 불여일견'이란 말이 있듯이 교수자의 추상적인 설명이나 책자를 통한 해설보다는 시각과 청각을 이용한 교수매체를 통해서 훨씬 구체적인 정보제시가 가능하다. 그림과 글자가 합쳐져 잘만 조직된다면 교수매체는 지식의 요인들을 분명하게 전달할 수 있다. 그 결과 학습자들은 적절한 학습활동과 사후학습을 하게 되어 기대되는 수준까지의 학습이 가능하게 된다.

⑥ 필요시 필요한 장소에서 교수 활동이 이루어질 수 있게 한다

우리는 교수매체를 통하여 전설적인 인물과 특별한 전문가도 만날 수 있으며 현실에서는 갈 수 없는 우주도 방문할 수 있다. 교수매체가 개별사용을 위해 설계되고 제작되었다면 개개학습자들은 이제 자기가 원하는 시간과 장소에서 학습할 수 있다.

이와 같은 융통성은 개개학습자들이 훈련을 하거나 학습완료에 대한 책임을 스스로 져야 할 때 특히 중요하게 요구되어진다.

⑦ 학습자들은 배우는 것과 학습과정 자체에 대해 긍정적인 태도를 갖게 된다

학습자들은 흔히 학습수단으로 매체를 사용하는 것에 대해 호감을 갖는데 그 이유는 매체가 동기유발적이라는 점과 매체가 학습을 성공적으로 이끌어갈 수 있다는 사실 때문이다. 학습자들은 교수매체를 사용하는 학습에서 즐거움과 만족감을 느끼게 된다.

⑧ 교수자의 역할이 긍정적인 방향으로 바뀔 수 있다

교수매체를 사용하는 가장 큰 이유는 학습자들의 학업 성취 증진이라고 볼 수 있다. 그러나 교수매체의 사용은 교수자에게도 많은 이점을 가져다 준다.

첫째는 교수자로 하여금 기술이나 내용을 반복 설명해야 한다는 부담을 덜어줄 수 있다.

둘째로는 많은 지식이나 정보를 강의 형태로 제공하지 않아도 되므로 교수자는 과목의 중요한 부분에 관심을 쏟을 수 있다.

셋째로 교수자는 학습자들의 상담자로서의 역할 기회가 증가된다.

교수매체 중심의 교수 활동이란 넓은 의미로 교수매체를 활용하여 효과적으로 교수 활동을 이끌어나가는 것이라 설명할 수 있다. 그러나 교수매체 중심의 교수 활동이라 하더라도 교수매체가 교수자를 대신하여 모든 수업을 이끌어 나갈 수는 없다. 그러므로 교수매체는 강의나 토론 등의 다른 교수기법과 병행해서 사용하는 것이 효과적이다.

교수매체들은 다음 〈표 6-1〉에서와 같이 매체 고유한 특성이 있어 교육적 기능 면도 차이가 있다. 매체를 어떠한 학습과정에서 활용할 것인지 결정하기 위해 교수적 기능을 살펴보아야 할 것이다.

또한 〈표 6-2〉는 가네가 제시한 각종 매체의 교수 기능의 종류와 교수매체 간의 관계를 나타낸 것이다. 교수 기능은 자극, 주의 활동, 성과 모형, 학습촉구, 사고력 지도, 전이 유도, 평가, 피드백으로 분류되어 있는데 이들 기능을 각 교수매체들과 가능성을 관련시켜 놓은 것이다.

〈표 6-1〉 교수매체의 특성

구뷰 교수매체	사용편리도	시각	청각	대그룹	중그룹	소그룹	개별학습	자기교육	순서조절	반복가능성	유아속도조절가능성	동작표현	암막장치	교사제작가능성	시간
교사의 직접적 담화				높다	높다	보통			높다	보통	낮다		낮다	높다	보통
모델 또는 실물	보통	보통		낮다	낮다	높다	높다		보통	높다	낮다	낮다	낮다		
정사진 또는 그림	높다	높다		낮다	보통	높다	높다	높다	높다	높다	높다	낮다	낮다	보통	
투시화	높다	높다		높다	높다	보통	낮다	높다	높다	높다	보통	낮다	보통	높다	
녹음	보통		높다	높다	높다	높다	보통	높다	보통	높다	보통			보통	높다
비디오 동영상 자료	보통	높다	높다	높다	높다	보통	낮다	낮다	낮다	보통	낮다	높다	보동	낮다	높다

출처 : 이영자, 1981, p.79에서 부분 발췌.

〈표 6-2〉 각종 매체의 교수 기능

	시 범	그 림	교 사	문 서	정사진 화면과 해설	영 화	컴퓨터 학습 프로그램
자 극	○	○	△	△	△	○	○
주의 활동	×	×	○	○	×	○	○
성과 모형	△	△	○	○	△	○	○
학습 촉구	△	△	○	○	△	○	○
사고 지도	×	×	○	○	×	○	○
전이 유도	△	△	○	△	△	△	△
평 가	×	×	○	○	×	○	○
피 드 백	△	×	○	○	△	○	○

출처 : 유혜령, 강은희, 박지영, 2009, p.104에서 부분 발췌.

04 ASSURE 모형

교수-학습 현장에 사용되는 다양한 매체들은 교육목적을 달성하기 위하여 꼭 필요한 상황의 적합한 때 이용되어져야 한다. 새로운 첨단매체가 교실현장에 도입될 때 단지 신기한 효과만을 갖고 활용된다면 교육목적에 도달하기 위한 효과적인 활용이라고 할 수 없을 것이다.

예를 들어, 텔레비전 또는 비디오 등의 매체는 학습자에게 교실학습에서 접하기 힘든 자연 현상의 변화를 생동감 있게 전달해주는 데 적합한 매체이고, 슬라이드는 역사 유적지 또는 그림의 감상에 적합한 매체이다.

이와 같이 교수목적이 무엇인가 또는 학습자가 누구인가 등에 따라서 매체의 제작·선택과 활용에 영향을 준다. 교수-학습의 과정에서 특정한 학습내용과 그 대상 학습자가 결정되면 기대되는 최대의 변화를 유도할 수 있는 최적의 방법을 고안해내어야 한다.

그러므로 이 장은 교사가 교수목적에 달성하기 위하여 매체를 활용하거나 제작하고자 할 때 원하는 교수목적에 도달하기 위하여 교수매체를 언제, 어떻게 활용하고, 어떻게 제작을 계획하는 것이 효과적이면서도 효율적인가를 알아보도록 할 것이다.

교수매체를 사용하여 교육 활동의 효과를 극대화시키기 위해서는 체계적인 교수설계가 요구되고 있다. 체계적인 교수설계란 교수 활동을 위한 모든 구성요소를 기능적으로 조직하는 절차 및 과정을 의미하는데, 여기서는 '무엇을'보다는 '어떻게' 가르칠 것인지에 초점이 맞추어지게 된다. 즉, 어떻게 매체를 활용하여 원하는 교수목적에 도달할 수 있도록 교육의 구성요소들을 체계적 · 체제적으로 조직하는가에 관심을 기울인다.

교수매체를 활용하기 위한 체제적 교수설계 모형의 대표적인 모형으로 ASSURE 모형이 있다.

ASSURE 모형은 하이니크(Heinich)와 그의 동료들이(1996) 교수-학습 과정에서의 교수매체의 효과적인 활용을 위하여 고안한 모형이다.

ASSURE 모형은 학습자 분석(analyze learners), 목표진술(state objectives), 교육방법 · 매체 · 자료의 선정(select methods, media and materials), 매체와 자료의 활용(utilize materials), 학습자의 참여유도(require learner participation) 및 평가와 수정(evaluate and revise)의 여섯 단계의 첫 글자를 의미한다.

교수매체의 체계적 활용을 위한 절차를 그림으로 나타낸 것은 다음과 같다.

A	S	S	U	R	E
Analyze Learners	State Objectives	Select Methods Media and Materials	Utilize Media and Materials	Require Learner Partici[pation	Evaluate and Revise

[그림 6-1] ASSURE 모형

다시 말하면, 교수매체를 원하는 교수목적에 도달하기 위하여 효과적이면서도 효율적인 활용을 위해서는 학습 대상자의 특성 분석, 목표의 설정, 학습자료의 선택과 활용, 학습자 참여 유도와 평가 등이 체계적으로 이루어져야 한다.

ASSURE 모델은 체계적으로 매체를 활용하는 한 가지 예로 이러한 계획적인 단계가 있음을 보여주고, 이것을 응용하여 매체를 실제로 교육현장에서 어떻게 사용할 수 있는가를 이해하는 것이 필요하다.

매체를 활용하기 위한 ASSURE 모형의 장점은 교사가 교육현장에서 쉽게 활용할 수 있는 실천적인 모형이라는 점이다.

교수설계에서 다루고 있는 일반적인 수업 모델은 교수분석 과정에서 시작하여 수업의 전 과정에서 일어나는 문제를 종합적으로 다루고 있기 때문에 많은 경비와 여러 유형의 전문가가 필요하다.

반면, 교사는 여기에 제시된 ASSURE 모형을 참고로 매체활용을 위한 학습지도안을 쉽게 작성할 수 있다. 이들 여섯 단계를 중심으로 교수매체를 효과적이고 효율적으로 활용할 수 있는 구체적인 단계를 살펴보도록 하자.

1) 학습자 분석

교수매체가 효과적으로 사용되기를 원한다면 학습자의 특성과 교재의 내용 및 제시 방법은 상호 밀접한 관계를 맺고 있어야 한다. 그러므로 교수매체의 활용 계획에 있어서 첫 번째 단계는 학습자를 분석하는 일이라 볼 수 있다.

효과적이면서도 효율적인 학습이 이루어지기 위해서는 학습할 학습자의 특성과 능력에 대하여 잘 파악해야 적합한 교수방법과 매체를 선정할 수 있다. 학습자의 특성을 제대로 파악하여 분석한다는 것은 수업을 위해서 매우 중요한 일이지만 학습자의 모든 심리적 또는 교육적 특성을 파악한다는 것은 어려운 일이기도 하다.

학습자를 분석하기 위해서 학생이 지니고 있는 일반적인 특성, 수업을 하기 위해서 학생이 현재 갖추고 있는 능력으로서 출발점 능력, 그리고 개인의 독특한 학습양식을 배려해야 한다.

2) 목표진술

교수매체 활용을 위한 두 번째 단계는 가능한 한 세밀하게 학습자가 학습을 마친 후에 무엇을 할 수 있는가를 진술한다. 매체를 활용한 후에 학생들의 학습 결과를 진술하는 것으로 학습자들이 도달해야 하는 목표지점은 어디이며, 어떠한 새로운 능력을 발휘할 수 있어야 하는지를 진술하는 일이다.

따라서 교수자가 무엇을 할 수 있느냐에 관한 것이 아니라 학습자가 학습을 마친 후의 행동을 진술해야 한다(Mager, 1975). 목표는 참고자료의 요구분석이나 과정의 요목 등에서 뽑아낼 수 있다.

그러나 이와 같은 목표가 어디에서부터 나왔든지 간에 교수 활동의 결과로 교수자가 아닌 학습자가 무엇을 할 수 있는지가 분명하게 진술되어야 한다.

구체적으로 목표를 진술하는 여러 가지 방법이 있지만, 특히, 메이거(Mager)의 수업 목표진술의 방법은 쉽게 적용될 수 있는 것이다. 메이거는 목표진술을 위한 다음의 4가지 구성요소를 제시하였다(Heinich, et al. 1996).

- A(Audience) : 누가 학습을 할 것인지에 관한 대상을 분명히 하고,
- B(Behavior) : 학습자가 도달해야 하는 것을 관찰 가능한 행동으로 진술하며,
- C(Condition) : 목표에 도달하는 데 사용되는 자원 · 시간 또는 자원제약 등을 제시하고,
- D(Degree) : 학습자가 목표에 도달했는지를 여부를 나타내는 기준을 제시한다.

이와 같이 A, B, C, D를 적용한 예를 들면, “본 시간의 학습이 끝나면(조건), 학습자들은(대상) 화산 활동이 일어나는 원인 5가지 중 4개를 정확하게(기준) 설명할 수 있다(행위)” 등으로 서술할 수 있다.

3) 교육 방법 · 매체 · 자료의 선정

일단 학습자가 파악되고 학습목표가 진술되었으면 교수자는 학습자의 현재 수준의 지식, 기술 및 태도 등을 파악하였고, 도달해야 할 학습목표를 알고 있는 것이다. 이는 교수-학습 과정에서 학습자라는 처음과 목표라는 끝의 계획이 끝난 것이라 볼 수 있다. 그러므로 교수자는 이제부터 이들 두 과정을 연결하는 다리를 놓아나가야 한다.

이 둘 사이를 연결하기 위하여, 즉 학습자가 목표에 도달하기 위하여 적합한 수업방법, 매체 그리고 매체와 교육방법을 실행하기 위한 자료들을 결정해야 한다.

교수매체 선택은 다음의 기준으로 고려하도록 한다(유혜령, 강은희, 박지영, 2009).

- 매체의 적절성 : 교수자가 가르치려는 내용의 성격과 목적에 효과적인지를 검토한다. 대체로 그림자료보다 실물을 제시하는 것이 구체적 경험 전달에 좋으나, 불가능할 경우에는 실물을 담은 사진, 그림, 모형으로 대체할 수 있다.
- 메시지의 난이도 : 학습목표에 맞는 매체라도 유아의 발달능력에 맞지 않는 메시지 내용은 학습 자체를 매우 어렵게 하여 회피하거나 부정적인 인상을 줄 수 있기 때문이다.
- 매체의 경제성 : 매체는 경제적일 뿐 아니라 효율적인 측면에서 고려되어야 한다. 학습 활동에 드는 시간과 노력 등의 투입요소에 비하여 학습 효과가 어느 정도인지 평가하고 다른 매체 선정 시 같은 효과는 아닌지를 검토해야 한다.
- 매체의 이용 가능성 : 현재 교육기관에서 보유하거나 활용할 수 있는 환

경인지를 파악하여 선정하는 것이 바람직하다. 호환성이나 공간과 시설 장치 등을 면밀히 살펴야 한다.

- **매체의 질 상태** : 객관적으로 색감, 음질, 노후 정도, 크기, 안정성, 견고성, 제작 연도 등이 양호한지 검토해야 한다.
- **메시지의 중립성** : 메시지 내용이 성 역할, 직업, 문화, 경제, 사회, 종교 등에 대한 편견을 암시하는지 주의 깊게 검토해야 한다. 메시지를 통한 편견은 영유아에게 잠재적이고 간접적인 영향을 주게 되므로 바로 알아차릴 수 없지만 장기적으로는 아동들이 자신과 사회를 이해하는 의식에 영향을 줄 수 있다.

4) 매체와 자료의 활용

일단 사용할 매체와 자료를 결정하였거나 필요한 매체의 제작이 완료되면 이제는 자료를 활용할 차례이다. 수업을 위해서 고안될 자료를 그대로 학습자에게 보여주거나 작동하도록 하는 것이 효과적인 활용이라고 할 수는 없다.

교육효과를 위해서 매체를 활용하고자 할 때 철저한 사전 준비와 계획을 세워야 한다. 하이니크는 다음의 5단계를 제안하고 있다.

- 자료의 사전 시사
- 제시방법의 결정
- 환경의 점검
- 학습자 준비
- 자료의 제시

5) 학습자 참여의 유도

학습은 교수자의 효과적인 학습내용의 전달에서만 이루어지는 것이 아니라 학습자가 학습의 과정에 적극적이고 능동적으로 참여할 때 더욱 효과적인 학습이 이루어진다.

스키너는 학습자들에게서 기대되는 행동에 대해 끊임없는 강화가 있을 때에 보다 효과적인 학습이 일어날 수 있다고 하였다. 가장 효율적인 학습상황은 학습자가 목표달성을 위해 능동적으로 참여할 수 있도록 실제 행동을 하도록 요구하는 일이다.

행동주의적 견해에 의하면 가장 효과적인 학습상황은 학습자가 반응을 하고, 반응이 맞았을 경우 여기에 대하여 즉각적인 강화를 주는 일이다. 반응은 공책에 필기를 하거나 대답을 하는 등의 공공연한 유형과 입 속으로 단어를 되풀이해 읽어보는 등의 은밀한 유형이 있는데 짧은 시간 동안에는 효과가 비슷하나 장시간의 학습에서는 공공연한 반응이 보다 효과가 크다.

또한 능력이 다소 떨어지는 학생들에게는 반응에 대한 피드백이 빠를수록 효과가 크다고 한다.

6) 평가와 수정

교수 활동이 끝나면 전체적인 윤곽을 잡고 이에 대한 효과를 평가하고 수정해야 하는데, 이는 ASSURE 모델의 마지막 단계이기도 하며, 지속적인 매체 활용의 시발점이기도 하다.

우리가 가장 흔히 생각하는 평가의 형태는 시험지에 연필로 답을 써나가는 것인데 흔히 이와 같은 시험의 목적은 학생의 성취도를 측정하는 데 있다. 물론 학생이 미리 진술된 학습목표를 얼마나 잘 성취했나 하는 것은 학습을 지도하는 교수자에게 매우 중요한 관심사임에는 분명하다. 이 단계에서는 다음의 것이 평가된 후 이들 결과를 중심으로 수정이 이루어져야 한다.

- 학습자의 성취평가
- 매체와 교육방법의 평가
- 교수-학습 과정의 평가

평가의 진정한 의미는 보다 나은 프로그램의 개발에 있는 것이다. 평가의 결과가 만족스럽지 못하다면, 그 이유를 알아보고 다음 프로그램에서는 반드시 수정을 해야 한다.

05 교수매체 특성별 자료 활용

1) 비투사매체 및 자료

우리의 교육현장에서 사용되는 대부분의 매체는 비투사매체와 자료들이다. 교실현장의 첨단화로 멀티미디어 체제가 현실화되어가는 시점이지만 아직까지도 교실현장에서 많은 시간이 비투사매체와 자료로 이루어지고 있다.

비투사매체 및 자료란 말 그대로 빛을 투시하지 않고 사용되는 매체와 자료를 의미하는 것으로 앞장에서 언급된 교과서, 교재 등의 인쇄자료와 칠판 · 융판 · 괘도 · 실물 · 현장 견학 등을 포함한다.

비투사매체 및 자료는 가장 저렴하게 그리고 손쉽게 사용할 수 있는 매우 중요한 매체와 자료임에도 불구하고 새로운 매체의 발명과 그 매체의 신기 효과에 가려져서 학습을 위한 효과적인 제작과 활용이 등한시되어온 것도 사실이다.

그러나 학습에서의 효과적이고 효율적인 측면에서 볼 때 우리의 현장에서 손쉽게 활용할 수 있는 이러한 매체를 제대로 활용한다면 비투사매체 및 자료도 학습을 위해서 새로운 첨단매체만큼 중요한 매체라는 사실을 간과해서는 안 된다.

컴퓨터와 멀티미디어에 익숙한 아동들에게 융판과 괘도와 같은 비투사매체가 오히려 아동에게 흥미를 유도했다는 어느 교사의 경험은 매체활용에 대한 중요한 의견을 제시해준다.

이 장에서는 이러한 비투사매체 중 가장 널리 사용하는 괘도를 재조명해

보고, 교실 수업을 위해 어떻게 효과적으로 제작되고 활용될 수 있는가를 알아보도록 한다.

괘도는 복잡한 내용의 요점이나 개념 간의 상호관계를 이해시키기 위하여 차트(chart), 그래프(graph), 다이어그램(diagram), 지도 등을 일정한 크기의 종이 위에 그리거나 인쇄하여 조직적으로 시각화한 간편한 교재이다.

괘도는 주변의 신문이나 잡지, 포스터 등으로부터 쉽게 자료를 수집할 수 있고 염가로 제작할 수 있기 때문에 교수 활동에서 널리 사용되고 있다. 또 약간의 제작 요령만 터득하면 학생과 교사가 쉽게 자작할 수 있고, 특별한 기재가 필요 없어서 어디서나 부담감 없이 사용할 수 있어 편리하다.

또 내용이 복잡하거나 너무 작아서 잘 볼 수 없는 것, 또는 구조의 이해가 곤란한 것 등을 간단하게 그림이나 글로 요약 · 확대하여 제시할 수 있어 좋으며 다른 교재들에 비해 제작비용이 저렴하다는 장점을 지닌다.

(1) 괘도의 특성

괘도는 제작방법이 용이하고 비용이 적게 들어 교육현장에서 널리 활용되고 있으며, 언제 어디서나 간편하게 사용할 수 있다. 또한 다루는 내용이 시간과 공간을 초월하여 다양할 수 있는 장점을 지니고 있다.

- 약간의 제작 요령만 터득하면 학생교사나 학생들이 쉽게 자작할 수가 있고, 특별한 기재가 필요 없이 어디서든지 그대로 사용할 수 있어 편리하다.
- 내용이 복잡하거나 너무 작아서 잘 볼 수 없는 것, 또는 구조의 이해가 곤란한 것 등을 간단하게 그림이나 글로 요약 · 확대하여 제시함으로써 학생들의 이해를 도울 수 있다.
- 다른 교재에 비해 제작비용이 저렴하여 필요할 때마다 수시로 부담 없이 만들어 쓸 수 있다.
- 사진 · 그림 · 약화 등의 다양한 기법을 사용하여 자료를 제작하면 학생

들의 주의집중에 효과적일 뿐만 아니라 학습에 대한 흥미유발도 높아지게 된다.

그러나 괘도자료는 다음과 같은 단점을 지니고 있으므로 활용 시에 주의해야 한다.

- 크기가 제한되어 있기 때문에 대상 학생의 수가 많을 때에는 사용할 수 없다.
- 많은 내용을 한꺼번에 다룰 수가 없다. 많은 양의 자료를 다루어야 할 경우에는 인쇄물이 더 효과적이다.
- 정밀하고 복잡한 그림을 그리기가 어려울 뿐 아니라 제작에도 많은 시간이 소요된다.
- 괘도는 너무 평면적이고 정적인 자료이므로 시각적인 제시에만 그치기 쉽고, 장시간 사용하게 되면 학생들이 지루함을 느끼게 된다.
- 자주 사용하면 종이가 닳아서 찢어지거나 헐게 되므로 반영구적인 자료로 볼 수 없다.

(2) 괘도의 제작

괘도는 제작방법이 용이하고 비용이 적게 들어 학생교육현장에서 널리 활용되고 있으며, 언제 어디서나 간편하게 사용할 수 있다. 또한 다루는 내용이 시간과 공간을 초월하여 다양할 수 있다는 장점을 지니고 있다.

괘도 제작 시 제일 먼저 할 일은 다루어야 할 주제를 결정하고 교육내용을 분석하는 작업이다. 어떤 내용을 도식화할 것인지의 분석이 끝나면 특정한 내용을 어떤 방법을 사용하여 어떻게 표현할 것인지를 결정해야 한다. 일단 표현 방식이 결정되면 구체적인 제작을 위하여 전체적인 구도와 배치, 글자의 크기, 색상 등을 선정해야 한다.

괘도를 제작할 때 그림과 글자를 쓰는 일은 쉽지 않다. 그러나 근자에는 복사기와 컴퓨터를 이용하여 좀 더 간편하게 괘도를 준비할 수가 있다. 먼저, 그리고 싶은 그림을 책이나 사진 등으로부터 일단 복사해낸 뒤에 복사기 전용 OHP 필름을 사용하여 다시 한 번 복사한다.

괘도를 그리려고 하는 종이를 벽면에 부착시킨 후 복사된 OHP 필름을 투사한다. 이때 투사되는 상의 크기는 OHP와 괘도용 종이가 부착된 벽면과의 거리를 늘였다 줄였다 함으로써 조절할 수 있다. 적당한 크기의 상이 투사되면 OHP의 초점을 맞추고 연필로 괘도용 종이 위에 밑그림을 그린다.

그림을 그리는 작업이 쉽지 않은 것과 마찬가지로 글자를 정교하게 쓰는 것도 힘들다. 제목이나 설명으로 삽입되어야 하는 글을 컴퓨터에 입력시킨 후 원하는 크기로 진하게 출력시킨다.

각각의 글자를 A4 용지에 뽑아서 적당한 크기로 잘라 붙이거나 본을 떠서 그린다. 글자의 윤곽만을 출력시켜 색깔이 있는 그래픽 도구로 내부를 채울 수도 있다.

구체적으로 괘도를 만들 때 유의해야 할 사항은 다음과 같다(주영주, 이광희, 2002).

- 종이가 너무 두꺼우면 넘기기 불편하고 운반하기에 무거운 반면 너무 얇으면 쉽게 구겨지고 찢어지며, 심한 경우에는 뒷장이 비치는 경우가 있다. 120g/m^2의 모조지나 캔트지류가 적절하다. 종이의 크기는 전지가 적당하며, 묶었을 때 크기가 통일되는 것이 좋다.
- 너무 많은 정보나 내용을 한꺼번에 포함시키거나 복잡한 그림 등은 오히려 혼돈을 초래할 우려가 있으므로 중요한 점만 골라 묘사하되 한 장에는 단일 주제만을 담는 것이 바람직하다.
- 그림은 가능한 한 실제에 가까운 색상으로 묘사하고 경우에 따라서는 약화, 명암 등의 기법을 사용하되 항상 전체적인 통일성이 유지되도록 한다.
- 바탕에는 흐린 색상을, 글자나 그림은 선명한 색상을 사용하여 멀리서도 내용이 뚜렷이 파악될 수 있도록 한다.
- 물감은 퍼지거나 변색되지 않는 재료를 선택해서 사용하는 것이 바람직한데 색상은 일반적으로 6~12가지 정도 사용하는 것이 좋다. 그러

나 지도의 경우는 다소 다양해질 수 있다. 선을 그을 때는 G펜이나 매직펜을 사용하고 면을 메꿀 때에는 포스터컬러나 수채화 물감 등이 좋다.

- 자료는 모든 사람이 동시에 볼 수 있을 정도로 큼직하여야 한다. 표준 크기의 강의실(가로 7.2 m×세로 9 m)에서 칠판과 맨 뒤쪽에 앉은 학생과의 거리를 8 m 정도로 생각할 때 괘도에 사용될 제목 글자는 가로, 세로가 7 cm 이상, 구체적인 내용을 설명하는 글자는 가로, 세로가 4 cm 이상 되어야만 멀리서도 무리 없이 읽을 수 있다. 자료가 충분히 크지 못하면 슬라이드나 투시물 자료로 만들어 확대해서 보여주는 것이 바람직하다.
- 한 장의 괘도 내에서는 글자체를 통일시키는 것이 좋다. 일반적으로는 학생용에는 명조체가 많이 쓰이나 강조할 내용이나 중요한 사항에서는 글자체를 바꾸어서 써주거나 색깔을 달리하면 효과적이다. 장식체는 내용을 빨리 파악하기 어려우므로 가급적 피하는 것이 좋다.
- 맨 위쪽은 묶기 위해서 5~7 cm 이상 비워두는 것이 좋고 하단과 좌우에는 각각 5 cm 정도씩 남겨두어 너무 가장자리까지 정보가 제시되는 일을 피하는 것이 좋다. 또 자주 쓰는 자료는 코팅을 하거나 그림의 뒷면 가장자리를 한지로 굽도리해주면 좋다. 그러나 코팅을 하면 불필요한 반사를 유도한다는 점을 명심해야 한다.
- 완성된 낱장들은 표지를 만들어 내용과 주제별로 구분하여 15~30장씩 한꺼번에 묶어두는 것이 사용하기에 편리하다. 표지에는 대상자, 주제 등을 명시하고 일일이 넘겨보지 않아도 내용을 파악할 수 있도록 각 낱장의 제목을 써주는 것이 바람직하다.
- 괘도를 묶을 괘도철은 종이의 가로 길이보다 10 cm 정도 더 길고, 4 cm 폭의 약간 두꺼운 나무를 2개 마련하여 나무 사이에 여러 장의 괘도를 철하면 되는데, 좌우 양쪽에 각 2개씩 구멍을 뚫어 먹끈으로 묶으면 된다.

(3) 괘도의 활용

괘도를 이용하여 교수 활동을 진행할 때 주의할 사항은 다음과 같다.

- 교실의 뒤쪽이나 가장자리에 앉은 학생이 잘 볼 수 있도록 괘도의 위치와 거리를 결정해야 한다. 대개 교실의 정면 앞쪽이나 칠판의 좌측 또는 우측에 두는 것이 좋다.
- 사용할 괘도는 처음부터 미리 펼쳐두지 말고, 수업시간 중간에 설명이 필요한 부분에서 펼쳐서 사용하는 것이 주의집중이나 홍미유발에 효과가 크다.
- 학생들이 내용을 이해하고 생각할 수 있도록 충분한 시간적인 여유를 주어야 하나, 설명이 끝난 자료를 계속 보여주면 지루함을 느끼게 된다.
- 교실의 앞쪽 벽면에 괘도를 걸 수 있도록 쇠로 고리를 만들어 고정시키면 좋다. 별도의 괘도 걸이를 만들 때에는 아래쪽에 바퀴를 달아 교실 사이를 쉽게 이동할 수 있게 하면 편리하다.
- 괘도의 내용을 보충해주기 위한 다른 교수매체가 필요할 때에는 수업 전에 미리 준비해두어 필요시에 즉각 사용할 수 있도록 한다. 또 괘도를 제시할 때 반드시 동반되어야 할 구두 설명은 앞장의 뒤에 메모해두면 편리하다.
- 데이터나 내용의 변경, 정보의 수정이 요구되는 자료는 즉시 수정 보완하여 항상 정확하고, 최신의 정보를 제시해야 한다.
- 학생교사는 자료가 포함하고 있는 중요한 정보를 암시하는 큐를 제공하고 내용과 관계가 있는 질문을 함으로써 학생들에게 그림을 이해하고 해석하는 능력을 길러주어야 한다.
- 주어진 시간에 제시하는 자료의 수를 제한하는 것이 바람직하다. 너무 많은 양의 자료를 보여주면 학생들은 홍미를 잃게 된다. 또 비교하는 경우가 아닐 때에는 한 번에 하나의 자료만 보여주는 것이 효과적이다.

• 학생들을 쳐다보면서 이야기해야지 자료를 보면서 이야기해서는 안 된다. 이때 자료 앞에 서서 학생의 시야를 가로막아서도 안 된다.

2) 투사매체 및 자료

전통적인 교실환경의 대표적인 매체가 칠판이라고 하면 현대에 들어오면서 큰 변화를 갖고 오기 시작한 것은 투사매체의 보급이라고 할 수 있다. 현대에 들어오면서 교수-학습 과정에서는 한정된 수의 교수자가 방대한 양의 학습내용을 가르쳐야 했다. 이와 함께 학습자들의 수는 날로 증가하고 있어 여러 가지 문제들이 생기게 되었다.

교수자와 칠판을 중심으로 이루어지는 수업은 방대한 양의 학습내용과 많은 학습자들에게 효과적으로 학습내용을 전달할 수 없게 되었기 때문이다. 이를 해결하기 위해 교수방법에 많은 변화가 일어나고 있는데, 그중 하나가 칠판의 대용품으로 쓰이는 투사매체의 대표적인 투시물 환등기(OverHead Projector : OHP)와 실물 환등기의 보급이다.

투사매체란 단어 그대로 빛을 스크린에 투사하여 이용되는 매체와 자료를 의미한다. 이런 투사는 투명한 필름이나 실물자료에 강한 빛을 투사함으로써 상을 확대시켜 스크린에 보여지게 하는 것이다.

확대된 상은 많은 학습자에게 제시하고자 하는 학습내용을 명확하게 보여줄 수 있기 때문에 대강의 수업을 위해서 사용되기 시작하였다. 이 절은 투사매체의 대표적인 투시물 환등기와 실물 환등기와 함께 이용되는 자료에 관해서 알아보고자 한다.

OHP는 교사의 머리 위(overhead) 뒤쪽에 위치한 스크린에 상이 투사된다고 하여 OHP라는 이름이 붙여졌다. OHP는 영사기나 필름 스트립 프로젝터와는 달리 조작이 매우 간단하여 누구나 손쉽게 사용할 수 있어서 교육현장에서 널리 활용되고 있다.

현재 일선에서 사용되는 OHP는 여러 가지 모양과 형태가 있으나 반사식과 투과식으로 대별될 뿐 그 작동원리나 조작법은 거의 유사하다.

(1) OHP와 투시물 자료의 특성

이와 같이 오늘날의 교수-학습 과정에서 빼놓을 수 없는 OHP는 구체적으로 다음과 같은 특성을 지니고 있다.

- OHP는 강의실의 조명을 끄지 않고도 크고(28.5 cm 짜리 자료제시대는 2 m 거리에서 5배나 확대된 크기, 17 cm 짜리는 7.5배) 선명한 상을 볼 수 있게 해준다. 암막시설을 요구하는 슬라이드 프로젝트나 영사기와 같은 영사기재와는 달리 밝은 곳에서도 사용이 가능하여 심리적으로 안정된 분위기 속에서 교수 활동이 이루어질 수 있다.
- OHP는 강의실의 앞쪽에 놓고 사용하도록 고안되어 있으므로 교수자가 학습자들을 마주보고 대면수업을 진행시킬 수 있다. 교수자는 학생들의 반응을 관찰하면서 자신의 수업 방식이나 속도를 조절해나갈 수 있으며 교재의 제시순서도 조절할 수 있다.
- OHP는 전원 스위치, 송풍장치, 초점조절 장치, 상의 높낮이를 조절하는 반사 거울의 네 가지만 조절하면 되므로 조작이 매우 간단한 기재이다.
- 가로 25 cm, 세로 25 cm(또는 28.5 cm×28.5 cm)로 이루어진 넓고 평평한 자료제시대에는 투시물 자료는 물론 플라스틱 자나 각도기, 주판이나 실물 따위의 불투명한 물체와 비커, 샤알레에 담긴 약품 같은 투명한 액체도 제시할 수 있다.
- 교수자가 시각 교재를 제시할 때 제시물을 내려다보는 것과 똑같이 학습자들도 실제로 제시물을 내려다보는 것처럼 느낄 수 있도록 주관적인 각도에서 상을 보게 되므로 현실감이 높다.
- 자료제시대에서 오버레이나 마스크를 쉽게 사용할 수 있으므로 비교·전개·순서적 제시가 가능하다.
- 스크린에 확대 투사되는 큰 영상은 추상적이고 복잡한 사실을 시각적으로 쉽게 이해시켜준다. 이때 다른 교수매체를 함께 사용하면 학습효과를 더욱 높여줄 수 있다.

- 교수자가 포인터(pointer)나 연필로 투시물 자료의 내용을 지적하면 포인터의 그림자가 스크린에 나타나 학습자들의 주의를 집중시키고 호흡을 같이 할 수 있다.

OHP에 사용되는 투시물 자료(transparency)는 다음과 같은 특성을 지니고 있다.

- 제작에 경비가 많이 들지 않고 시간이 오래 걸리지 않아서 제작에 대한 부담감이 없다. 그러므로 특정한 학습목표에 꼭 맞는 적절한 교재를 자작하기에 좋다.
- 일단 만들어놓은 TP는 반영구적으로 되풀이해서 사용할 수 있어 판서에 비해 수업시간이 단축된다.
- 완성된 자료에 슬라이드나 필름 스트립에서는 불가능하였던 그림이나 글씨의 첨삭이 가능하여 교수-학습 과정 중에 자료를 만들어나갈 수도 있다.

그러나 투시물 자료도 많은 단점을 지니고 있다.

- 슬라이드나 필름 스트립과 같이 교재의 제시순서 등을 녹음자료에 맞추어 미리 프로그램화할 수 없고, 녹음자료가 동반되지 않으므로 활용을 위해서는 교수자의 치밀한 사전계획과 준비가 요구된다.
- 편광판을 이용하면 어느 정도의 움직임을 제공할 수는 있으나 일반적으로 움직임이 없는 평면적인 상만을 제시하게 되어 지루하다.
- 몇 가지 특수한 경우를 제외하고는 제시할 자료가 반드시 투시물로 만들어져야 한다는 불편함이 있다.
- 교수자가 준비한 자료를 일방적으로 제시하는 단조로운 수업이 되기 쉽다. 학습자의 참여를 유도해서 능동적인 수업이 되도록 노력해야 한다.
- 교수자가 사전에 준비한 자료를 제시하게 되므로 수업진행의 속도가 빨라져 학습자가 필기나 사고할 수 있는 시간적 여유가 줄어들기 쉽다.

그러므로 교수자는 학습자들에게 필기할 수 있도록 충분한 시간을 제공해주어야 하며, 학습자의 반응을 고려하여 수업 속도를 조절해야 한다.

(2) 투시물 자료의 제작

실제로 투명지에 자료를 제작하는 방법은 사용되는 도구에 따라서 다양한 기법이 있다.

OHP 펜을 사용하여 직접 그리는 법, 투명컬러 접착지(color adhesive paper)를 사용하는 법, 투명 접착지나 고무풀을 이용한 컬러 리프팅(color lifting)법, 자외선 복사기(thermal copyer)를 사용하는 법, 디아조(diazo)법, 편광물질 이용법, 스피릿 듀플리케이터(sprit duplicator) 사용법 등 많은 방법이 있지만 대부분이 우리나라에서는 널리 보급되어 있지 않은 특수기계와 특수한 제작용 재료가 있어야 한다. 최근에는 컴퓨터를 이용하는 방법이 가장 널리 사용된다.

① 손으로 직접 그리는 법

TP 자료 제작기법 중 가장 손쉽고 제작비가 적게 드는 방법이다. 원하는 글자나 그림을 OHP용 펜으로 투명지 위에 직접 그리는 방법이다. 만일 원본 그림이 작으면 사무용 복사기로 확대 복사하여 사용하면 좋다. 이때 투명지 대신에 투명한 셀로판지나 투명한 비닐을 사용해도 상관없다.

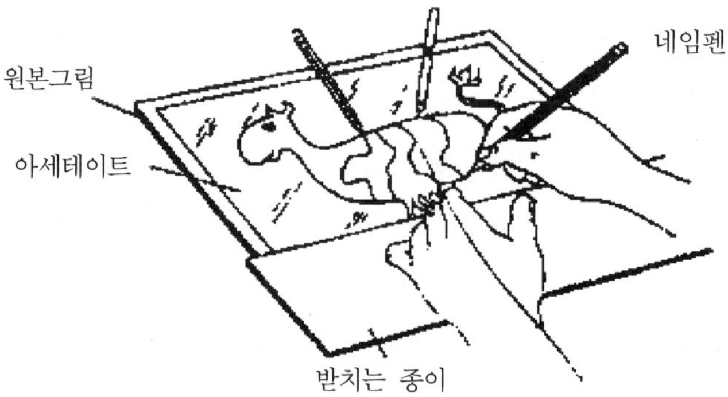

[그림 6-2] 손으로 직접 그리는 법

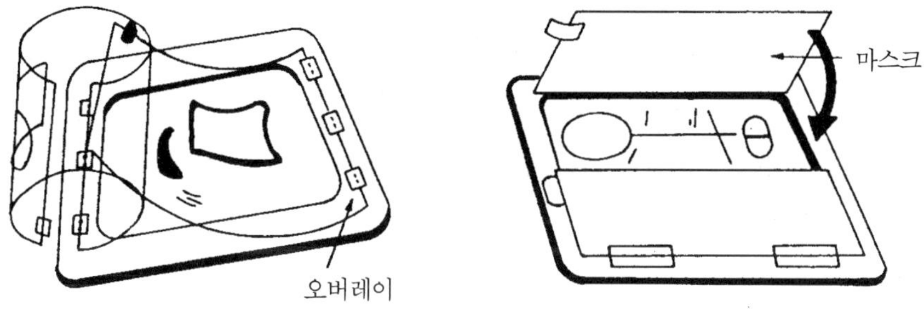

[그림 6-3] 겹치기법과 가리기법

제작방법으로 겹치기법(overlay)과 가리기법(masking)이 있다. 겹치기법은 기본이 되는 자료(mother sheet) 위에 한 장 이상의 투명지를 순차적으로 겹쳐나감으로써 보다 효과적으로 비교나 순서를 제시하는 것을 이야기한다.

마스크는 내용 설명의 속도를 조절하고 싶거나 강조하고자 할 때 불투명한 종이로 덮개를 만들어 그 부분을 가려두었다가 차례차례 제거하여 줌으로써 학습자들의 주의를 집중시키는 방법이다.

② 사무용 복사기 이용법

원하는 그림이나 글자를 빠른 시간 안에 정확하게 투시물 자료로 만들 수 있다. 검은색의 토너(toner)를 사용하여 건식 현상을 하는 복사기를 이용하여 간단하게 투시물 자료로 만들 수 있는데 현재 시중에서 판매되고 있는 대부분의 복사기가 여기에 속한다.

먼저 만들고자 하는 그림을 몇 장이든 간에 책에서 복사해낸다. 이때 크기의 조절이 필요하면 확대하거나 축소시킬 수도 있다. 깨끗한 A4 용지에 이들 복사해놓은 그림 중 원하는 부분이나 글자를 잘라내어 배치한 뒤 풀로 붙여 밑그림을 완성시킨다.

그 다음은 사무용 복사기를 이용하여 종이에 일반 복사하는 것과 같은 방법으로 복사를 하되 복사용 종이 대신 흑백 복사기용 투명지를 사용하면 된다. 결과가 깨끗할 뿐 아니라 제작이 간편하고 빨라서 최근 각광을 받는 기법 중의 한 가지이다. 이때 너무 짙게 복사하면 그림을 잘라 붙인 테두리의 자국이 희미하게 나타나므로 약간은 옅게 복사하는 것이 좋다.

흑백 복사기용 투명지 대신 일반 투명지를 사용하면 열처리가 제대로 되지 않아 흐리게 복사되든지 투명지 표면에 묻은 토너가 떨어져나가 글자나 그림이 지워지는 수가 있다. 그 외에도 셀로판지나 투명 비닐은 복사기 속에서 녹아 롤러에 달라붙어 복사기 고장의 원인이 되므로 절대로 사용하면 안 된다.

아직까지 흔하지는 않지만 시중 곳곳에서 컬러복사기를 접할 수 있다. 가격이 비싸지만 컬러복사기용 투명지를 사용하면 선명한 색상의 투시물 자료를 얻을 수 있다.

원본 자료를 손상시키지 않은 채 그림이나 사진을 확대, 축소, 분할, 농도 조정하여 빠른 시간 안에 투시물 자료로 만들 수 있다. 명화나 신비한 자연의 세계 등을 감상하고 관찰하는 데 더 이상 좋은 방법이 없다.

③ 컴퓨터 이용법

워드프로세서나 그래픽용 컴퓨터 소프트웨어를 사용하면 정교한 투시물 자료를 제작할 수 있다. 또한, 소프트웨어의 기능이 날로 다양해지고 있어 약간의 훈련만 받는다면 여러 가지 글씨체와 색상의 그림을 마음대로 만들어 낼 수 있다.

뿐만 아니라 컴퓨터 그래픽용 소프트웨어를 사용하면 미리 만들어진 다양한 패턴의 바탕 위에 제목, 텍스트, 그래프, 도형, 클립아트 등에서 요구되는 정보만을 지정 입력시켜주면 전문가 수준의 투시물 자료를 만들어낼 수 있다. 더욱이 글씨체나 크기, 바탕 패턴의 변경이 자유로워 최근 투시물 자료의 제작기법으로 각광을 받고 있다.

투시물 자료 제작에 컴퓨터를 이용하는 방법은 만들고자 의도하는 내용과 사용자의 컴퓨터 사용능력 등에 따라 다양한데 간단하게 워드프로세서만을 사용하여 글자만의 투시물 자료를 만드는 방법도 있고, 스캐너와 디지털 카메라 등의 첨단장비를 이용하여 원하는 사진이나 삽화 등을 삽입한 투시물 자료를 만들 수도 있다.

또한 파워포인트(power point) 등의 소프트웨어는 미리 만들어진 다양한 패턴의 바탕 위에 제목 · 텍스트 · 그래프 · 도형 · 그림 등 요구되는 정보만을 지정 · 입력시키는 것만으로 쉽게 전문가 수준의 투시물 자료를 만들어주는 기능을 제공하기도 한다.

컴퓨터를 이용하여 만든 투시물 자료의 장점은 다음과 같다(주영주, 이광희, 2002).

- 워드프로세서의 다양한 글꼴이나 글자 크기를 이용하면 정교한 자료를 만들 수 있다.
- 교과서의 삽화나 그림 · 사진 등을 이용한 자료 제작이 가능하다.
- 고가의 전용 복사기를 따로 마련할 필요 없이 여러 장의 투시물 자료를 만들 수 있다.
- 기존의 판박이 글자나 투명 컬러 접착지 없이도 정교한 투시물 자료를 만들 수 있다.
- 원하는 그림의 확대 · 축소 · 편집이 자유롭고, 그림이 포함된 자료를 쉽게 제작할 수 있다.
- 넓은 부분의 채색이 간단하며 사용할 수 있는 색상이 자연색에 가까울 정도로 무한하다.
- 스캐너를 이용하면 기존의 슬라이드 자료를 투시물 자료로 바로 전환할 수 있다.
- 컴퓨터로 투시물 자료를 제작한 뒤 그 내용을 디스켓에 저장해둘 수 있으므로 언제나 복사가 가능하며 수정 또한 용이하다.
- 멀티미디어의 활용 기술이 발달하여 많은 영상매체를 투시물 자료로 변환시킬 수 있다.

컴퓨터를 활용한 투시물 자료의 제작 시 유의해야 할 사항은 다음과 같다.

- 투시물 자료 제작의 가장 기본이 되는 워드프로세서는 한 가지 정도 확실하게 익혀두는 것이 좋으며, 그림 삽입에 제약이 없도록 윈도우용 워드프로세서를 이용하는 것이 바람직하다.

- 컬러 프린터를 이용하여 투시물 자료를 만들 때 필름의 삽입 방향에 주의하여야 한다. 꺼칠꺼칠한 쪽에 잉크가 묻어야 즉시즉시 흡수된다. 이때 너무 욕심을 부려 많은 색을 사용하면 오히려 혼란스러우므로 색깔의 사용을 절제할 필요가 있다. 제목이나 밑줄, 강조할 부분에 색깔을 사용하는 것이 바람직하다.
- 컴퓨터를 이용한다고 그림에 소질이 없는 사람이 그림을 쉽게 그릴 수 있으리라 믿는 것은 잘못된 것이다. 그림에 자신이 없는 사람은 스캐너나 디지털 카메라를 이용하여 기존의 그림이나 사진을 직접 활용하거나 클립아트와 같은 조각 그림을 불러서 활용하는 것이 바람직하다.
- 제작한 결과를 바로 투시물 자료용 필름에 인쇄하기보다는 일반 종이에 일단 출력시킨 뒤에 최종적으로 투시물 자료용의 필름에 인쇄하는 것이 비용 절감의 효과를 얻을 수 있다.
- 잉크젯 프린터에 사용하는 잉크는 유성 잉크가 아니므로 습기와 물에 약하다. 그러므로 일단 완성된 자료의 보관 시에는 습기에 젖지 않도록 주의하여야 하며, 되도록이면 클리어 파일(clear file) 등에 넣어 보관하는 것이 바람직하다.
- 처음부터 투시물 자료의 모든 제작과정을 컴퓨터로 하려고 하지 말고 조금씩 그 사용 범위를 넓혀가는 것이 좋다. 여러 가지의 워드프로세서나 그래픽 에디터 프로그램, 각종 응용 프로그램을 사용하다보면 제작 목적에 맞거나 자신에게 더 손쉬운 프로그램을 발견할 수 있다.

이상에서 소개된 방법의 특성을 잘 이용하면 신속하고 저렴하게 투시물 자료를 만들 수 있지만 잘못 만들어진 자료는 자칫 학습효과를 저해시킬 수 있으므로 주의해야 한다. 구체적으로 투시물 자료를 만들 때 주의하여야 할 사항은 다음과 같다.

- 투시물 자료는 자세한 설명을 쓴 책이나 프린트물과는 그 특징이 다르므로 되도록 요점만을 간추려 제시하는 것이 효과적이다.
- 너무 다양하거나 변화 없는 색상, 희미한 색깔은 읽기에 불편하여 오히

려 산만한 느낌을 준다. 또한 한 가지 제작기법으로 만든 자료만 계속 사용하면 지루하고 흥미 없는 강의가 되기 쉽다. 다양한 색깔과 변화 있는 제작기법을 사용하여 학습자들의 주의를 집중시켜 나가야 한다.

- 제시되는 자료를 잘 읽을 수 있게 하려면 세로로는 일곱 줄 이상 글자를 쓰지 않는 것이 좋고 가로로는 여섯 내지 일곱 단어 이상을 쓰지 않는 것이 좋다. 이때 글자의 높이는 투시물 자료 세로 길이의 1/12보다 크거나 1.5cm 이상이 좋고, 그림의 세로 길이는 투시물 자료 세로 길이의 1/4보다 크거나 5cm보다 커야 한다. 흔글 프로그램의 경우 최소한도 24포인트 이상의 진한 글자를 사용해야 보기가 적합하다.
- 마운트를 사용할 경우 마운트의 안쪽 면적보다 사방 1cm 정도 작게 내용을 담는 것이 여유가 있어 보이며, 주의를 끌 수 있다.

제작이 완료된 자료는 마운트의 표면 하단에 제목과 주제, 대상학년과 단원명 등을 기록해두면 좋다. 투시물 자료 전용의 바인더(binder)나 상자 또는 파일 박스에 과목별로 정리해 넣어두면 편리하다. 오버레이나 마스크를 사용하지 않는 자료는 굳이 마운트를 할 필요가 없다.

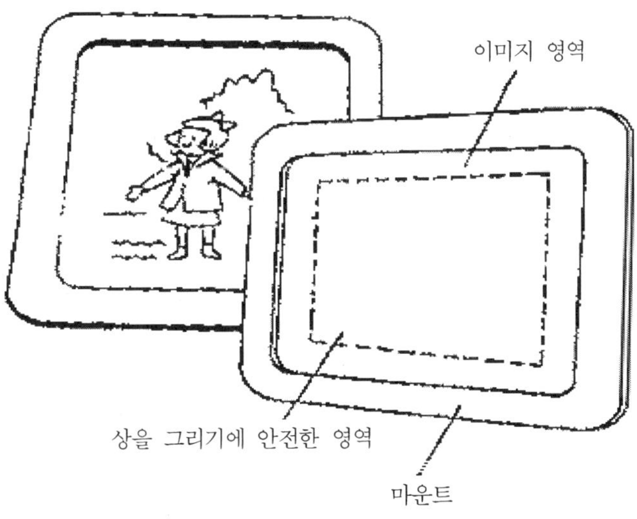

[그림 6-4] 마운트와 투명지의 상

시중에서 판매되는 클리어 파일을 이용하여 자료를 정리 · 보관하면 편리하다. 클리어 파일은 자료의 보호막 역할을 할 수 있을 뿐만 아니라 비닐 주머니에 넣은 채 자료제시대 위에 올려놓고 사용할 수도 있고, 주제별로 정리하여 보관하기에도 용이하다.

(3) 투시물 자료의 활용

잘 만들어진 자료도 그 활용방법이 올바르지 못하면 원래의 효과를 발휘하지 못한다. 그러므로 OHP를 사용하여 강의를 할 때는 아래의 사항을 명심하여야 한다.

- 불필요한 자료가 투시되지 않도록 한다. 이미 설명이 끝난 자료가 다음 내용을 이야기하는 동안 계속 투사되면 학습자들의 주의가 그쪽으로 쏠리는 수가 있다. 또 화면으로부터 계속적으로 나오는 반사광선은 학습자들의 시각을 피로하게 만들기 때문에 설명이 끝나면 반드시 OHP를 끄고 필요시에 다시 켜야 한다.
- 너무 많은 자료를 연속적으로 제시하면 교수자가 기계적으로 수업을 진행하게 되서 바람직하지 못하다. 일반적으로 40~50분 수업에 6~7매의 투시물 자료를 제시하는 것이 적당하다.
- 교수자가 스크린 앞을 왔다 갔다 하면서 설명을 하면 학습자들의 시야를 막게 되므로 OHP 앞에 앉거나 제자리에 서서 수업을 진행하는 것이 좋다. 투사될 상의 일부를 가리키거나 읽을 때는 자료제시대 위에 놓인 투시물 자료를 보면서 포인터(pointer)로 지적하여야 한다. 이때 자료제시대의 높이는 교수자가 앉아서 글씨를 쓰기에 적당한 높이가 좋다. 성인의 경우 바닥에서 75~80cm 정도가 적당하다. 이와 같이 낮게 설치하면 OHP의 헤드 부분이 학습자의 시야를 가로막는 일도 없어 좋다.
- 학습자들이 제시되는 상을 충분히 읽고, 또 요약해서 필기할 수 있는 시간적인 여유를 허용하여야 한다. 또 학습자가 제시되는 투시물 자료

를 완성하게 하거나 교수자가 첨삭함으로써 능동적인 참여를 유도해야 하겠다.

- 자료제시대 위에 생긴 먼지나 얼룩자국은 화면에 크고 검게 확대되어 나타나서 학습자들의 주의를 산만하게 한다. 윈덱스(Windex) 등을 이용하여 항상 청결하게 유지해야 한다. 가끔 카메라용 브러시를 사용하여 영사 렌즈의 먼지를 제거하는 것이 좋고 먼지가 많으면 에어 클리너로 털어주면 좋다.

(4) 실물 화상기의 특성

실물 화상기(video presenter)는 그림, 사진, 실물 등의 불투명한 자료, 슬라이드, 투시물 자료를 자료제시대에 올려놓은 후 컴퓨터, 텔레비전 모니터, LCD 프로젝터와 연결하여 물체를 영사해 볼 수 있는 교수매체를 말한다. 이전에는 실물 환등기 또는 오펙 프로젝터로 유사한 실물투사를 사용하였었다. 최근에는 기술의 개발로 모니터와의 거리가 10m 이내이면 무선 연결이 가능한 형태도 등장하였다. 실물 화상기는 현대화된 학교현장에서 각광받는 매체가 되고 있다. 실물 화상기는 아래와 같은 특성을 가지고 있다(유혜령, 강은희, 박지영, 2009).

- 불투명한 자료뿐 아니라 슬라이드, 투시물 자료 등을 영사하므로 이용 범위가 매우 넓다. 또한 네거필름을 포지화면으로 전환한다든지 평면과 입체 자료가 동시 제시될 수 있어 여러 매체를 사용하는 번거로움을 줄일 수 있다.
- 주변에서 쉽게 구할 수 있는 자료를 활용할 수 있으므로 자료제작시간과 자료구입비용이 절감된다.
- 곤충, 곡식 알갱이 등 크기가 작은 자료를 즉시 그 자리에서 확대하여 제시할 수 있어 세밀한 관찰이나 토론 등이 가능하며, 큰 상은 게시자료나 포스터 밑그림 제작 시 확대 기능을 해준다. 그러나 상이 커질수록 선명도가 떨어지는 것을 생각해야 한다.

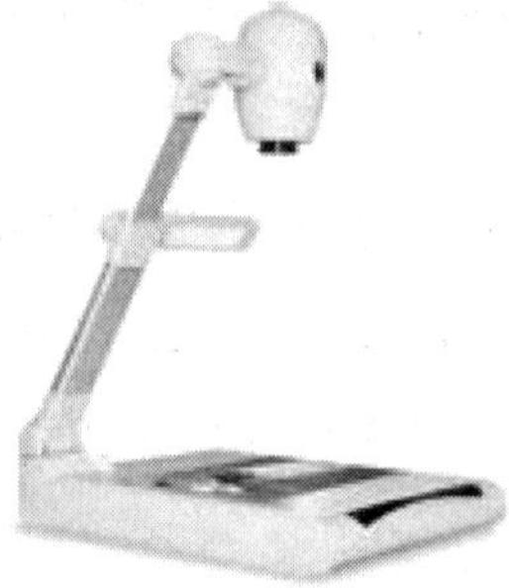

[그림 6-5] 실물 화상기

- 투시물 환등기와 마찬가지로 조작이 간편하다. 카메라 헤드, 자료제시대, 컨트롤 박스와 파워스위치로 구성되어 있는데 조작 시 특별한 기술을 요구하지 않는다.
- 첨단 디지털 실물 화상기는 LCD 프로젝터, PDP, TV, 모니터, 노트북과 연결하여 물체를 영사해볼 수 있어 사용범위가 광범위하다. 또한 교육자료를 PC와 호환할 수 있어 저장, 편집, 컴퓨터 활용이 용이하다.

이 밖에도 유명한 그림, 작품, 동화책과 동화내용 등을 제시대에 놓고 전체 감상, 부분 확대 설명을 하여 자유로운 유아 수업 참여를 이끌어내며 효과적인 이야기 나누기 수업에 활용할 수 있다.

3) 슬라이드 매체 및 자료

투사 교수매체의 출발점을 제공한 것은 슬라이드의 발달과 함께라고 할 수 있다. 슬라이드는 1640년 제스윗파의 승려 기르헬스가 로마의 신학교 명사를 초청하여 마법의 등(magic catopirica)을 공개함으로써 시작되었는데 그 당시는 유리판에 악마와 해골의 그림을 그려서 벽에 비추었다고 한다.

(1) 슬라이드의 특성

투시물 환등기와 더불어 현대교육에서 빼놓을 수 없는 교수매체로 활용되고 있는 슬라이드는 다양한 특성을 지니지만 그중에서 교수-학습과 관계되는 교육적인 특성을 간추려보면 다음과 같다.

첫째, 슬라이드는 실제 행동장면, 사진이나 그림, 또는 그래픽 등을 정확하게 확대·재생하여 많은 학생에게 동시에 제공할 수 있다. 또한 현미경 촬영이나 망원 렌즈 촬영 등의 특수기법을 이용하여 우리의 육안으로는 볼 수 없는 장면이나 사실을 교실 안에서 관찰할 수 있게 해주어 시간과 공간을 초월하게 해준다.

둘째, 컬러 필름이 보편화됨에 따라 선명한 색상으로 제시되는 영상은 암막장치가 된 깜깜한 교실에서 학생들의 주의력을 집중시킬 수 있게 해준다. 그러나 어두운 실내에서 장시간 동안의 변화 없는 슬라이드 제시는 학생들을 졸게 하는 요인이 될 수도 있다.

셋째, 움직임을 제시할 수 없는 것이 슬라이드의 큰 약점이지만 움직이는 장면을 정지상태로 영사시켜서 학생들은 화면이 지니는 의미를 원하는 시간 동안 분석하고 관찰할 수 있도록 사물의 관찰방법을 습득하게 해준다. 또한 영사속도를 교사 임의로 자유로이 조절할 수 있어 편리하며, 학생들의 피드백을 받아들여 앞 장면으로 되돌아가서 재설명을 할 수 있다.

넷째, 카메라와 필름에 대한 기초적인 지식만 있으면 교사가 손쉽게 제작할 수 있다. 제작비가 적게 들고 보관 및 이용이 또한 간편하다. 또 원본 필름만 있으면 수에 제한 없이 값싸고 간단하게 복사가 가능하므로 교재의 보급이 매우 용이하다.

다섯째, 다양한 학습목적에 따라 슬라이드의 순서를 바꾸어 재편집할 수 있으며, 각 프레임을 제거 또는 첨가할 수 있어 경제적이다. 그러나 이는 분실이나 순서가 바뀔 우려가 있으므로 슬라이드의 약점이기도 하다.

여섯째, 오락성이 강한 슬라이드는 그 자체만으로도 좋은 교수매체이지만 해설과 음악이 곁들여진 녹음교재와 동반하여 사용하면 더 한층 학습효과를 높일 수 있다.

일곱째, 슬라이드 프로젝터의 조작은 기초적인 원리만 터득하면 매우 쉽다. 특히 동조장치가 달린 카세트 리코더와 연결시켜놓으면 테이프의 한

쪽 트랙에 녹음된 우리 귀에는 들리지 않는 저주파 신호(inaudible signal)에 맞추어 프로그램이 처음부터 끝까지 자동적으로 진행되어나간다.

여덟째, 슬라이드 프로젝터도 기계가 발전함에 따라 점차 저렴화되고 소형화되어 우리의 일상생활 주변에서 쉽게 접할 수 있게 되었다. 더구나 간편한 슬라이드 뷰어가 등장함에 따라 개별학습에도 널리 활용되고 있으며, 뷰어의 경우는 방 전체의 불을 어둡게 하지 않아도 되므로 매우 편리하다.

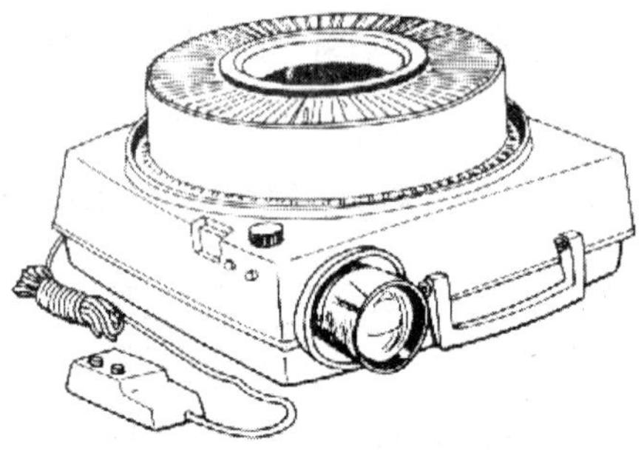

[그림 6-6] 슬라이드 프로젝터

(2) 슬라이드의 제작

캠프와 스멜리(1989)는 다음의 제작단계를 제시하였다.

① 목적이나 의도를 명확히 한다

왜 교수매체를 제작해야 하는가에 관한 의도를 명확히 하도록 한다. 교수매체 제작의 목적이 학습자의 동기유발을 위한 것인지, 정보를 제시하기 위한 것인지, 교수를 위한 것인가를 결정한다.

② 목표를 진술한다

목표의 진술은 학습내용의 체계적인 제시를 가능하게 해주기 때문에 교수매체를 사용하여 도달해야 하는 수업목표를 진술한다. 앞서 언급한 목표 진술의 방식을 이용할 수 있다.

③ 학습자를 고려한다

교수매체를 제작할 때 물론 학습자를 고려한다. 제작된 매체를 사용할 대상인 학습자의 나이, 교육수준, 선수지식 등을 고려하여 중심이 되는 청중에 맞춘다. 그러고 나서 간접적으로 제2의 학습자를 고려할 수 있다. 제작 시 대상 학습자의 언어능력 수준, 경험, 문화적 배경 등을 고려해야 함은 물론이며, 이때 학습자가 참여할 수 있는 것을 고려하여 제작한다.

④ 내용의 개요를 준비한다

어떤 내용이 목표에 적합한가를 알아내기 위하여 다음의 두 단계를 고려하여 대략적 개요를 정한다.

- 목표에 도달하기 위한 기본 주제를 설정한다.
- 각각의 주제를 설명해주는 사실적인 정보를 구성한다

⑤ 스토리보드 카드를 만든다.

내용과 목표를 연결시키기 위한 방법으로 스토리보드 카드를 사용한다. 스토리보드는 개념 스케치 또는 사용하고자 하는 어떤 다른 시각자료의 해설이 제작 노트 위에 대략의 순서대로 놓여지는 것이다.

스토리보드 카드를 이용하여 설명하고자 하는 상황을 시각화시켜주며, 카드의 사용은 개념의 배열을 자유롭게 하여 논리적인 순서로 배열하게 해준다. 교사가 수업을 할 때 교안을 작성하듯 시각 메시지를 전달하고자 할 때 스토리보드를 사용한다. 즉 투시물 자료, 슬라이드, 비디오, 컴퓨터의 제작을 위해서는 스토리보드를 사용한다.

스토리보드를 만들기 위하여 요즈음은 파워포인트의 슬라이드 노트 보기 또는 일반 워드프로세서 프로그램을 사용하기도 하지만, 원래 내용과 목적을 시각적으로 연결해주는 스토리보드 카드는 종이카드를 사용한다.

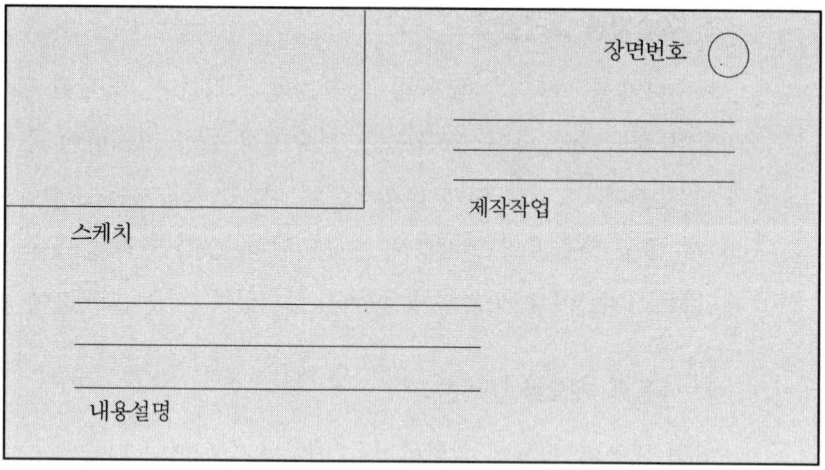

[그림 6-7] 스토리보드 카드

1.2m×0.9m 정도의 코르크나 패널 벽면에 긴 줄의 플라스틱을 하단만 고정시켜 플래닝 보드를 만든 뒤 자유로이 카드를 끼우고 빼고 이동시켜 가면서 아이디어와 장면을 체계적으로 조직할 수 있다.

값싸고 빳빳한 10cm×15cm 정도의 종이(대개 시중에서 판매되고 있는 흰색의 독서카드 종이)에 장면번호, 간단한 스케치, 내용 설명, 촬영 거리 및 카메라 앵글 등을 써서 벽면에 나열해놓고 나서 구체적인 계획이 세워질 때까지 재배열 · 첨가 · 제거 등의 편집작업을 해나가게 된다.

이때 장면의 순서에 이상이 없는지, 보충되어야 할 장면이 불필요한 장면은 없는지 또는 각 장면의 내용은 학습목적에 적합하도록 표현되어 있는지를 잘 살펴보아야 한다. 또한 삽입보다는 삭제가 용이하므로 충분한 내용의 카드를 준비하는 것이 좋다.

⑥ 스크립을 개발한다

스크립은 사진을 찍고, 작업을 하고, 녹음하고, 비디오 녹화를 하는 등의 지시를 하는 지도와 같은 것이다. 간단한 내용을 제작할 때는 스토리보드 카드의 완성만으로도 실 제작에 들어가지만 복잡하고 긴 슬라이드의 제작, 비디오 프로그램의 제작, 그리고 컴퓨터 프로그램의 제작에 있어서 반드시 스크립을 작성해야 한다.

	Visual	해 설	비고
1			
2			

[그림 6-8] 스크립

스크립은 촬영이나 그래픽 작업의 구체적인 방향을 지시해주는 것으로 건축에 있어서의 청사진(blue print)과 같은 역할을 하게 된다. 스크립을 작성할 촬영 구성 용지에는 일정한 규격이나 양식은 없지만 대개 20cm× 25cm 또는 A4 용지에 4~5장면씩 세로로 작성하면 된다. 스크립은 대개 좌우의 두 칸으로 나누어져서 장면에 나타날 내용과 이에 동반되는 해설이 쓰여진다.

용지의 왼쪽 위에는 장면번호가 들어가며, 촬영할 장면의 약화(sketch)나 그래픽으로 나타낼 타이틀과 자막(caption)이 왼쪽 아래에 그려지게 된다. 녹음으로 들어가게 될 해설(narration), 배경음악 및 음향효과, 시간 등은 오른쪽 난에 쓴다.

스크립 작성은 슬라이드의 내용 구성, 표현 방식 및 제작기법 등에 충실을 기하고, 제작에 소요되는 시간 · 노력 · 경비 등을 절약하기 위하여 절대적으로 필요하나 무의도적으로 각 장면을 촬영하여 만드는 다큐멘터리 스타일에서는 스크립이 필요 없다.

스크립을 작성할 때 유의할 점은 장면을 통하여 보이고자 하는 내용이 시가적으로 명확히 표현되어야 하며, 해설은 전달하고자 하는 내용을 완벽하면서도 간단명료하게 묘사해야 한다.

⑦ 학습자가 학습과정에 참여할 수 있도록 매체를 계획한다

교수매체의 효과적인 활용을 계획한다면 매체제작의 계획단계에서 학습자와의 상호작용을 할 수 있는 것을 고려한다. 학습자의 필기나 대답을 요하는 질문을 하거나, 보여지거나 들은 것으로부터 선택 · 판단 · 결정을 하도록 하거나, 보여지거나 들은 것으로부터 수행할 수 있도록 매체를 제작한다. 학습자의 참여에는 때때로 쉬는 것도 포함된다는 사실을 유념한다.

⑧ 길이를 고려한다

교수매체에서 다루어지는 내용은 시간에 영향을 준다. 교수매체에서 제시되는 장면은 학습자가 학습하기에 충분한 시간을 주어야 하지만, 학습자가 흥미를 잃을 만큼 길어서는 안 된다.

(3) 슬라이드의 활용

아무리 정교하게 슬라이드가 완성되었다 하더라도 적합하지 않은 상황 아래에서 투사된다면 커뮤니케이션을 위한 도구로서의 가치는 줄어들게 된다.

만일 투사된 상이 초점이 안 맞거나 밝지 못하거나 혹은 너무 작아서 청중이 편안한 자세로 앉아서 쉽고 명료하게 볼 수가 없다면 메시지 중 일부는 전달이 제대로 안 될 것이다.

또 해설이 동반될 경우에는 녹음 상태가 크고 선명하여 메시지 전달을 충분히 도울 수 있어야 하겠다. 보다 효율적인 슬라이드의 사용을 위해서 교사가 다양한 밝기로 조명을 임의로 조절할 수 있어야 한다.

대개의 경우 백열등은 딤머(dimmer) 장치로, 형광등은 다회로로 밝기의 정도를 조절하는데 이들 조절 장치에 프로젝터가 직접 연결되든지, 혹은 교사의 렉턴(lectern)에 장치되어 있어 자유로운 조절이 가능해야 한다.

일반적으로 유리창이 달린 교실에서는 영사를 하기 위하여 암막장치를 해주어야 깨끗하고 선명한 상을 볼 수 있다. 상설 암막장치가 없는 교실은 임시로 이동식 암막을 설치해줄 수도 있다.

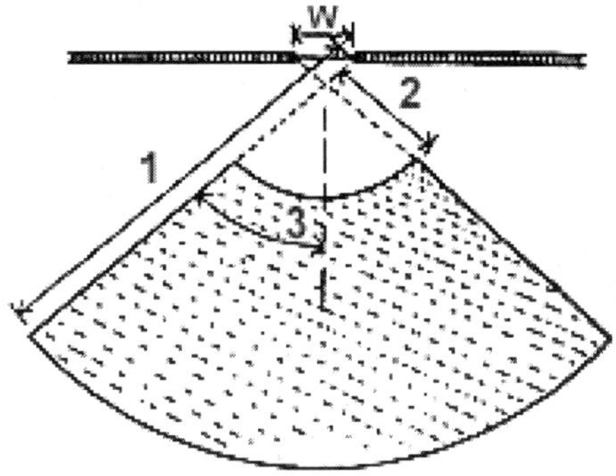

[그림 6-9] 이상적인 좌석의 위치

스크린에 비쳐진 상을 잘 보기 위해서 관객은 화면에 나타난 상의 가로 길이 2배에서 6배 사이에 앉는 것이 좋으며, 앙각이 30°를 넘지 않게 하고 가능하다면 스크린의 하단이 제일 뒷줄의 학생들도 잘 볼 수 있게 앉은 자세의 눈높이보다 약간 높으면(약 1.2m 정도) 좋다.

대개의 경우 스크린은 교실 전면의 중앙이나 좌우 구석에 위치시키게 되는데 그 이유는 가장 많은 수의 학생이 볼 수 있는 영역에 들어가게 되기 때문이다.

이때 스크린은 직사각형보다는 정사각형을 선택하여 가로 세로의 비율에 관계없이 어느 쪽으로 길게 제작된 상이라도 무난하게 볼 수 있게 해주는 것이 좋다. 또한 스크린의 좌우에는 각 30~45°에 학생을 위치시키는 것이 좋은데, 이는 사용하는 스크린의 종류에 따라 약간씩 달라진다.

제작과 활용이 끝난 슬라이드는 순서대로 정리하여 보관하였다가 필요시에 즉시 꺼내어 사용할 수 있어야 한다. 이때 실수 없이 좌우상하가 올바르게 상을 비추기 위하여 슬라이드를 바로 놓고 보았을 때 마운트의 왼쪽 아래에 펀치나 연필로 표시를 해두었다가 트레이에 끼워넣을 때 오른쪽 위, 즉 엄지손가락으로 쥐는 부분에 펀치로 뚫은 자국이 가게 장전시키면 된다.

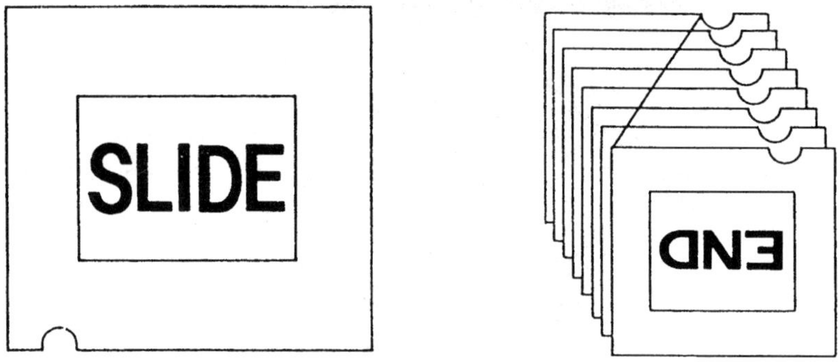

[그림 6-10] 슬라이드 정리

대개의 경우 반짝거리고 에멀전 사이드가 아닌 쪽이 관객을 향하게 된다. 여분의 카트리가 많을 경우에는 스폿(spot)의 오른쪽에 장면번호를 기입, 스폿이 오른쪽 위로 가도록 차례로 장전하고 락 링(lock ring)을 죄어서 쏟아져 나오지 못하게 한 뒤 그대로 카트리지 박스에 넣어 보관하면 되겠다.

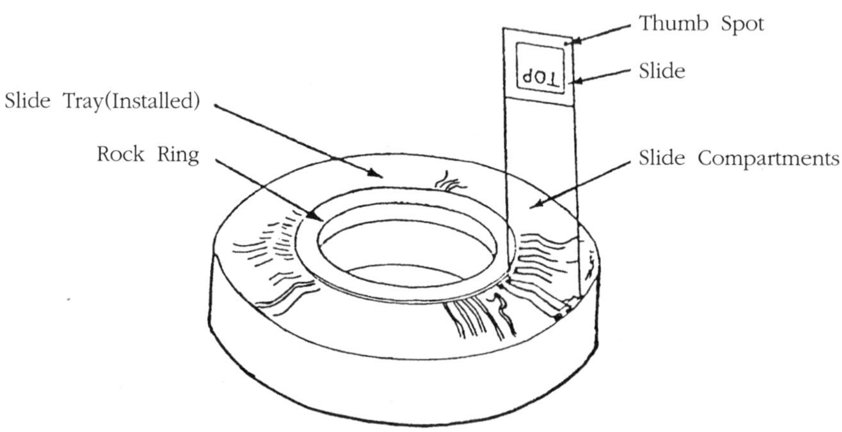

[그림 6-11] 슬라이드 장전

4) 파워포인트의 활용

파워포인트는 마이크로소프트사가 개발한 프레젠테이션 전문 작성 프로그램으로 청중을 대상으로 강의내용, 사업 계획, 상품 소개 등의 발표작업이나 업무보고 등을 효과적으로 할 수 있도록 도와주는 소프트웨어이다.

기본적인 슬라이드 구성으로 슬라이드 자료뿐 아니라 인쇄자료, 투시물 필름 자료, 발표 자료, 웹 자료, 쇼 구성 등 각종 멀티미디어 자료로 그 활용이 다양하다.

(1) 파워포인트의 특성

파워포인트는 프레젠테이션을 구성하는 각각의 페이지들인 슬라이드가 기본 구성이며, 하나의 프레젠테이션 파일은 여러 장의 슬라이드들로 구성된다. 각 슬라이드는 간단하게 문자열만으로 구성할 수도 있으나 동화상 · 소리 · 그래프 · 그림 등을 포함시킨 멀티미디어 슬라이드를 만들면 효과적이다.

발표내용을 전달하는 방법으로는 종이에 출력하여 인쇄 자료화하는 방법, OHP 필름에 출력하여 투시물 자료화하는 방법, 슬라이드로 현상하는 방법이 있고, 대형 모니터를 통하거나 빔 프로젝터, LCD 프로젝터를 이용하여 투사하여 직접 컴퓨터 슬라이드 쇼로 제시할 수도 있다.

구체적으로 파워포인트를 이용하여 할 수 있는 작업들은 다음과 같다:

① 화면 프레젠테이션

파워포인트를 사용하면 문자열, 도표, 그림 개체, 도형뿐만 아니라 클립아트, 동화상, 소리 등을 삽입한 프레젠테이션 자료를 만들 수 있다. 프레젠테이션하기 직전까지 내용을 수정할 수 있으며, 화면 전환, 시간 설정, 애니메이션 효과 등을 사용하여 프레젠테이션을 조절하여 단독 혹은 네트워크상에서 회의를 할 수도 있다.

② 투시물 자료

파워포인트에서 만들어진 슬라이드를 OHP 필름에 흑백이나 투명한 컬러로 인쇄하면 투시물 자료로 만들 수 있다. 가로 방향이나 세로 방향으로 인쇄가 가능하다.

③ 35mm 슬라이드

화면에서 만든 프레젠테이션을 슬라이드 제작 업체에 의뢰하여 35mm 슬라이드로 만들 수 있다.

④ 노트, 유인물, 개요

파워포인트로는 프레젠테이션에 대한 이해를 돕기 위한 유인물도 제작이 가능하다. 유인물은 슬라이드를 한 쪽당 두 장, 세 장, 여섯 장 단위로 작게 인쇄할 수 있으며, 연설자 노트와 개요를 인쇄하여 배포할 수도 있다.

⑤ 웹 문서

월드와이드웹(world wide web)에서 사용할 프레젠테이션을 구성하여 HTML과 같은 웹 호환 형식으로 저장할 수 있다.

⑥ 인화지

파워포인트에서 컬러로 만든 프레젠테이션을 레이저 프린터에서 흑백 명암이나 흑백으로 인쇄할 수 있다.

파워포인트 기능상의 주요 특징은 다음과 같다(주영주, 이광희, 2002).

- 문서 작성이 편리하다. 새로운 문서의 작성, 기존 문서의 수정 등이 일반 워드프로세서에서와 같이 편리하게 처리되며, 자동 맞춤법 검사, 단어 찾기 및 바꾸기 등의 기능을 갖추고 있어 문서 작성이 편리하다.
- 슬라이드 순서의 재배치가 용이하다. 이미 작성된 슬라이드의 순서를 사용자가 원하는 순서대로 손쉽게 재배치할 수 있다.
- 사용자가 원하는 다양한 색상을 사용하여 슬라이드를 작성할 수 있다.

- 윈도우의 다른 응용 프로그램을 프레젠테이션에 포함시킬 수 있다. 엑셀과 워드와 같은 프로그램을 쉽게 불러와 슬라이드에 포함시킬 수 있어 표 기능, 계산 기능, 차트 작성 등을 완벽히 지원한다.
- 그래프 및 개체의 삽입이 자유롭다. 다양한 형태의 그래프나 그림들을 프레젠테이션에 포함시킬 수 있다.
- 서식 관리 기능을 제공한다. 사용자가 원하는 형태의 기본적인 슬라이드를 작성해서 서식 슬라이드로 지정한 후 필요할 때마다 해당 서식을 지정해서 내용만 수정하여 사용할 수 있다.
- 하이퍼링크 기능을 제공한다. 프레젠테이션에서 사용자가 선택한 슬라이드 제목을 단락으로 하는 요약 슬라이드를 쉽게 만들 수 있으며, 제목에 하이퍼링크를 추가하여 요약 슬라이드를 목차 슬라이드로 쉽게 변환할 수 있다.
- 메모 및 메일 전송 기능이 있다. 노란색 메모를 프레젠테이션에 추가하여 슬라이드의 실제 구성을 변경하지 않고도 다른 사람의 의견을 확인할 수 있으며, 마이크로소프트 아웃룩(microsoft outlook)을 통하여 프레젠테이션을 메일로 전송할 수 있다.
- 웹 문서 작성 기능을 제공한다. 프레젠테이션을 HTML 형식으로 저장하여 웹 문서로 전환시킬 수 있으며, 윈도우즈 NT 서버, 노벨 네트워크, 기업 인트라넷, 인터넷 등에 프레젠테이션을 전송할 수 있다.
- 강력한 도움말을 제공한다. 오피스 길잡이에서 사용자들이 파워포인트 작업에 필요한 도움말을 표시해준다. 오피스 길잡이를 사용하면 기능을 보다 효과적으로 사용할 수 있는 팁, 도움말, 특정 작업에 대한 예제, 단계별 실행방법 등을 볼 수 있다.

그러나 파워포인트에는 다음과 같은 나름대로의 단점이 있다.

- 제작 시 사용한 소프트웨어와 프레젠테이션 시 사용하는 소프트웨어의 버전을 맞추어야 한다. 프레젠테이션용의 버전이 낮으면 애니메이션 등 기능을 제대로 발휘하지 못하는 경우가 있다.

- 너무 독특한 글자체를 사용하여 제작하면 프레젠테이션 시 레이아웃이 달라져 화면에 비추어지게 된다.
- 프로젝터와 컴퓨터 간의 호환성이 부족한 경우는 제대로 된 프레젠테이션을 기대하기 어렵다.
- 내용 제시에 있어 외부 인터넷 사이트나 자체 슬라이드와 링크가 가능하나 기본적으로 직선(linear)형으로 구성된다.
- 학습자의 프로그램 컨트롤이 불가능하여 교사 주도적인 수업이 되기 쉽다.

(2) 파워포인트의 제작

파워포인트 자료를 제작할 때는 다음의 사항을 유념하는 것이 좋다.

- 문장은 간단하게 아우트라인만 기입한다.
- 얼마만큼씩만 등장시킬 것인지를 생각한다(한 자/한 줄/한꺼번에).
- 한 슬라이드에 7줄 이상은 삼가는 것이 좋다.
- 18사이즈 이상 크기의 글자를 사용한다.
- 글자와 그림이 같은 화면에 나오려면 그림부터 등장시킨다.
- 10단어 이상의 영문자는 소문자를 이용한다.
- 바탕과 글자는 콘트라스트가 있게 한다.
- 진한 바탕에 밝은 글자(실내조명하에서)가 좋다.
- 제목은 그림자 드리우고 강조하는 것이 좋다.
- 4가지 이상의 색상은 사용하지 않는 것이 좋다.
- 읽기 쉬운 글자체를 사용한다.
- 한 장면에 한 주제만 소개한다.
- 장면 전화, 애니메이션, 소리 효과 등은 필요시에만 사용한다.
- 시야에 무리 없도록 나타나기, 상자 펼치기 등을 이용한다.

(3) 파워포인트의 그래픽 자료 활용

제작한 슬라이드를 학습자가 잘 볼 수 있게 하기 위해서는 교수자용의 모니터에 제시되는 상을 강의실 전면의 큰 스크린에 확대하여 투사해야 하므로 이 작업을 위한 액정 비전과 스크린도 필요하다.

파워포인트는 별도 판매보다는 마이크로소프트의 오피스에 패키지로 판매되는 것이 일반적이므로, 주로 마이크로소프트 오피스 CD-ROM을 통해 설치하게 된다.

파워포인트 자료를 활용할 때 유의할 사항은 다음과 같다.

- 파워포인트를 이용한 프레젠테이션을 할 때는 실내조명은 켜도 좋으나 스크린 근처는 조금 어둡게 해야 제시되는 상을 선명하게 볼 수 있다. 그러므로 슬라이드 쇼를 계획할 때는 가능한 바탕 색상을 짙게 사용해야 상이 선명해진다.
- 보조자가 프레젠테이션을 도와줄 경우는 미리 어떤 자료를 언제 어떻게 사용할 것인지를 알려서 호흡이 맞아야 하겠지만, 파워포인트를 사용한다면 발표자가 직접 마우스를 조작하여 속도를 조절해나가는 것이 좋다.
- 교육매체를 사용하는 프레젠테이션에서 무엇보다 중요한 사실은 발표자의 사전 준비라고 할 수 있다. 발표자는 반드시 프레젠테이션 할 장소를 미리 방문하여 사용할 기재나 컴퓨터의 상태와 용량, 깔려 있는 프로그램의 버전, 조명, 음향, 암막시설 등의 물리적인 환경을 확인해 두어 자신감 있는 프레젠테이션을 할 수 있어야 하겠다.

5) 비디오 매체 및 자료

교수-학습 현장에서 움직이는 동영상을 보여주기에 적합한 매체 중의 하나가 바로 비디오이다. 빙송이 일반화되기 이진에는 영화가 학습자에게 동영상을 제시해줄 수 있는 교육매체로 널리 활용되었다.

그러나 1940년대에 텔레비전이 흑백으로 선을 보이기 시작한 이후, 1950년대에는 컬러텔레비전이 개발되었고, 1970년대에는 VTR이 개발되어 텔레비전 방송의 가장 약점이었던 순간성의 문제를 극복할 수 있게 되었다.

나아가 1980년대 이후부터 고품위 텔레비전이 개발됨으로써 상이 작고 선명하지 못하다는 단점이 개선되었고 이제 캠코더는 음향과 영상을 함께 가록하여 카메라와 리코더 녹화재생 기능을 갖춘 비디오카메라를 사용한다.

디지털 방식의 캠코더는 손쉽게 동영상을 촬영하고 바로 편집하고 화면 재생이 가능하다. 이제 비디오 자료는 우리의 일상생활에서뿐만 아니라 다양한 학습자들과 유아들을 위한 교육현장에서도 가장 친숙한 매체가 되었다.

(1) 비디오 매체의 특성

텔레비전 자료의 동시성을 극복하고 수업에서 원하는 때에 동영상의 자료를 녹화하여 볼 수 있도록 해주는 비디오의 개발은 우리의 일상생활 속에서 그 어떤 매체보다도 친숙하고도 강력한 영향력을 발휘하고 있다.

움직임을 요구하는 주제에 매우 효과적으로 이용될 수 있으며, 정보 제시, 과정 제시, 과정 설명, 복잡한 개념, 기술 등을 가르칠 수 있는 매체이다.

- 온 세상에서 일어나는 갖가지 사건이나 사실을 강의실이나 가정 등의 원하는 장소에서 원하는 시간에 시청 가능하게 해준다.
- 우수한 교사들의 강의나 학습지도를 테이프에 담아 광범위한 지역에 산재해 있는 학생들에게 널리 제공할 수 있어 광역성과 동시성의 특색을 지닌다.
- 비디오를 사용하면 원하는 프로그램을 녹화해둔 뒤 필요시에 볼 수 있다. 일단 제작된 프로그램이나 녹화된 내용은 몇 번이고 되풀이하여 사용이 가능하므로 시범이나 설명의 반복을 피할 수 있다.

그러나 이러한 장점을 지닌 비디오 자료도 교육에서 실제로 활용될 때에는 몇 가지 제한점을 지니게 된다. 다른 교수매체에 비하여 비디오 자료의 제작에 있어서 교수자가 자신의 학습목적에 맞게 자료를 자작하기는 다소 무리이다.

또 제작에 필요한 기재들의 가격이 아직까지는 비싼 편이며, 제작이나 프로그램 관리, 분배에 필요한 사람들의 인건비 역시 비싼 편이므로 대상 학생의 수가 많지 않을 때에는 함부로 계획할 수가 없다. 다행히 시중에는 교육적으로 사용하기에 적합한 자료들이 다수 보급되어 있다.

(2) 비디오 자료의 제작

① 기획 및 시나리오

비디오 제작은 동영상과 청각자료가 포함되기 때문에 제작과정이 상대적으로 복잡하고 어려운 과정이다. 교육효과를 볼 수 있는 원하는 프로그램을 제작하기 위해서는 제작에 들어가기 전에 구체적인 계획을 세워 시나리오를 작성해야 한다.

② 촬 영

시나리오가 완성이 되면 촬영의 단계에 들어간다. 비디오 제작이 카메라를 사용하는 다른 매체, 특히 사진과 슬라이드 매체와의 차이점은 동작을 녹음한다는 것이다. 동작의 촬영은 장면 내의 행동에 의해, 카메라의 위치와 각도에 의해, 장면의 길이의 변화 등에 의해 만들어진다.

③ 편 집

편집은 화면과 음향의 삽입뿐만 아니라 장면의 선택 · 배열 · 축소의 과정으로 비디오 제작의 완성단계이기도 하다.

일반 상업방송에서는 편집에 따라서 프로그램의 질이 좌우될 만큼 중요한 과정이지만 기계와 장비가 제대로 갖추어지지 않은 일반 교육현장에서 편집은 매우 어려운 과정이기도 하다. 컴퓨터 장비의 발달로 편집절차가 쉽게 간소화되는 추세이지만 일반화되어 있지는 않다.

(3) 비디오 자료의 활용

비디오 자료의 효과적인 활용을 위해서도 체계적인 계획이 요구된다. 구체적인 활용단계는 다음과 같다.

① 사전 시사 단계

교수자는 사용하고자 하는 자료를 반드시 사전에 시사해두어야 한다. 흔히 다른 사람의 추천이나 평, 그리고 자료의 내용 설명서를 읽고 자료를 사용해보면 교수자가 기대했던 내용이 아닌 경우가 많다. 그러므로 미리 그 내용을 파악하고 자신의 교수목표와 일치하는 자료인지를 확인할 필요가 있다.

② 자료의 제시 순서의 결정

언제 자료를 사용할 것인지를 신중하게 생각해야 한다. 활용시기의 결정은 교수 활동의 전개에 맞추어 하는 것이 좋다. 일반적으로 전반부에서는 원리와 방법의 터득, 문제 사태 소개를 위하여 사용되고, 후반부에서는 수업의 보충 · 심화 및 정리를 위하여 사용된다.

즉 청취 전 지도, 청취 중 지도, 청취 후 지도의 순서를 결정한다. 반드시 비디오테이프 전체를 한꺼번에 소개할 필요는 없다. 필요한 부분을 골라서 볼 수도 있고, 필요에 따라서는 부분의 순서를 조정하거나 편집하여 소개할 수도 있다.

③ 환경의 정비

모든 학습자들이 잘 보고들을 수 있도록 조명 · 좌석 및 음의 크기를 조절하여야 한다. 텔레비전 모니터는 글을 읽을 때보다는 약간 어두운 것이 선명한 상을 볼 수 있게 하며 모니터의 가로 길이의 4배에서 12배 사이에, 모니터 중앙을 중심으로 좌우 각 45°의 부채꼴 모양에 학습자가 위치하는 것이 이상적이다. 이때 강의실의 밝기는 신문을 읽을 정도이면 된다.

집단학습을 위해서는 20인치 이상의 모니터를 사용해야 하는데 모니터 한 대당 인치 수만큼의 학습자를 수용하는 것이 적당하다. 즉, 학습자의 수가 100명일 경우 20인치짜리 모니터를 사용하면 5대, 25인치짜리를 사용하면 4대가 필요하다.

모니터 상에 반사가 생기는 것을 막기 위하여 약간 앞쪽으로 기울어지게 설치하는 것이 좋고, 제일 앞쪽에 앉은 학습자의 앙각이 30°를 넘지 않아야 한다. 눈높이보다 10° 정도 낮으면 가장 편하게 시청할 수 있다.

④ 학습자 준비

자료를 사용하기 전에 사전지도를 통하여 이미 배운 내용과 관련된 사항에 대해 복습을 하고, 새로 소개할 내용에 대해서 주의를 집중시킨다.

교육목표 소개와 더불어 중요한 내용은 미리 강조해주거나 주제에 대해서 질문을 던져둔다. 또 새로 소개될 용어에 대해서는 미리 학습시키고, 제시할 자료의 중요한 요점은 칠판에 써둔다.

⑤ 자료의 제시

준비가 완료된 상태에서 자료를 제시한다. 이때 시청 시 교수자는 자리를 비우지 말고 함께 프로그램을 같이 보면서 반응을 요구하는 부분에서는 같이 반응해야 한다.

시사 도중이라도 중요한 사항이 소개가 되면 지시봉으로 화면을 지석하거나 칠판에 메모해주며 노트에 필기시킨다. 교사의 참여 태도가 텔레비전을 통한 학습자의 학습에 중요한 영향을 준다는 것을 유념한다.

⑥ 학습자의 참여 유도

비디오 및 방송자료의 가장 큰 단점이 일방향의 전달매체라는 것이다. 프로그램 시청 시에 학습자가 적극적으로 학습과정에 참여할 수 없는 단점을 보완하기 위하여 교수자는 청취 중에 프로그램을 정지하고 질문을 할 수도 있고, 시청이 끝난 후에는 중요한 내용은 요약을 통하여 확인시키고 발문이나 퀴즈를 통하여 피드백을 제공하는 것이 좋다.

토론이나 후속 프로젝트를 제공하여 사후학습을 유도하는 것도 효과적이다. 이러한 학습자의 참여 유도로 학습자는 프로그램 내용과 좀 더 상호작용할 수 있는 기회를 갖게 된다.

⑦ 평 가

방송매체를 활용한 후에는 학습자의 성취도 평가, 교수 학습과정의 평가, 교수매체의 평가 등을 수행한다. 학습의 평가는 활동 동안에 따르는 수행을 관찰함으로써 비형식적으로 수행할 수 있고, 시험 또는 방송기록장 등을 통해 형식적으로 평가할 수도 있다.

교수 학습과정의 평가와 교수매체의 평가 또한 관찰과 함께 설문지 등을 사용하여 교수목적을 성취하기 위하여 적합한 매체였는가와 제시방법이 적절하였는가를 평가한다.

06 흥미영역별 교수매체와 자료

흥미영역은 자유놀이시간과 자유선택 활동을 통하여 영유아가 자신의 흥미와 요구에 따라 가장 능률적으로 학습하는 공간이다. 영유아가 스스로 탐색하고 쉽게 이용할 수 있도록 보육실 내에 배치하며, 교실의 크기와 연령을 고려하여 흥미영역의 수와 구성을 고려하며, 적어도 3~4명 이상이 활동할 수 있도록 여유공간을 확보하는 것이 바람직하다. 연령별 보육실 내 흥미영역 구성의 예를 보도록 한다.

- 영아(만 0~1세) : 신체영역, 언어영역, 탐색영역, 일상생활 영역(수유 · 기저귀갈이 영역 포함)
- 영아(만 2세) : 신체영역, 언어영역, 탐색영역, 음률영역, 미술영역, 역

할놀이 영역, 쌓기놀이 영역

- 유아(만 3~5세) : 언어영역, 수과학 영역, 음률영역, 미술영역, 역할놀이 영역, 쌓기놀이 영역

유아교육기관의 실내 환경은 일반적으로 유아의 능동적 학습이 일어날 수 있도록 생활주제에 따라 흥미영역을 구성하고 풍부한 교수매체를 제공하여야 하는데 영역별로 보면 다음과 같이 구성할 수 있다.

1) 실내 흥미영역

영유아를 위한 보육과정과 유치원 교육과정에서 제시한 실내 흥미영역을 기준으로 하여 흥미영역별로 필요한 교수매체와 자료를 영역별로 살펴보고자 한다(김신옥, 민혜영, 엄덕실, 2006).

(1) 쌓기놀이 영역

쌓기놀이 영역에서는 유아가 손으로 여러 가지의 블록을 조작하여 어떤 형체를 만들거나, 환경을 구성하는 등의 활동이 일어난다.

나무토막, 플라스틱, 우레탄 등 비교적 깨지지 않는 재질의 블록을 쌓고 구조물을 만들고 무너뜨리며 재건하는 놀이를 혼자 또는 친구와 함께 하며, 사회극놀이로 확장된 놀이가 이루어지기도 한다. 이때 쌓기놀이 공간의 크기는 놀이실 바닥공간의 약 1/3 정도가 되어야 한다고 제시한다(이민정 외 7인, 2012).

쌓기놀이 영역에 갖추어야 할 교재, 교구는 다음과 같다.

- 다양한 기본 블록들 : 유니트 블록, 종이 벽돌 블록, 우레탄 블록 등
- 운송기관류 : 다양한 자동차류, 배, 비행기 등
- 인형류 : 인형, 동물 모형 등
- 사회극놀이에 필요한 소품 : 가면, 교통표지판, 신호등, 모자 등

(2) 조작놀이 영역

조작놀이 영역은 여러 가지 물건들을 조작해봄으로써 눈과 손의 협응력을 기르고 소근육을 이용하여 정적인 활동을 하게 되므로 놀잇감을 탐색하며, 문제상황을 해결하고, 창의적으로 구성하고, 조작의 훈련을 도모하는 영역이다.

조작놀이 영역에 필요한 교재, 교구는 다음과 같다.

- 조작적 활동을 위한 자료 : 그림 맞추기, 숫자 퍼즐, 색 퍼즐, 도형 퍼즐 등
- 구성하기를 위한 자료 : 레고 블록, 오색 만능 띠, 코코 블록, 에디슨 블록 등
- 일상생활 활동을 위한 자료 : 지퍼 올리기, 단추 끼우기, 끈 꿰기, 벨트 매기, 구슬 꿰기, 바느질하기, 끈 매기 등
- 게임을 위한 자료 : 바둑판과 바둑알, 다이아몬드 게임, 각종 주제에 따른 게임판과 놀이용 말, 게임 자료, 그림연결하기, 같은 용도 카드 맞추기 등

(3) 역할놀이 영역

역할놀이 영역은 소꿉놀이 영역라고도 표현된다. 극놀이와 역할놀이를 통해 가족, 직업에 대한 이해를 통해 자신의 여러 가지 경험과 생각을 새롭게 창조할 수 있다. 일반적으로 아빠, 엄마놀이뿐 아니라, 의사놀이, 시장놀이, 소방관 놀이 등 각종 실생활의 역할을 놀이를 통해 경험하고 표현해 보는 영역이다.

역할놀이 영역에 갖추어야 할 교재, 교구는 다음과 같다.

- 일상용품 : 화장대, 거울, 빗, 가발, 화장품, 시계, 돈, 전화기, 소파, 탁자, 모형 세탁기, 가방류, 신발류, 우산, 모자류, 유모차, 젖병, 모형 과일, 모형 채소 등

- 주방용품 : 싱크대, 냉장고, 가스레인지, 도마, 각종 그릇, 수저, 뒤집기, 국자 등
- 의류 : 한복, 드레스와 면사포, 남자 양복, 여러 나라의 전통의상, 비옷, 앞치마와 머릿수건, 의사가운, 주방장옷, 양복, 넥타이, 다양한 인형옷 등
- 미장원 놀이용 놀잇감 : 미용사 가운, 손님용 미용 캡, 모형 가위, 헤어 드라이어, 가발, 머리핀, 빗, 머릿수건, 면도기, 샴푸병, 화장품, 놀이용 돈, 지갑, 잡지책, 신문, 전화기 등
- 병원 놀이용 놀잇감 : 의사 가운, 청진기, 반사경, 고무망치, 간호사 모자와 마스크, 주사기, 솜, 붕대, 밴드, 온도계, 약병, 약, 약봉지, 시력검사표, 진료증 등
- 그 외 시장, 우체국, 주유소, 방송국, 소방서, 병원, 은행, 박물관, 애견센터, 세탁소, 음식점과 마트 놀이용 놀잇감 등

(4) 언어영역

언어영역은 유아의 듣기, 말하기, 읽기, 쓰기에 관심을 가지고 활동하여 언어능력을 크게 증진시키며 의사소통을 바르게 하는 태도와 습관이 이루어지는 영역이다.

언어영역에 구비되어야 할 교재 및 교구는 다음과 같다.

- 듣기자료 : CD 플레이어와 CD, 카세트 레코더와 테이프, 소리상자, 이야기테이프 등
- 말하기자료 : 이야기 꾸미기 자료와 작은 융판, 여러 가지의 인형(손인형, 막대인형, 자석인형), 인형극 틀, 마이크, 녹음기, 전화기, 공 테이프 등
- 읽기자료 : 그림 동화책, 다양한 종류의 책, 만져서 알 수 있는 커다란 글자, 친구의 이름 카드, 속담책 등
- 쓰기자료 : 여러 종류의 가늘고 굵은 연필, 지우개, 연필깎이, 다양한

굵기의 매직펜, 크레파스, 글자 바느질, 컴퓨터와 프린터, 소형 화이트 보드와 마커펜, 촉감 글자판, 자석판과 글자

- 도서자료 : 다양한 동화책, 잡지, 그림 백과사전, 자연 관련 책, 다양한 재질과 촉감책 등

(5) 조형영역

조형영역은 그림 그리기, 색칠하기, 자르기, 풀칠하기, 만들기 등의 활동이 이루어지는 영역이다.

조형영역에 구비되어야 할 교재 및 교구는 다음과 같다.

- 그리는 도구 : 크레파스, 사인펜, 연필, 색연필, 볼펜, 색분필, 매직펜, 파스텔, 물감, 붓, 물통, 면봉, 스탬프, 페인트 등
- 만들기 소재류 : 종이류, 점토류, 플라스틱류, 깡통류 등
- 기존 교구 : 이젤, 앞치마, 전시대, 작품 게시판 등

(6) 수놀이 영역

수놀이 영역은 기초적인 수 개념과 보존 개념을 익히고, 시간 개념과 공간 개념을 획득하고, 도형, 공간, 측정, 패턴, 사물을 분류하고, 배열하는 등의 경험을 하기 위한 영역이다.

수놀이 영역에 구비되어야 할 교재 및 교구는 다음과 같다.

- 기초적인 수 개념 자료 : 저울, 주사위, 분수판, 숫자 카드, 게임판과 주사위, 윷놀이, 수게임 자료들 등
- 분류 활동 자료 : 분류할 다양한 단추, 조개, 열쇠, 동전, 그림 자료 등 분류 활동에 필요한 종이컵, 칸이 나누어진 용기, 끈, 비닐 봉투 등
- 시간 개념과 공간 개념을 위한 자료 : 다양한 종류의 시계 모형, 창의적인 입체 구성을 위한 수수깡, 다양한 상자, 도미노 놀이

(7) 과학영역

과학영역은 다양한 사물을 주의 집중하여 관찰하고, 동식물, 도구 및 기계 등에 대해 호기심을 갖고 관찰을 통해 새로운 것을 발견하며, 과학적인 사고력을 키우는 영역이다.

과학영역에 필요한 교재 및 교구는 다음과 같다.

- 관찰을 위한 자료 : 각종 표본류(나뭇잎, 흙, 돌, 씨앗, 곡식), 조개껍데기, 사육이 가능한 작고 온순한 동물류, 식물류 등
- 실험 및 관찰을 위한 도구 : 거울, 자석, 손전등, 현미경, 망원경, 쌍안경, 색안경, 크기가 다르고 투명한 플라스틱 병이나 컵, 깔때기, 지구의 등
- 측정을 위한 도구 : 저울, 체중계, 자, 신장계, 온도계, 계량컵, 시계, 달력 등
- 사육과 재배를 위한 도구 : 화분, 투명 수조, 꽃삽, 물뿌리개, 망사, 분무기, 화분 받침대 등
- 기타 자료 : 요리도구(도마, 계량컵, 주걱, 뒤집개, 쟁반, 그릇, 플라스틱 칼, 요리순서표, 앞치마, 머릿수건 등), 과학도서

(8) 음률영역

음률영역은 유아가 음악을 감상하거나 여러 가지 악기를 자유롭게 다루어 보거나 음악에 맞추어 음악적인 감수성을 느끼는 영역으로, 노래를 부르며 악기를 연주하고 박자와 리듬을 체험하는 영역이다.

음률영역에 필요한 교재와 교구는 다음과 같다.

- 가락 악기 : 피아노, 실로폰, 하프, 멜로디언, 하모니카, 리코더, 핸드벨, 우쿨렐레, 만돌린 등
- 리듬 악기 : 탬버린, 캐스터네츠, 트라이앵글, 심벌즈, 큰북, 작은북, 마라카스, 장구, 소고, 꽹과리, 팀파니, 목금, 철금 등

- 생활악기 및 기타 자료 : 빨래판 · 주걱 · 젓가락 · 냄비 뚜껑 · 깡통 · 콩 등, 고전 악기의 사진자료, 노랫말 관련 융판자료, 악보, 리본 테이프, 스카프, 줄, 다양한 천, 손목방울, 신체표현자료 등
- 감상활동자료 : 녹음기, 녹음테이프, 음악감상책, 헤드폰

(9) 컴퓨터 영역

컴퓨터 영역은 높은 연령의 유아반에 추가될 수 있는 영역이며 조용한 영역에 전기 콘센트가 가까이 있는 곳이 추천된다. 한 대의 컴퓨터에 개별 또는 2~3명이 상호작용할 수 있도록 의자와 자리 배치를 하여야 한다. 주의할 점은 모니터의 높이가 의자에 앉았을 때 눈높이보다 약간 높게 한다.

컴퓨터 영역에 필요한 교재와 교구는 다음과 같다.

- 본체 : 컴퓨터 본체, 키보드, 모니터, 마우스 등
- 프린터 : 프린터, 프린트용지
- 기타 : 다양한 소프트웨어

2) 실외 흥미영역

(1) 물놀이 영역

물놀이 영역은 물을 통하여 촉각의 자극을 경험하고, 물의 성질을 관찰하며, 과학적 탐색이 이루어질 수 있는 영역이다. 물놀이는 물만 있어도 흥미롭게 진행되며 햇빛과 배수가 잘되는 곳이 추천된다.

물놀이 영역에 구비되어야 할 교재와 교구는 다음과 같다.

- 물놀이대 또는 튜브, 수도 시설, 비닐 앞치마, 물통, 호스, 비누, 물레방아
- 실험 도구 : 물감, 색소, 빨대, 뜨는 물건과 가라앉는 물건들

(2) 모래놀이 영역

모래놀이는 따로 그 영역이 없어도 흙이 있는 곳에서 이루어질 수 있다. 모래밭은 지사각형, 정사각형, 타원형 등으로 조성할 수 있고 테두리도 다양한 재질을(타이머, 통나무, 콘크리트) 사용할 수 있다. 유아는 모래를 통하여 촉각을 자극하는 경험을 하고, 다양한 탐색 및 다양한 구성이 이루어지는 영역이다.

모래놀이 영역에 구비되어야 할 교재 및 교구는 다음과 같다.

- 모래 놀이대, 모래 놀이장, 모양 틀, 측정도구, 깔때기, 체, 물 뿌리기, 양동이, 플라스틱 삽, 덤프트럭, 모종 삽, 고무호스 등

6 탐구과제

1. 교수매체를 광의와 협의적으로 정의하여 보고 그 특성을 살펴봅시다.
2. 교수매체의 종류를 밝히고, 재래적인 형태와 컴퓨터 이용 가능한 매체로 구분하여 봅시다.
3. ASSURE 모형이 적용될 수 있는 분야와 절차를 소개하고 활용 사례를 들어봅시다.
4. 비투사매체의 자료 활용상의 특성과 주의점을 토론하여 봅시다.
5. 투사매체의 자료 활용상의 특성과 주의점을 토론하여 봅시다.
6. 흥미영역별 교수매체와 자료를 소개하여 봅시다.

제 7 장

영유아교육과 ICT 활용환경

01 영유아와 ICT 접근

현대사회에서 영유아들은 몬테소리와 같은 준비된 환경 속에서 놀이도구를 능숙하게 다루며 자신의 개성을 창출하며 만족감과 행복감을 느낀다. 또한 프로젝트 접근법을 이용한 영유아 프로그램에서 더욱 능동적이고 적극적인 학습의 주체로서 가능성을 인정받고 발달하는 기회를 가지고 있다. 그리고 레지오 에밀리아 유아교육의 공동체 정신을 바탕으로 영유아기관과 학부모나 지역사회와의 협조를 무엇보다 중요시하는 영유아환경에 이르렀다.

21세기 영유아들은 놀고 배우며 생활하는 가운데 다양한 전자매체에 노출되어 있다. 태어나서부터 텔레비전을 보게 되고, 컴퓨터게임을 통한 그림환경을 즐기며 전자레인지, 핸드폰 등과 함께 ICT(Information Communication Technology)가 생활의 일부가 되는 정보화 환경에서 자라고 있다.

정보화를 위한 ICT 능력은 각종 ICT 도구를 효과적으로 사용하여 정보를 분석, 처리, 자료화하며, 이를 바탕으로 특정 사건을 모형화하고 측정할 수 있는 능력을 갖추는 것을 말한다. 즉, 주어진 문제를 해결하기 위하여 ICT 도구를 사용하고, 학습 보충을 위하여 ICT 도구를 사용하며, 직업과 사회생활에서 ICT의 의미를 이해할 수 있는 능력을 갖추는 것이다.

영국이 2000년 9월부터 실행하는 컴퓨터교육 교과과정에 제시되는 연령별 ICT 능력습득 기준을 보면 다음과 같다(주영주, 이광희, 하영자, 2006).

① 5~7세 단계 : 아이들이 컴퓨터 사용에 친숙함을 가지고 정보를 다룰 수 있어야 한다.

- 사람, 책, 데이터베이스, CD-ROM, 비디오, TV를 통해 자신이 원하는 정보를 수집한다.
- 정보를 파일로 저장하고 저장정보를 탐색한다.

- 기존문서에 텍스트, 테이블, 이미지, 음향 등을 추가하여 자신의 문서로 작성한다.
- 어드벤처 게임, 시뮬레이션을 통하여 동작수행의 원리를 이해한다.
- 자신의 작업을 검토하고 개선점을 논의한다.

② 7~11세 단계 : 아이들은 수집된 정보를 단순히 보여주는 차원에서 발전하여 상호 의견교환을 통하여 정보의 질을 평가할 수 있다.

- 필요 정보를 찾는 방법에 대하여 토론한다.
- 정보에 대한 해석을 하고, 가치를 평가할 수 있거나 오류인지 판단을 내린다.
- 자신의 생각과 정보를 다양한 매체를 이용하여 표현한다.
- 가설을 세우고 시뮬레이션을 통해 결과를 비교한다.
- 전자우편 사용을 통하여 의사소통이 가능하고 상대방이 원하는 정보에 대하여 고려할 수 있다.

이와 같은 유아 대상의 ICT의 발달과 교육과정은 새로운 지식정보사회로의 변화를 일으키고 영유아교육에 있어서 ICT 활용의 필요성을 점점 더 증가시키고 있다.

영유아에 대한 ICT 활용교육의 필요성은 크게 2가지로 구분할 수 있다.

첫째는, 영유아 자신들의 ICT 활용능력을 키워 주기 위한 것이다. 즉 영유아들의 ICT 리터러시 능력을 향상시키는 것으로, 영유아의 ICT 활용능력의 육성은 컴퓨터나 인터넷의 활용이 향후 이들의 교육이나 직업 활동은 물론 일상생활에서까지 필수적인 요소이기 때문에 이에 대한 준비를 위해서 요구된다.

둘째는 ICT를 활용하여 보다 효과적인 영유아교육을 실시하는 것이다. 이는 영유아교육기관의 교사들이나 가정의 학부모들의 ICT 리터러시를 향상시킴으로써 가능하다. 초중등학교에서 교사들이 ICT를 활용하여 교육의 효과를 높이는 것과 같이 영유아교육에서도 ICT를 교수 도구로 사용하여 효과를 향상시킬 수 있다.

그러나 이와 같이 유아를 위한 ICT 활용교육의 필요성이 강조되고 있음에도 불구하고 영유아에 대한 정보화 교육에 대해서는 긍정적인 견해뿐 아니라 부정적인 견해도 만만치 않다. 영유아의 발달단계상 컴퓨터를 활용하는 ICT 활용이 부정적인 영향을 미칠 수 있다는 것이다.

유아들이 컴퓨터 사용을 너무 일찍 배우도록 강요당하면 정서적으로 불안해진다고 한다. 유아들이 컴퓨터 소프트웨어를 다루는 능력과 인지발달 수준이 정적인 상관관계를 가지지 않기 때문에 자칫 영유아의 발달수준에 적절하지 않은 프로그램을 사용하게 하는 과오를 범할 수 있기 때문에 초등학교 이전의 컴퓨터 사용을 부정적으로 생각하는 학자들이 있다(이광희, 2006).

Alliance for Childhood(2000)에서도 컴퓨터 사용이 유아들의 발달에 부정적인 영향을 미칠 수 있음을 심도 있게 언급하면서 나이가 어린 어린이들에게 컴퓨터 사용을 제한할 것을 주장했다.

그 외에 Hohmann(1998)는 영유아는 눈, 귀, 입, 손, 다리 등의 신체를 통해 같은 활동을 자주 초점만 바꾸어가면서 반복하여 움직임으로써 주위 세계에 대한 이해를 구성하므로 컴퓨터는 유아들이 걷고, 말하고, 이야기하고, 친구를 만드는 것을 숙달하는 데 최선의 도구가 아니라고 했다(정미라 외, 2002 재인용).

Haugland와 Wright(1997)는 유아의 발달에 적합하지 않은 소프트웨어를 사용하면 다음과 같은 부정적인 효과가 나타난다고 하면서 유아기의 ICT 활용에 있어서 부정적인 견해를 표명하였다.

- 다른 활동들을 축소시킨다. 실물 위주의 활동, 블록, 소꿉놀이, 미술, 음악 활동 등의 필수적인 경험 대신 컴퓨터 위주의 활동만 하게 한다. 또한 영유아가 컴퓨터에 길들여지게 되면 영유아 스스로 세계를 이해해 나가고 사고를 발전시키기보다 컴퓨터에 의해 사고를 지배당할 수 있다.

- 컴퓨터는 유아에게서 유년기를 빼앗아 버린다. 컴퓨터를 통해 유아가 받아들일 준비가 안 된 기술을 학습하도록 강요받으며, 소중한 유년기의 가치 있는 놀이경험을 몰아내버린다.
- 컴퓨터는 너무나 추상적이다. 컴퓨터 스크린의 이차원적이고 추상적인 특성 때문에 전 조작기 단계의 유아는 컴퓨터를 활용하기가 쉽지 않다.
- 컴퓨터는 현실과 동떨어진 이미지를 제공한다. 컴퓨터는 단순하고, 예측 가능하며 현실성이 거의 없는 실세계의 축소 모형을 제공하기 때문에 복잡하고 가끔 좌절도 하는 불완전한 실제 세계의 일상에 유아를 준비시키는 데 도움이 되지 못한다.
- 사회적으로 고립시킨다. 컴퓨터로 시간을 보낸 유아는 성장과 발달상 매우 중요한 사회성을 기를 기회가 줄어들어 사회적인 고립을 유도할 수 있다.
- 컴퓨터는 감각적 인식과 창의성을 저해한다. 컴퓨터는 유아를 기계처럼 작동하도록 자동화시켜 버리고 감정과 창의성을 결여시킨다.

이상의 부정적인 관점과는 반대로 많은 학자들은 ICT는 영유아의 인지발달(Buckleitner & Hohmann, 1987; Watson, Nida & Shade, 1986), 언어발달(Lipinski et al., 1986; Muhlstein & Croft, 1986), 사회, 정서발달(Cardelle-Elawar & Wetzel, 1995; Clements, 1994)에 긍정적인 영향을 미친다고 하고 있다(정미라 외 재인용, 2002).

실제로 Haugland와 Wright(1997)는 유아의 발달단계에 적합한 소프트웨어를 사용하면 많은 장점이 있다고 했다. 즉 개개 유아의 학습 스타일에 맞출 수 있으며 참여를 유도하여 학습과정이나 진행을 조절하고, 탐색을 통해 다양한 개념들을 구조화하고 지식을 형성해 나갈 수 있다. 또 통합적인 학습환경을 경험할 수 있고 인지발달의 기회를 제공한다. 나아가 도서관, 박물관 등 전 세계의 무한한 정보는 물론 다양한 배경과 문화를 가진 사람들과도 접해볼 수 있다.

Davidson(1989)은 유아들이 ICT를 활용하면 사회적 상호작용과 협동을 증진시키며 자아 개념을 증진시키고 사고력, 추리력, 문제해결력을 증진시킨다고 했다. 또 ICT는 유아가 개념을 구성하고 재구성하도록 도와주며 유아의 놀이를 자극하는 매개 역할을 한다. 나아가 유아기의 컴퓨터 이용은 컴퓨터 관련 기능을 익히고 컴퓨터에 대한 긍정적 태도를 함양하며, 이때 익힌 기능과 태도는 이후의 컴퓨터 사용에 꼭 필요한 것이라고 했다.

이외에도 유아의 발달에서 유아들이 컴퓨터를 사용함으로써 자아개념과 자신감이 향상되고, 자기만족감, 의사소통과 협동수준이 높아지는 것으로 밝혀졌다. 또 정보화 활용은 Muller와 Perlmutter(1985)의 연구에 의하면 컴퓨터를 활용할 경우 퍼즐을 할 때보다 또래 간의 상호작용이 9배나 증가하였다.

Kaden(1990)은 관련 선행연구들을 고찰하여 컴퓨터 활용은 유아들 간의 고립보다는 협동, 또래 보조 등에서 사회성 발달을 고양시킬 수 있다고 했다. ICT 활용은 정서발달에도 긍정적 영향을 미치고 있는 것으로 나타났는데, Hyson(1985)은 ICT 활동이 유아의 자율성과 자아존중감을 향상시킴을 밝혔고, Steffin(1983)은 ICT 프로그램에 따라 유아는 학습에 대한 긍정적 태도를 형성시킬 수 있으며, 학습에 대해 자신감을 갖게 되며 학습동기가 유발된다고 하였다(박석규 외, 2005).

인지 · 언어 발달과 관련하여, Johnson(1985)은 ICT 활동은 유아의 학습을 신장시켜 주고, 논리적이고 새로운 방식의 사고를 통해 지적 발달을 촉진시킨다고 했다. 언어발달에 있어서도 컴퓨터가 3세부터 5세 유아들에게 언어경험을 향상시키는 효과적인 수단인 것으로 보고되었다(Mulstrein & Croft, 1986; Lipinski et al., 1986; 박석규 외 재인용, 2005).

신체발달과 관련해서는 움직임이 제한적인 컴퓨터 활동은 유아에게 적합하지 않다는 연구도 있었지만, ICT 활동은 유아의 대근육뿐 아니라 소근육 기술이나 눈과 손의 협응력, 그리고 힘의 조절력을 발달시킨다고(이경우 외, 1998) 하며, 유아들이 컴퓨터를 사용하는 데 요구되는 신체적 발달에도 문제가 없음이 여러 연구들을 통해 밝혀졌다(박석규 외, 2005).

그러나 Papert(1993)는 컴퓨터의 영향은 컴퓨터 그 자체로서보다 이를 누가 어떻게 활용하는가에 따라 가치가 결정된다고 했다. 이상과 같이 유아의 ICT 활용에 있어서는 부정적 견해와 긍정적 견해는 공존하지만, 최근에는 ICT 활용 방식에 따라 부정적인 효과와 긍정적인 효과가 좌우될 수 있다는 것으로 의견이 모아지고 있다.

즉 유아의 발달에 부적합한 소프트웨어나 웹사이트를 사용하거나, 올바른 활용지도가 이루어지지 않으면 부정적인 영향을 미칠 수 있다. 따라서 이러한 부정적인 영향이 발생하지 않도록 하기 위해서는 교사나 학부모가 유아의 올바른 사전·사후 활동 등의 ICT 활용을 지도해야 할 것이다.

02 교사의 ICT 활용

영유아 스스로 ICT를 활용할 수 있는 능력인 ICT 리터러시도 중요하지만 영유아들은 아직 발달수준이 낮아서 ICT 활용에 있어서 교사나 학부모로부터의 지속적인 보호와 감독이 필요하다. 특히 ICT를 활용하여 보다 효과적인 영유아교육을 실시하기 위해서는 영유아교육기관의 교사들이나 가정의 학부모들의 ICT 리터러시를 향상시켜야 한다.

특히 유아들이 교사들의 태도로부터 강하게 영향을 받는다는 점을 상기할 때 ICT 활용에 있어 교사들의 역할은 매우 중요하다. 영유아교사가 어떤 역할을 해야 하는가에 대한 관점은 시대에 따라 변해왔다. 과거의 영유아교육은 단순히 보호의 개념으로 인식되었지만, 최근에는 보호 및 교육의 중요성이 통합된 개념으로 인식되고 있다.

Papert(1993)는 교사가 컴퓨터 없이 어떻게 가르칠 것인가를 검토하지 않는다면 컴퓨터가 어린이의 학습을 변화시킬 수 없다고 하면서 유아들이 컴퓨터로 무엇을 배울 수 있는지는 환경 및 문화에 달려 있다고 주장하고 ICT 활용에 있어서 교사의 역할을 강조했다(이광희, 2006). 즉, 컴퓨터의 영향은 그 자체로서보다도 누가 이를 어떻게 활용하는지에 따라 컴퓨터의 가치가 결정된다는 주장이다.

Stevens(1982)는 교육기관에서의 성공적인 ICT 활용은 교사와 행정가의 긍정적인 태도에 달려 있다고 주장하였다. Snelbecker도 ICT 활용을 성공적으로 실시하기 위해서는 교사가 가장 중요한 요인이라고 했다(Savenye, Haas, & Pollock, 1986).

Bredekamp와 Rosegrant(1994)는 교사가 컴퓨터에 대해 친밀감을 느끼고 활용능력을 갖추어야 ICT 활용이 제대로 이루어진다고 하였으며, 김선영(2001)은 교사의 컴퓨터에 대한 태도가 긍정적일수록 유아의 컴퓨터 사용에 대한 태도도 긍정적인 것으로 나타났다고 하였다.

특히 Haugland(2000)는 유아의 학습을 극대화하고 컴퓨터를 통합적으로 활용하기 위하여서는 교사가 유아의 발달수준에 적합한 소프트웨어와 웹사이트를 선정하고 이러한 자원을 교육과정에 통합시킴으로써 컴퓨터가 학습경험을 지원할 것이라고 했다.

ICT 활용환경에서 교사의 역할은 정보화된 환경 속에서 창의력과 문제해결력을 함양하는 학습자 중심의 교육이 보다 효과적으로 이루어질 수 있도록 지원하는 것이라 할 수 있다. 교실에서 ICT의 성공적 활용은 교사가 ICT 활용을 위해 수업을 체계적으로 계획, 실행, 평가하고 이를 ICT 활용교육과 통합시켜 나가야 한다. 즉 건전한 ICT 활용을 위한 교수학습계획안을 개발하여 이를 유치원의 ICT 활용에 적용할 수 있어야 한다.

ICT 활용에 있어서 교사의 역할에 대해서 학자들 간에 다소 다양한 논의가 존재한다.

Davis와 Shade(1994)는 ICT 활용에 있어 교사의 역할을 교수자, 코치, 모델, 비평가의 4가지로 제시하고 있다.

- **교수자의 역할** : 유아들이 소프트웨어를 제대로 사용할 수 있도록 안내해주고 소프트웨어를 탐색하도록 격려해주는 등의 적극적 역할을 담당해야 함을 의미한다.
- **코치의 역할** : 유아가 자기주도적인 학습을 함에 있어 필요할 때마다 지도와 후원을 하고 활동을 촉진하는 역할을 수행해야 함을 말한다. 왜냐하면, 유아들의 컴퓨터 활동이 늘어감에 따라 독립적인 ICT 활용이 증

가할 뿐만 아니라 교사 대신 또래집단이 교사의 역할을 대신하는 경우가 증가하기 때문이다.

- **모델의 역할** : 교사의 ICT 활동 상태에 따라 유아의 활용이 달라진다는 것이다. 즉, 교사가 학습을 위한 실제적이고 통합적인 도구로서 컴퓨터를 활용하는 것을 보게 되면 영유아들도 학습에 이를 활용할 가능성이 높아진다.
- **비평가의 역할** : 교사의 비평가 활동은 ICT 활동이 이루어지는 학습의 모든 단계에서 이루어진다.

국내 연구로서 최태식 외(2002)는 유아의 ICT 활용에 대한 적절성을 평가하는 데 있어 교사는 전문적인 역할을 수행해야 한다고 주장하였다. 즉, 컴퓨터의 활용이 영유아의 연령에 적합한지, 개인적인 특성에는 적합한지, 문화적으로 적합한지를 검토해야 하며 교육과정 고안자로서, 그리고 관찰자로서 교사의 역할이 중요하다고 강조하였다.

유구종(2001)은 교사가 영유아의 발달에 적합한 ICT 환경을 제공해주기 위하여서는 소프트웨어 시범 보이기, 질문에 답하기, 필요시 도움주기, 문제 제안하기, 또래 간 상호작용 촉진하기, 유아들이 컴퓨터상에서 배운 것을 새로운 상황이나 확장 활동으로 적용할 수 있게 해주기 등의 중요한 역할을 담당해야 한다고 하였다.

전찬규(2001)는 ICT 활용에 있어 교사의 역할을 촉진자, 반성적 실행자, 정보관리자, 학습동반자 등의 4가지 역할로 이야기하였다.

첫째, 촉진자로서는 학습자가 자기주도성을 십분 발휘할 수 있게 하며, 학습에 대한 자신의 행동을 스스로 책임지게 하고, 학습자의 요구, 비판, 자율성을 포용하는 자세를 견지하면서 학습자의 동기화를 촉진하여 즐거운 학습이 되는 환경을 조성해주어야 한다.

둘째, 반성자의 역할을 위하여 교사가 학습의 역동성에 상응하여 필요에 따라 반성적이고 지속적으로 학습계획을 변화, 개선시켜 나가는 융통성과 탄력을 발휘해야 한다.

셋째, 정보관리자로서 교사는 학습자가 다양한 정보를 통해 어떻게 학습하느냐 하는 학습방법을 습득하도록 도와주어야 한다.

넷째, 학습동반자로서는 학생들과 함께 탐색을 하고 학습을 하는 자로 전환되어야 한다.

03 학부모의 ICT 활용

영유아는 발달단계상 독립적인 학습 활동이나 ICT 활용이 어려우며, ICT 활용을 위한 올바른 소프트웨어나 인터넷 사이트 선정을 할 수 없어 교사나 학부모의 지도가 필수적이다. 그리고 최근 들어 컴퓨터게임이나 어린이용 인터넷 사이트 등의 보급에 힘입어 영유아의 ICT 활용이 영유아교육기관에서보다는 가정에서 더 많이 이루어지고 있어 가정에서의 ICT 활용 지도가 매우 중요하게 요구되고 있다.

구체적으로 이현주(2002)는 조사 대상 유아의 89.9%가 가정에서 컴퓨터를 활용한다고 했으며, 활동 빈도는 일주일에 1~3번이 40.4%이나 되었다. 또 하루에 1번 이상 사용하는 경우도 41.7%로 나타났다. 그리고 1회 평균 이용시간은 30분에서 1시간이 43.5%로 가장 많았고, 1시간 이상을 하는 경우도 21.7%나 되었다.

컴퓨터를 활용할 때 혼자서 하는 경우가 27.3%로 많았고, 다음으로는 형제나 친구들이 동반하는 것으로 나타났으며, 학부모가 동반하는 경우는 20.5%에 불과하였다. 이러한 결과는 학부모들의 적절한 관심과 지도가 부족함을 단적으로 보여주고 있다.

그러나 이러한 활용상의 증가 및 필요성이나 중요성에도 불구하고 가정에서의 ICT 활용 지도는 제대로 이루어지고 있지 못한 실정이다. 이러한 현상의 원인은 여러 가지가 있을 수 있으나, 무엇보다도 중요한 원인은 유아의 ICT 활용에 대한 학부모의 올바른 인식과 지도방안이 부족한 것이라

할 수 있다. 따라서, 가정에서의 올바른 ICT 활용 지도가 이루어지기 위해서는 학부모를 대상으로 한 교육이나 관련 커뮤니티 활동 등의 지원체제가 마련되어야 할 것이다.

McLester(1996)는 가정에서도 건전한 ICT 교육환경을 조성하기 위해서는 다음과 같은 학부모의 역할이 필요하다고 하였다.

- 학부모가 먼저 컴퓨터에 익숙해져 자녀의 읽고 쓰기 활동 등의 학습을 지원해주어야 한다.
- 학부모가 정보화 교육에 참여하도록 해야 한다.
- 유아의 발달수준이나 문화적으로 적합한 소프트웨어를 선택하여 제공해야 한다. 발달수준에 적합하다는 의미는 유아의 지적 수준에 맞는 것은 물론이고 신체적으로도 쉽게 조작할 수 있어 유아가 좌절감을 느끼지 않아야 하고 나아가 유아의 발달을 촉진해줄 수 있어야 한다. 문화적으로 적합하다는 의미는 우리나라의 문화와 유아기 고유의 발달 특성이 포함되어 있고 적어도 그러한 문화에 손상을 입히지 않는 것을 의미한다.
- 함께 컴퓨터 활동을 할 수 있는 환경을 마련해주어야 한다. 즉 학부모가 유아와 상호작용을 함으로써 학부모는 좋은 언어적 모델을 제공할 수 있고, 유아는 컴퓨터와의 상호작용에 대한 반성력을 높일 수 있다.
- 유아를 관찰하여 적절한 도움을 주도록 한다. ICT 활동을 할 때 학부모는 유아가 어느 정도로 능동적인지, 어느 정도까지 독립적으로 컴퓨터를 사용할 수 있는지, 새로운 프로그램을 시도하려 하는지, 흥미를 가지는지, 컴퓨터의 반응에 대한 이해는 어느 정도인지, 좋아하는 프로그램의 유형은 어떤 것인지 등에 초점을 두어 관찰해야 한다.
- ICT 활동은 유아의 놀이 중 일부분이다. 따라서 컴퓨터를 이용해 다른 놀이로도 확장해 나가야 한다.
- 시간을 정해서 ICT 활동을 해야 한다. 때때로 유아는 컴퓨터 활동에 중독이 되어 컴퓨터 이외의 것은 관심을 두지 않고 컴퓨터에만 매달리는 경우가 있다. 이러한 경우에는 컴퓨터 사용의 긍정적 효과보다는 부정

적 효과가 나타날 수 있다. 따라서 반드시 학부모의 개입이 필요하며 컴퓨터 사용은 하루에 30분이 적당하다.

04 ICT 활용과 물리적 환경

영유아 ICT 활용에 있어서의 환경은 영유아는 물론 교사, 학부모를 포함한 인적 환경과 교실설비, 집단 크기, 자료의 배치 등을 포함하는 물리적인 환경으로 대별할 수 있으며 인적 환경에 못지않게 컴퓨터 영역도 중요하다. 특히 영유아교육에 있어 물리적인 환경의 중요성은 특별하여 교사, 학부모 다음으로 물리적인 환경을 '제3의 교사'로 간주한다. 영유아교육에 있어 환경은 단지 활동적인 시간을 보내는 데 유용하고 안전한 장소 이상으로 설계, 배려되어야 한다(주영주, 곽은순, 2004).

유아들은 성인과 달리 유아기의 발달 특성상 환경에 민감하게 반응한다. 유아교육기관의 질과 놀이환경을 조사한 결과, 환경이 잘 구비된 여건에서는 유아와 유아 간의, 그리고 유아와 교사와의 상호작용이 고무됨을 보고하고 있다.

또한 유아들은 상호작용에 있어서도 프로그램의 유형뿐만 아니라 물리적 환경에 의해서 영향을 받는다. 유아들의 경우, 별도의 컴퓨터실로 데려가면 엄격한 시간표도 짜야 하고 유아들의 학습 활동에서의 선택권을 제한하는 결과가 된다.

다수의 연구들에서는 적절한 자료를 별도의 컴퓨터실보다는 교실 내에서 활용할 때 더욱 효과적이라고 보고했다. 그 이유로 교실에서는 도구 지향적인 소프트웨어를 사용할 경향이 많은 반면 컴퓨터실에서는 훈련 소프트웨어를 많이 사용하게 되고 동시에 협동과 또래교수가 덜 일어나기 때문인 것으로 나타났다.

05 유아를 위한 컴퓨터 활용교육

컴퓨터가 우리들의 일상생활에서 없어서는 안 될 중요한 역할을 담당하게 됨에 따라 성인이나 학생들은 물론 이제는 유아들까지도 ICT에 대한 이해와 활용능력을 갖추어야 할 필요성이 대두되고 있고 ICT 리터러시의 중요성이 강조되고 있다. 컴퓨터의 활용이 일상생활화된 사회에서 유아들을 지도하고 가르칠 교사와 학부모들이 ICT 리터러시에 능숙해야 함은 물론 유아들에게도 컴퓨터를 올바르게 이해시키고 필요에 맞게 사용할 수 있는 능력을 길러주는 것은 필수불가결하다.

1) 유아를 위한 ICT 리터러시 교육

지난 10년간 시대적 요청에 부응한 교육을 위해 새로운 문명사적 전환의 주제들을 포괄적으로 유아교육과정 속에 다루면서 정보화 시대를 주도해 나갈 수 있는 인재를 양성하고자 제6차 및 제7차 교육과정이 탄생되었다.

제6차 유치원교육과정에서는 '21세기 세계화 · 정보화 사회를 주도할 자율적이고 창의적인 한국인의 육성'을 기본 방향으로 제시하고, '정보능력함양교육의 강화'를 중점적으로 강조하고 있었다(교육부, 1998).

한편, 유아교육법 제13조 제2항에 의거하여 고시한 국가수준의 교육과정으로 2007년 개정한 제7차 유치원 교육과정에서 제시된 교육과정은 21세기 지식 정보화 시대를 주도할 '사람과 자연을 존중하고 사랑하는 한국인 육성'을 기본 방향으로 하고 이에 따른 구성 방침은 다음과 같다(교육인적자원부, 2007).

- 사람과 자연을 존중하고 사랑하는 세계관을 바탕으로 구성한다.
- 유아의 기본 생활습관과 전통문화, 창의성을 강조하여 구성한다.

- 지역과 유치원의 자율성을 확대하도록 구성한다.
- 유치원 교육의 정체성을 살리며 초 · 중등학교와 연계하여 구성한다.
- 유아의 발달 특성을 고려하여 수준별 교육과정을 구성한다.
- 교육과정 평가체제를 통하여 교육에 대한 질 관리를 강화하도록 구성한다.

이제 제7차 교육과정의 개정은 지식이 다양화 · 정보화되면서 과학기술의 급속한 발달 학문의 진보에 따른 교육에 있어서의 수요자와 공급자의 필요, 요구 의식의 변화에 전면적으로 수용하기 위한 것이다.

유아를 위한 ICT 리터러시 교육에서는 유아가 컴퓨터를 사용하여 원하는 정보를 수집하고 활용할 수 있는 능력을 길러주어야 한다. 즉 21세기를 살아갈 유아들이 문제에 대처했을 때 필요한 정보를 찾아서 적합한 것을 골라 이들을 종합하고 창의적으로 지식을 창조해 내는 ICT 리터러시 능력을 길러주어야 한다.

컴퓨터 리터러시로도 불리는 ICT 리터러시는 사고력 및 문제해결과 함께 정보시대에 요구되는 기본 능력이다. ICT 리터러시는 컴퓨터를 통해 제시되는 정보를 올바로 읽을 수 있고, 사용하고 활용할 수 있으며 새로운 것을 창출해 내며 따라서 ICT를 학습자원으로 활용할 수 있는 능력(이화여자대학교 교육공학과, 2004)을 이야기한다.

교육인적자원부(1998)는 세계화 · 정보화 사회를 주도할 자율적이고 창의적인 한국인을 육성하기 위해서 정보능력을 함양하는 교육을 강화하고 있다. 이를 위해서는 컴퓨터를 유아교육 목적을 달성하기 위한 도구의 하나로 사용해야 할 것이다. 즉 컴퓨터가 블록이나 모래 등과 같은 조작적인 교구들과 같이 교수매체의 하나로 다루어져야 할 것이다.

유아의 ICT 활용은 크게 유아교육기관에서의 활용과 가정에서의 활용으로 구분할 수 있다. 가정에서의 유아 ICT 활용은 그 정도는 점점 더 증가하고 많은 유아가 가정에 컴퓨터가 있는 것에 대해 자연스럽게 받아들이고 있으며, 일부 유아는 가정에 있는 교육용 소프트웨어나 유아교육용 웹사이트에 상당히 익숙해져 있다(심숙영, 2003).

가정에서의 유아의 컴퓨터게임 이용 현황에 대한 한 연구(김수영, 2001)에서는, 서울지역 6개의 유치원 만 5세반 유아 256명 중 75% 유아가 컴퓨터게임을 이용하고 있는 것으로 나타났으며, 일주일에 1~2번 이용하는 경우가 27.1%이었고, 매일 한 번 이상 이용하는 경우도 33.4%로 나타났다. 이러한 컴퓨터게임의 이용현황만 보더라도 가정에서의 유아의 ICT 활용 정도가 높음을 알 수 있다.

유아교육기관에서의 ICT 활용은 제6차 유치원 교육과정부터 컴퓨터영역과 관련하여 연간 7개의 생활주제에서 17가지 활동을 소개하고 있는데, 이 중 15가지 활동은 소프트웨어를 이용한 직접 활동이며, 나머지 2가지 활동은 컴퓨터나 그 주변기기를 소개하는 간접 활동으로 구성되어 있다(교육인적자원부 외, 2005).

제7차 교육과정에서 제시된 영역별 내용 중 20여 가지 활동은 ICT를 활용할 수 있는 하위내용들이다(교육인적자원부, 2007). 현재 유아교육기관에서의 ICT 활용에 대해서는 이러한 교육인적자원부의 교육과정 및 지도자료집 등이 제공되고 있고, 유아교육기관에서의 컴퓨터 활용교육에 관한 서적이나 연구 등 참고자료가 많이 제공되고 있다.

유아 ICT 리터러시 교육의 목적은 유아들의 발달단계 특성을 고려하여 유아들이 컴퓨터에 대한 소양능력을 갖게 하는 데 두고, 하위목표는 컴퓨터가 무엇이고 어떤 일을 할 수 있는지 컴퓨터 자체에 대한 기본적인 개념 형성, 컴퓨터에 대해 친숙감을 느낄 수 있도록 긍정적인 태도 형성 및 구체적으로 컴퓨터를 조작적 학습도구의 하나로 사용할 수 있는 기술발달에 두어야 한다.

구체적으로 이경우 외(1998), 미국 델라웨어 주립대학 부속 유치원(Davidson, 1989), 박선희 외(1998) 등이 제시한 유아를 위한 ICT 리터러시 교육은 〈표 7-1〉과 같다(정미라, 2002 재인용).

〈표 7-1〉 유아를 위한 ICT 리터러시 교육

이경우 외 (1998)	델라웨어 주립대학 부속유치원(1998)	박선희 외 (1998)
• **컴퓨터 지식 획득을 돕기 위한 내용** - 컴퓨터 지식 형성 활동 - 컴퓨터 부분과 기능 - 컴퓨터 개념 형성 - 컴퓨터 임무와 사람 임무 알기 • **컴퓨터 사용기술 내용** - 컴퓨터 켜고 끄기 - 원하는 소프트웨어 선택과 작동 - 키보드에서 필요한 키 찾기와 선택한 키를 한 번에 누르기 - 메뉴에서 프로그램이 원하는 부분 찾기 - 다단계 절차 따르기 - 수수께끼 그림 지시 따르기 (컴퓨터 사용 활동과 컴퓨터 비사용 활동)	• **컴퓨터 사용 기술의 개발을 돕기 위한 활동** - 기계를 켜고 끄기 - 소프트웨어의 선택 - 자판에서 필요한 키 찾기 - 선택한 키를 한 번에 정확하게 누르기 - 메뉴에서 선택하기 - 절차 따르기 - 그림 지시 따르기 • **컴퓨터에 대해 알기** - 컴퓨터 구성 부분 - 명령 알기 - 프로그래밍 알기 • **컴퓨터가 할 수 있는 것과 사람이 해야 할 것에 대한 개념 알기** - 컴퓨터는 여러 가지를 할 수 있다 - 컴퓨터의 약점과 강점 알기 - 입력, 출력, CPU에 대하여 알기 - 컴퓨터는 사람이 통제 • **특정 소프트웨어와 하드웨어의 사용을 돕기 위한 활동** - 특정 소프트웨어에서 요구하는 기술발달을 돕는 소프트웨어 활동 - 특정 소프트웨어를 사용할 때 겪는 어려운 기술을 익히는 데 도움이 되는 활동 - 전반적 발달적 목표를 이루는 데 도움이 되는 활동	• **교육내용** - 컴퓨터 작동에 관심 가지기 - 컴퓨터의 구성요소 이해하기 - 주변에서 컴퓨터의 활용에 관심 가지기 - 컴퓨터 사용하기 • **활동내용** - 컴퓨터는 사람의 지시에 따라 작동함을 안다 - 컴퓨터가 여러 가지 일을 할 수 있다는 것을 안다 - 컴퓨터는 글자, 숫자, 소리, 그림들과 상호작용할 수 있다는 것을 이해한다 - 컴퓨터의 여러 가지 구성 요소의 이름과 기능을 안다 - 가정, 학교, 사회에서 컴퓨터의 활용에 대하여 알아본다 - 컴퓨터를 바르게 사용해 본다 - 컴퓨터에게 명령을 내려 그 결과를 비교해본다 - 교육 과정과 통합하여 컴퓨터를 활용해본다.

〈표 7-1〉에서 제시된 리터러시 교육의 내용은 크게 컴퓨터 자체에 대한 이해와 컴퓨터를 다룰 줄 아는 기술 취득에 초점이 맞추어져 있다. 그러나 ICT를 안전하게, 또 예의바르게 사용하는 측면은 소홀히 다루어져 있다.

이제 유아의 컴퓨터 사용이 일상화 되는 이 시점에서는 예절바른 ICT 활용과 건전한 활용에 대한 지도도 이루어져야 할 것이다.

2) 유아를 위한 예절교육

미국의 경우, 어린이용 사이트에는 안전, 혹은 네티켓을 법적 근거와 인권 옹호의 개념으로 다루고 있다. 예를 들면 Disney사의 경우, http://disney.go.com/guestservices/netiquette.html에서 네티켓을 명시하고 있으며, 다음과 같이 인터넷을 안전하게 인식하고 예의바르게 활용할 수 있도록 유도하고 있다.

- 채팅을 할 때는 가입 시 사용한 ID와 전자우편 주소만 사용하고 절대 개인의 이름, 주소, 전화번호, 비밀번호는 알려 주지 않는다. ID도 실명 대신 별명이나 애칭 등을 지어서 사용한다.
- 발신자가 명확하지 않은 이메일은 첨부파일과 함께 삭제해 버린다. 온라인으로 편지를 주고받는 일은 문자를 깨우친 유아들에게 흥미로운 경험을 제공하므로 재미있을 수 있으나 잘못하면 유해한 바이러스를 유포할 수 있는 통로가 될 수 있다. 이상한 편지는 다른 친구에게도 전달하지 않는다.
- 불편하고 이상한 사이트에 들어가면 '뒤로' 키를 눌러 빠져 나오고 선생님이나 학부모에게 이야기한다.
- 컴퓨터는 전화와 다르므로 간략하게 대화한다.
- 남을 화나게 하는 말이나 언어는 사용하지 않는다.
- 같은 내용을 한 사람에게 여러 번 보내지 않는다.
- 인터넷 상의 내용을 모두 믿어서는 안 된다. 특히 상업적인 사이트의 목적은 상품의 판매나 선전을 목적으로 제공되므로 광고의 의도를 이해시킨다. 또 경품 추첨도 학부모의 허락 없이는 응하지 못하게 한다.

Safekids.com에서도 Disney에서와 유사하게 유아들이 안전하게 ICT를 활용할 수 있도록 10가지의 요령을 제시하고 있다.

- 여러분의 이름이나 전화번호, 주소, 학교에 대한 개인정보는 부모님의 허락 없이 아무에게나 주지 말라.

- 만일 여러분에게 무언가를 말하려고 하거나 보내려고 하거나 싫어하는 무언가를 보게 된다면 더 이상 보지 말고 중지하라. 그리고 즉시 선생님이나 부모님에게 보여드려라.
- 인터넷에서 만난 친구들을 부모님의 허락 없이 실제로 만나려고 하지 말라. 만일 부모님이 허락하신다면 공공장소에서 부모님과 함께 만나도록 하라.
- 부모님의 확인 없이 사진이나 어떠한 것도 다른 사람에게 보내지 말라.
- 잘 알지 못하거나 믿을 수 없는 사람으로부터 온 전자우편, 파일, 웹페이지를 읽지 말라.
- 소프트웨어를 받거나 설치하기 전, 컴퓨터에 손상을 일으키거나 가족의 사생활을 침해할 수 있는 일을 하기 전에 부모님과 함께 확인하라.
- 부모님 이외에는 가장 친한 친구에게도 절대로 비밀번호를 알려주지 말라.
- 언제나 가족끼리 정한 인터넷 사용 규칙을 따르라.
- 법에 저촉되거나 다른 사람에게 상처를 입히는 일을 하지 않는 건전한 네티즌이 되어라.
- 부모님이 온라인에서 많은 것을 배우고 즐거움을 얻을 수 있음을 이해하도록 도우며 인터넷, 컴퓨터와 테크놀로지에 대해 가르쳐 드리도록 하라.

클린존(http://cleanzone.giveu.net/)에서는 기본적 네티켓은 물론 대화 시, 이메일 사용 시 등의 유형별 네티켓을 자세히 소개하고 있다. 기본적 네티켓은 네티켓 교실에서 제시하고 있는 것과 같은 10원칙을 제시하고 있다.

온라인 대화 시의 네티켓을 살펴보면 다음과 같다.

- 마주보고 이야기하는 마음가짐으로 임한다.

- 만나고 헤어질 때에는 인사를 한다.
- 대화방에 처음 들어가면 지금까지 진행된 대화의 내용과 분위기를 어느 정도 경청하는 것이 좋다.
- 리턴 키를 치기 전에 한 번 더 생각한다.
- 동시에 몇 사람과 이야기할 때에는 상대방을 혼동하지 않도록 조심해야 한다.
- 광고, 홍보 등 이름 날리기만을 목적으로 고의로 악용하지 않는다.
- 유언비어, 속어와 욕설 게재는 삼가고, 상호비방의 내용이나 타인의 명예를 훼손시킬 우려가 있는 내용은 금한다.
- Smile 문자들이나 기호들을 적절히 사용하여 센스 있고 미소를 자아내는 대화를 유도한다.

주니어네이버(http://jr.naver.com/safe/rule/)에서 제시하는 네티켓은 다음과 같다.

- 음란물, 불건전한 정보를 이용하지 않는다.
- 함부로 욕설, 비방을 하지 않는다.
- 바이러스 유포나 해킹 등 불법적인 행동을 하지 않는다.
- 다른 사람의 정보를 보호하며, 자신의 정보도 잘 관리한다.
- 불법 프로그램을 사용하지 않는다.
- 사이버 공간이 여러 사람들이 함께 하는 곳임을 알고 남을 배려한다.
- 다른 사람을 불쾌하게 하거나 해가 되는 일을 하지 않는다.
- 인터넷에 너무 빠지지 않고, 적당하게 이용한다.
- 사이버 생활에 필요한 예절을 익힌다.
- 우리는 사이버 세상을 아름답게 가꾸는 데 앞장선다.

06 유아와 ICT 활용

1) CMI 와 CAI

교육 목적용으로 활용되는 분야는 컴퓨터관리학습(CMI)과 컴퓨터보조학습(CAI)이 있다. 교육성과를 높이기 위하여 두 개념과 장점을 정확히 파악하여 그 활용상의 구별이 필요하다.

(1) 컴퓨터관리학습(Computer Managed Instruction : CMI)

① 정 의

CMI, 즉, 컴퓨터관리학습은 시험항목 저장, 표준화되고 개별화된 시험지 작성, 점수처리, 그리고 시험항목 분석을 가능하게 하고 교정을 위한 개인 지도, 학습 처방, 학생의 진도 관리 등의 미리 지정된 결정 모형을 제공하는 교육 기능으로 정의 내릴 수 있다(Hannh, Ball and Edwards, 1994).

컴퓨터관리학습은 또한 평가목적을 위해 사용되는 자료와 방대한 기록 저장을 통해 교육과정 발전에 기여한다. 게다가 학습 활동, 시험, 다른 교육요소들을 배재하는 작업을 도와주어 그에 따른 비용과 시간을 절약하게 한다(박현애 외 2인, 1997; Digital Equipment Corporation, 1983 : Hannah, 1983). 학습 평가에 성공적인 학생은 다음 단계의 학습으로 안내되며, 평가 결과가 저조한 학생은 성취수준에 맞는 숙제나 교정 자료들을 거쳐 완전학습의 성취에 도달하게 할 수 있다.

정보저장 및 재생 기능은 유아교육담당자들에게 특히 유아들의 성적관리를 위하여 큰 도움이 된다. 기록유지 기능은 연구의 결과를 보고할 때 중복 부분이나 차이점들을 파악하게 해주어, 연구 결과의 발견과 정확성에 기여할 수 있다.

② CMI 장점

컴퓨터 프로그램의 상호작용성은 교사들의 컴퓨터 일정관리의 평가나 교정업무를 교육목적으로 도와준다. 이외에도 사용자에게서 발견되는 CMI의 주요 장점은 다음과 같다.

- 학생의 실습지 배치 및 교사일지관리 교육
- 교육에 대한 표준 교육평가 방침 적용
- 새로운 서식 적용의 융통성
- 관리자의 인력배치 일정표에 대한 상호작용적 교정
- 최신 교육정보관리나 출력물의 전산화
- 기관, 학교 등의 교육 관리자들과의 확산된 의사소통

이러한 유익한 관리를 제공하는 CMI 컴퓨터 프로그램들은 London, Leicester, Nottingham, Derby, Lancaster에서도 그 편리성 때문에 널리 사용되고 있다(Hannh, Ball and Edwards, 1994).

(2) 컴퓨터보조학습(Computer Assisted Instruction : CAI)

① 정 의

교육에서 컴퓨터를 활용한 학습을 CAI(computer assissted instruction)라고 이야기하는데 학습자에 대한 교수학습자료가 컴퓨터를 통하여 제시되는 교육 기능을 컴퓨터보조학습이라고 정의한다. 이는 컴퓨터를 평가, 성적산출, 기록, 성적관리, 시험출제에 이용하는 CMI와는 구별하여 이야기된다. 현재의 공학 발전은 비디오 매체, 레이저 디스크, 컴퓨터 공학 매체들의 활용을 통한 학습까지 활용영역을 넓히고 있다. 일반적으로 CAI를 이용하면 학년에 상관이 없이 학업 성취도가 향상될 뿐 아니라 그 효과는 저학년일수록 높다고 이야기된다. 학생들의 반응도 긍정적일 뿐 아니라 수업/학습 시간이 단축된다고 한다.

개별학습이나 자율학습용 매체로서 컴퓨터 활용은 창조력, 분석력, 종합

력, 평가력을 포함하는 고수준의 사고 기술을 발달시키는 활동을 제공할 수 있다. 예를 들어 과거 인물을 분석하고 현재의 시대상황을 정리 입력한 다음 가장 적합한 인물을 선별할 수 있으며, 가설 검증에도 이용될 수 있다. 또한 설정된 여러 가설의 효과를 분석할 수 있게 변인들을 조작할 수 있다.

CAI의 특성을 요약하면 다음과 같다(양용칠, 1996; Hannafin, 1989; Jonassen, 1988b; Reiber, 1994).

- 체계적으로 학습자의 개별 특성에 적합한 수업을 전개한다.
- 즉각적인 피드백을 효과적으로 제공하는 방법을 변화시킨다.
- 학습자와 학습내용 간에 상호작용이 크다.
- 수업내용과 그래픽, 음향을 효과적으로 통합하여 학습자 주의 집중, 동기 유발, 내용 제시 및 연습 기회를 제공, 그리고 수업 프로그램 모양을 제공한다.
- 전통 매체가 지닌 학습 동기 유발의 결함(반복성, 연속성, 생동감, 일관성, 즉시성, 움직임, 음향효과, 상호작용, 개별화, 실용성)을 어느 정도 보완해줄 수 있는 수업매체이다.

특히 CAI를 이용한 개별화 수업 제공은 수업의 내용이 어려울 때, 주어진 시간에 대해 수업의 양이 많을 때, 학습자의 수가 교수자에 비해 지나치게 많을 때, 학습자의 수가 적더라도 그 학습자 간의 개인차가 클 때, 그 중요성이 더해진다고 한다(변영계 & 김영환, 1995).

그러나 CAI의 단점으로 비인간성, 언어 중심성, 고비용 등이 제기되고 있다(백영균, 1995). 학습의 여러 유형 중 자신에게 효율적인 방법을 선택하게 되는 인지전략 학습영역에서 컴퓨터는 커다란 가능성을 가지고 있다. 단순 사실을 말하거나 묘사하는 언어정보 영역에서 컴퓨터는 개인교수를 통한 개념 형성과 반복연습을 통한 강화로 활용된다. 개념의 변별, 확인, 분류, 시도 그리고 일반화의 다섯 하부 영역을 포함하고 있는 지적 영역의 학습을 위해서는 교육용 소프트웨어를 다음에서 제시되는 다양한 유형으로 접근하고 있다(이화여자대학교 교육공학과, 1996).

(가) **개인교수형**

새로운 개념이나 지식 또는 발전된 개념을 가르칠 때 효과적이다. 개별지도가 많이 필요한 내용의 학습에 적합하다. 틀린 대답에 대해 옳은 해답을 주고 교정해주는 강화를 제공한다. 행동형성, 강화, 그리고 식별을 포함하는 시행착오적 학습의 개념은 필요요소이다(Mirin, 1981). 이 접근은 유아 언어지도 지적 기술 습득, 사례연구, 예습, 복습, 상호작용이 요구되는 내용 학습에 활용될 수 있다. 이때 제시되는 내용은 유아들에게 체계적이고 논리적이어야 하며, 유아들은 적극적으로 질문하고 컴퓨터로부터 관련 정보를 찾아내는 데 능동적이어야 한다(Digital Equipment Corporation, 1983).

(나) **반복연습형**

유아에게 새로운 개념을 가르치는 것이 아니라 이미 학습된 내용을 더욱 정확하게 수행하고 유지하도록 하는 데 좋으며 특히 정확성과 속도 향상에 효과적이다. 수업목표가 달성될 때까지 계속 반복연습이 가능하다. 이미 학습한 자료를 이용하여 설계하고, 구현하며, 평가가 용이한 전략이다. 반복적인 훈련과 실습으로 지식과 기술 향상을 촉진할 수도 있다.

개발된 교육 초기에는 유아에게 주로 수학과 읽기에서의 반복연습에 사용되었고, 다양한 상황을 제시하거나 일정한 상황을 반복으로 제시하여 과제를 반복시킴으로써 학업목표 성취에 도달하는 데 그 목적이 있다. 즉, 자신의 학습속도에 맞추어 독립적이고, 개별적이며, 비위협적인 방법으로 교정된 자료를 제공하는 데 사용된다(Kuramoto, 1978 ; Meadows, 1977).

(다) **모의실험형**

제시되는 상황에 대해 유아가 능동적으로 의사 결정을 하여 학습목표를 성취하게 한다. 학습 활동이 위험하거나 수행에 따른 비용, 시간적 제한과 일이 일어나는 속도나 과정 등 어려움이 있을 때 적합하다. 모의실험은 실제 상황에 대한 조작된 연출로서 정의될 수 있다. 게임, 문제해결, 의사결정, 가치판단 등 모두 시뮬레이션을 통해 배울 수 있다. 컴퓨터 시뮬레이션은 특히 유아들에게 복잡하거나 실생활에서의 실험이 불가능한 것을 실제가 아닌 모델링을 통하여 요소들을 선택하고 자기수준으로 컴퓨터 프로그램을 조정하면서 그 결과를 컴퓨터 스크린에서 관찰할 수 있는 기회를 제공하는 면에서 좋다.

즉, 시뮬레이션은 목표 중심적 접근을 제공하고, 안전하고 현실적인 감각을 부여하고 실제와 같은 경험의 리허설을 제공함으로써 유아가 실제 상황에서 사물을 대할 때 그 상황에 효과적이고 효율적으로 대처할 준비를 제공한다.

㈑ 게임형

경쟁, 흥미, 도전 등의 게임적인 요소를 첨가한 흥미로운 학습 유형이다. 게임적인 요소는 모든 종류의 학습에 활용될 수 있다. 또한 능동적인 학습자 참여를 유도하므로 활용상 다른 유형의 소프트웨어와 통합적으로 이용되는 폭 넓은 유형이다. 게임에는 이미 정해진 규칙과 달성할 목표가 정해져 있으므로 승자와 패자, 게임의 규칙에 대한 승패 여부에 따라 흥미가 유발되며 자연스러운 도전심이 형성될 수 있다. 교육적 게임은 학생들의 집중시간을 연장시킨다. 게임의 반복과 연습과정을 지루하기보다 재미있는 환경으로 받아들인다. 그리고 교육적 게임은 학습의 높은 인지단계를 길러주도록 설계되었다(백영균 & 이광희, 1994, 10).

㈒ 문제해결형

창의력을 요구하는 문제해결 상황을 제시하고 학습자에게 고도의 사고력을 기르게 한다. 학습자가 문제를 설정하기도 하지만 컴퓨터가 문제를 설정하기도 한다. 데이터 탐색을 통한 사례연구에 활용한다.

컴퓨터를 도구로 사용하여 문제해결의 기회를 갖는 것은 단순한 활동의 반복제시보다는 한 가지 문제에 대해 여러 해결방법을 동원하도록 하는 것이 학습 동기와 흥미 유발에 도움이 된다. 모의상황을 통한 수업은 시뮬레이션 접근을 통해 이루어질 수 있다.

(바) 자료제시형

많은 양의 학습자료를 저장하여 필요성에 따라 과제와 수업자료 준비물, 학습의 보조자료로 사용한다. 일반문자, 그래픽, 언어합성, 원리학습, 사실제시 등 이들의 병합상태를 제시하여 자율학습용 유인물에 이용되기도 한다. 그러나 유아교육에서 자율학습의 적용은 유아의 발달 정도에 따라 교사와 학부모의 도움이 필요하다.

2) 멀티미디어

멀티미디어는 두 개 이상의 매체를 통합적으로 사용하여 메시지를 체계적으로 제시하는 것을 의미하였지만 멀티미디어 PC가 등장한 1990년대 초부터는 그 의미가 변화하게 되었다.

이는 단순히 여러 매체를 뜻하기보다는 개별 매체의 약점을 보완하고 장점들을 모아 극대화시킨 정보전달의 총체적 시스템이라고 할 수 있다. 통상적으로 멀티미디어라는 용어는 해당 제시자료나 자기 학습 프로그램에서 다양한 매체 형식들을 순차적으로 또는 동시에 사용하는 것을 의미한다.

멀티미디어 컴퓨터의 기능은 먼저 광자기디스크나 CD-ROM, 대용량의 데이터의 전송이 가능한 통신기술(ISDN)이 발전하여 optical disk, image scanner 등과 같은 이미지 정보 입출력 장치가 고성능화되고 가격이 저렴해지면서 다양한 교육환경에서도 점차 각광받았다.

가장 많이 쓰이는 교수매체의 통합 형태는 멀티미디어 킷(kit)으로, 한 종류 이상의 매체가 특정 학습 주제를 중심으로 구성된 교수학습자료의 모음을 의미한다. 몇몇 멀티미디어 모음은 교사가 수업에서 제시할 때 사용할 수 있도록 설계되어 있으며 개별학습자나 조별학습자들이 사용 가능하도록 만들어지기도 한다. 이러한 모음의 주목적은 학습자들이 체험, 관찰, 실험, 의문을 통한 실제적인 경험을 전달하는 데 있다.

멀티미디어는 여러 종류의 미디어가 통합되어 동시에 제공된다는 점 이외에도 많은 장단점을 가지고 있다. 먼저 장점으로는

첫째, 상호작용성 : 상호작용성은 특히, 하이퍼미디어 환경에서 강조되어지는데, 사용자가 자신의 의지대로 정보에 접근할 수 있으므로 주의집중이 필요하게 되고 의미 있는 환경이 조성된다. 폭 넓은 학습자 참여를 충족시킨다.

둘째, 개별성 : 학습자에게 결과에 대한 통제권을 더 제공하여 개별적으로 자신의 학습 진도에 따라 활동할 수 있다.

셋째, 특수교육의 요구 : 멀티미디어는 특수아(일탈 행동아, 다문화 가정 아동, 장애아, 영재아 등)에게 효과적이다. 특수효과, 음향과 영상의 사용은 각자의 능력에 맞게 활동할 수 있고 학습의 효과를 증진시킨다.

넷째, 정보 관리 : 많은 양의 정보를 수록할 수 있으므로 지식기반을 구축해준다. 모든 종류의 정보(문자, 그래픽, 소리, 동영상 등)를 교사와 학습자 모두 활용할 수 있도록 해준다.

다섯째, 다중감각 경험 : 멀티미디어는 다양한 학습경험을 제공한다. 직접 교수, 교정, 심화 등을 위한 여러 교수 전략을 활용하게 해준다.

한편 단점으로는 주로 비용과 보관의 문제가 제기되고 있다.

첫째, 비용 : 자료를 얻기 힘들거나 비용이 많이 들 수 있다.

둘째, 자료보관 문제 : 여러 형태의 자료보관 공간을 확보하는 문제가 대두될 수 있다.

한편 CD-ROM을 통해 멀티미디어의 다양한 응용이 가능하게 되었지만, 컴퓨터보조학습(CAI)에서 주로 사용되었던 CD-ROM 타이틀은 방대한 멀티미디어 자료를 저장할 수 있는 장점이 있는 반면, 한 번 제작하면 자료의 수정이 불가능하다는 단점 때문에 점차 인터넷에 그 자리를 내어주게 되었

다. 인터넷은 CD-ROM만큼 방대한 자료를 제공하면서도 업데이트가 용이하고, 원격학습이 가능하므로 최근 컴퓨터보조학습은 인터넷을 활용한 WBI(Web-Based Instruction)로 변환되고 있다.

세계의 여러 지역에서 여러 형태로 생산되고 분산되어 있는 수많은 다양한 정보 중 학습자 자신에게 필요한 정보를 최소 비용으로 최대의 효과를 얻도록 하는 것이 정보화 환경에서의 멀티미디어 사용을 최대 경쟁력으로 이끌어낼 수 있는 점이다.

웹을 기반으로 한 교수-학습 전략의 실제 적용을 높이기 위하여 여러 웹사이트들에서 실제로 다른 이들이 만든 학습 사례나 모듈 등을 포함한 웹기반의 자율학습 프로그램들이 어떤 구조와 내용으로 설계되어 있는지 세밀하게 비교하고 평가해보는 것이 중요하다. 그리고 아동들의 경우 학습 및 교육 관련 사이트들을 활용하면 교과서보다 더 다양하고, 최신의 학습 내용과 멀티미디어를 활용한 상황 중심 혹은 문제 중심의 사례들을 접할 수 있게 된다.

(1) CD-ROM

① CD-ROM의 개념 및 특성

광디스크의 일종인 CD-ROM(Compact Disc Read-Only Memory)은 4.75인치의 금속성 디스크에 투명한 플라스틱 소재를 입힌 것으로 550MB 정도의 많은 정보를 저장할 수 있다. 그리고, CD-ROM 드라이브와 관련 부품들이 연결된 컴퓨터를 이용하여 사용자가 원하는 수준과 순서대로 CD-ROM에 담긴 정사진과 동사진은 물론 텍스트, 음성정보도 접근할 수 있다.

이와 같은 CD류에는 CD Audio, CD(Compact Disc), CD-G(Compact Disc-Graphics), CD-I(Compact Disc-Interactive), CD-ROM(Compact Disc Read-Only Memory) 등이 있다(〈표 7-2〉 참조).

〈표 7-2〉 멀티미디어 CD의 종류

이 름	설 명
CD-G(CD Graphics)	음악용 CD의 빈 영역에 그래픽 데이터를 기록하는 것. 16색을 표시할 수 있는데 이것을 256색으로 한 'CD-EG'도 있다. 최근에는 그래픽이 첨가된 음악 소프트웨어나 교육용 소프트웨어 등도 개발되고 있다.
CD-I(Compact Disc-Interactive media)	콤팩트디스크(CD)를 오디오 이외의 영상이나 정보 등에서 기록매체로서 이용하도록 하는 것으로 소니와 필립스사의 제안에 의한 규격이 있다.
CD-MIDI	콤팩트디스크(CD)에 MIDI의 데이터를 기록한 것. 규격은 음악 CD의 규격을 정한 레드북스에서 파생된 서브코드 CD의 규격에 따른다.
CD-R(Compact Disc Recordable)	기록이 가능한 CD. CD-WO라고 하는 경우도 있다.
CDRAM(Cache DRAM)	캐시 메모리와 주기억을 하나의 메모리에 정리한 것으로 주기억을 대용량 DRAM에서, 캐시를 소용량 SRAM에서 실현하고 있다. 보통은 SRAM을 외부에 두는데 이렇게 하면 가격 상승과 면적의 증대라는 문제점이 있지만 DRAM과 SRAM의 사이에 두는 캐시 미스 시에 액세스 패널티가 작아진다.
CD-ROM(Compact Disc Read-Only Memory)	음악용 콤팩트디스크(CD-DA)를 롬(ROM)으로 사용한 고밀도 기억매체로, 연속된 나선형의 트랙을 사용하고 섹터 길이는 일정하다. 표준적인 데이터가 먼저 기록되어 있으므로 사용자는 데이터를 기록할 수 없다.
CD-ROM XA (CD-ROM eXtended Architecture)	CD-ROM의 멀티미디어판. CD-ROM에 음악이나 화상을 수록해 재생할 수 있도록 한 규격으로 필립스와 소니가 마이크로소프트사의 협력을 얻어 개발했다. 규격 발표는 1989년 3월, 1991년 3월에 확정했다. 데이터 형식은 CD-I와 공통으로 디스플레이의 해상도는 640*480 또는 320*200 도트를 사용한다.
CD-WO (CD Write Once)	사용자가 한 번에 한하여 기록할 수 있는 CD. 물리규격은 오렌지북의 Part II에 규정되어 있다.
DVI(Digital Video Interactive)	미국의 인텔사를 중심으로 개발한 동화상 압축기술. DVI의 시연을 퍼스널 컴퓨터에서 할 수 있게 되었다. 애플리케이션(응용 프로그램)을 실행하는 데는 동화상 데이터의 압축/복원 칩과 디스플레이 표시용 칩이 필요하다.
Photo-CD(포토 CD)	네덜란드의 필립스와 미국의 이스트만 코닥이 공동 개발한 CD-R 기술의 응용 예로 디지털 형식의 고품질 사진을 수록한 CD를 말한다. 일반적인 35mm 사진의 필름이나 네거를 포토 CD로 하면 포토 CD 플레이어를 이용해 텔레비전이나 퍼스널 컴퓨터로 감상할 수 있다. 사진 필름은 컬러용이나 모노트롬용 둘 다 괜찮고 한 장의 CD에는 최대 100매까지 수록할 수 있다.

※ 출처 : 영진출판사 기획편집팀(1997)에서 발췌.

CD류는 취급이 편리하고, 물리적인 포맷이 표준화되어 있을 뿐만 아니라 일단 정보를 저장하면 훼손이나 실수에 의한 소거가 없이 반영구적으로 사용할 수 있고, 한 장에 많은 양과 높은 질의 오디오와 동영상을 저장할 수 있으므로 멀티미디어 프로그램의 가장 대표적인 수단으로 널리 사용되고 있다.

한 가지 단점이라면 audio CD player에는 사용될 수 없으며 CD-ROM player가 있어야 사용이 가능하다는 점인데, 이러한 CD-ROM player는 요즈음 시중에 나와 있는 멀티미디어 PC인 MPC에는 모두 내장이 되어 있다(이화여자대학교 교육공학과, 1996).

CD-ROM은 고용량(high-capacity), 편리성(convenient), 비용효과성(affordable), 내구성(durable), 표준성(standardized), 읽기전용(read-only)의 6가지 특징을 가지고 있다. 즉, CD-ROM은 플로피 디스크보다 수백 MB의 자료수용이 가능하면서도 가격은 훨씬 저렴하며, 모든 파일을 하나의 디스크에 저장하므로 정보에 접근이 용이하고 색인이 가능한 S/W tool도 있다. 또 setup 비용이 디스크 수에 관계없이 일정하여 디스크 복제가 늘어날수록 디스크 한 개당 상대적인 비용이 감소한다. 그리고, 레이저빔이 물리적 접촉 없이 정보를 읽으므로 디스크가 손상되지 않으며, 자기장의 영향도 받지 않는다. 게다가 읽기전용이므로 저장된 자료가 지워질 위험이 없다. 마지막으로 CD-ROM 디스크는 어떤 컴퓨터에서도 이용 가능하고 ISO 9660으로 파일규정이 되어 있어 데이터 교환이 가능하다.

한편, CD-ROM의 강점은 약점으로도 여겨질 수 있는데, 이를테면 CD-ROM이 읽기전용이므로 새로운 데이터의 기록이 불가능하며, 고용량이므로 방대한 자료들이 잘 정돈되어 있지 않으면 잘 찾을 수 없어 디스크 내용의 주의 깊은 조직이 필요하다. 그리고, CD-ROM의 내구성 때문에 사용자들은 새로운 버전(version)이 나와도 별 문제가 없어 보이면 CD를 처분하지 않으려 하므로 이와 같은 경우 교환(trade-in) 방식으로 해결해야만 한다.

② **유아용 CD-ROM 타이틀의 활용**

현재 유아교육에서 활용 가능한 CD-ROM 타이틀은 다양하지 않다. 게다가 최근 인터넷이 CD-ROM 못지않은 능력을 갖추고 있으면서도 보다 최신의 정보를 제공해주므로 점점 CD-ROM 타이틀의 개발은 감소추세이다. 그러나 앞으로 CD-ROM의 장점과 인터넷의 장점을 절충한 새로운 매체가 등장할 것으로 예상된다.

다음으로는 유아교육 관련 CD-ROM 타이틀을 소개하고자 한다.

㈎ **팅킹 팅즈** 1 (Thinkin' things 1)

대상 : 유아 만 4~8세

제작 : Edmark Corp. 1993

[그림 7-1] 팅킹 팅즈 1

유아단계에 적합한 음악적 재능 개발, 공간 개념인식, 사물의 특징 및 인식, 3차원의 세계와 물체의 움직임에 관한 내용으로 구성되었고 오랑가 방가 연주대, 루니 툰, 하늘을 나는 공과 모양들을 실행시킬 수 있고, 유아가 스스로 인형들을 찾는 활동이 제시된다.

(나) 올리의 그림동화 만들기

대상 : 유아/초등 (5~12세)

제작 : Broderbund (한글화공급 : 아리수미디어사)

[그림 7-2] 올리의 그림동화 만들기

올리의 그림동화 만들기는 자메이카 여자주인공 올리의 이야기에 따라 유아가 그림, 색칠, 글짓기, 친구 만들기를 직접 창작 활동을 하도록 한다. 창조적인 새로운 형식의 가장 우수한 소프트웨어에 선정되었으며 전자도서로서도 가장 우수한 소프트웨어로 선정되었고 교육부에서 우수 교육용 소프트웨어 품질 인증을 받았다. 그림방은 마법의 스케치북과 같아서 유아의 상상력을 자유롭게 발휘하도록 한다.

(다) 토끼와 거북이

대상 : 만 5세 이상

제작 : Broderbund (한글화공급 : 아리수미디어사)

[그림 7-3] 토끼와 거북이

옛날이야기를 통한 교훈을 현대적 유머로 전달해주는 토끼와 거북이 이야기이다. 단어학습을 행동에 따라 다르게 인지할 수 있도록 한다. 깡충깡충 뛰는 것과 폴짝폴짝 뛰는 것의 행동적 차이를 시각적으로 확인하게 해준다.

화려한 그래픽과 뛰어난 멀티미디어 효과가 뒷받침해주며 한글과 영어로 구성되어 있어 멀티미디어 한영동화로서의 역할과 사고력, 단어 인지력, 읽기능력 향상을 도와준다.

㈑ 새미의 과학놀이

대상 : 유아 4~8세

제작 : Edmark Corp

[그림 7-4] 새미의 과학놀이

유아에게 적합한 과학적 개념인 순서, 분류, 자연과 기후 등 다섯 가지 과학 활동으로 이루어져 있다. 새미라는 등장인물을 통하여 영화상영 놀이로 순서와 서열을 인지하고 동물, 식물, 곤충에 대한 분류와 자연 변화를 파악하게 한다. 또한 날씨 애니메이션으로 일기예보를 만들어보게 한다.

(마) **밀리의 수놀이 가게**

대상 : 유아 4~8세

제작 : Edmark Corp

[그림 7-5] 밀리의 수놀이 가게

유아들이 좋아하는 캐릭터, 밀리를 등장시켜 상점 진열대에서 여섯 가지 수학 활동(분류, 서열화, 모양, 수개념, 패턴 등)을 일상생활과 연관하여 수행할 수 있도록 하였다. 수세기, 덧셈, 뺄셈, 크기, 모양, 도형, 조작, 조형 활동 등 다양한 수학경험을 창의적 측면까지 고려하여 16개의 상을 수상한 프로그램이다.

(바) **천재들의 인체백과**

대상 : 초등 이상

제작 : 솔빛

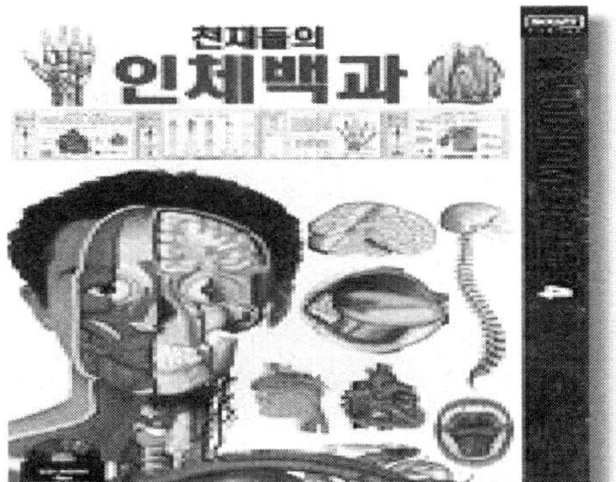

[그림 7-6] 천재들의 인체백과

초과학적인 인체의 모든 원리와 비밀을 알려주는 멀티미디어 백과사전으로 영국 DK사의 The Ultimate Human Body를 한글화한 것이다. 생생한 멀티미디어 자료로 초등학생에서 중고생까지 누구나 쉽고, 재미있게 인체여행을 할 수 있도록 구성되어 있다.

인체의 각 기관과 기능, 역할을 풍부한 멀티미디어 자료로 재현하는데, 눈은 왜 깜박이는가, 심장은 어떻게 뛰는가라는 기초적인 의문에서부터 뼈와 근육의 구조, 순환계 · 호흡계 · 소화계 등 10개의 기관계에 이르는 전문적인 내용까지 생생한 사진과 애니메이션, 동화상으로 재미있게 설명, 마치 해부학 실습실에 들어와 있는 듯한 느낌을 준다.

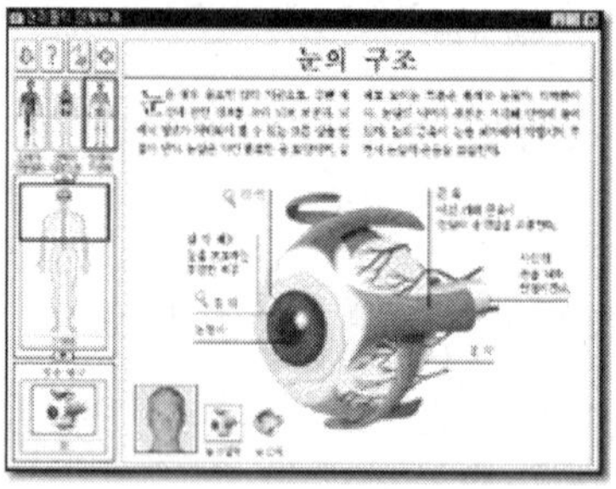

[그림 7-7] 눈의 구조

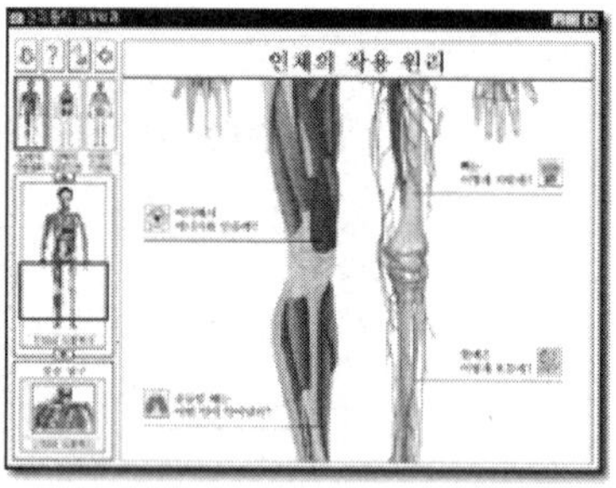

[그림 7-8] 인체의 작용 원리

(사) **디노의 인체여행**

대상 : 유아

제작 : 엑시스컴퓨터그래픽스연구소

유아를 대상으로 성교육을 위주로 하여 신비한 인체 각 부분의 기능들을 쉽게 알 수 있게 개발한 타이틀이다. 인체 각 부위의 신비한 작용들을 50개가 넘는 항목으로 구분하고 모든 항목을 재미있는 애니메이션으로 처리하였다.

[그림 7-9] 디노의 인체여행

세부 항목을 살펴보면 신체 학습으로 피부, 생식, 근육, 골격, 혈액, 호흡과 소화와 배설, 신경과 감각 등 신체 각 부위의 의문점을 학습하며, 음식물의 여행, 피의 여행 등 체내의 순환에 대해 동화상으로 학습한다.

가슴이 두근거려요, 어른이 되고 싶어요 등의 재미있는 애니메이션 성교육 학습 모듈도 있다.

(아) 궁금해요? 우리몸

대상 : 유아, 초등

제작 : 은성

[그림 7-10] 궁금해요? 우리몸

우리 몸의 신비롭고 놀라운 세계를 알아보는 CD-ROM 타이틀로 '피부색은 왜 다를까?', '나는 어떻게 태어났을까?', '방귀는 왜 나올까?'. '딸꾹질은 왜 날까?' 등의 인체의 구조와 기능을 질문과 답변으로 알아본다. 어린이들이 실생활에서 궁금하게 여기는 문제들을 중점적으로 다루어 친근하고 재미있으며 교과과정상의 내용은 물론 교과서에서 배우지 못했던 상식까지도 배울 수 있다.

㈏ 눈의 구조

대상 : 초등 이상

제작 : 용마컴

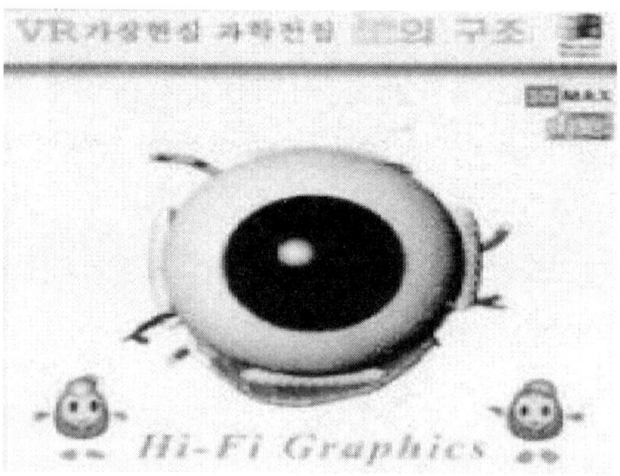

[그림 7-11] 눈의 구조

초, 중, 고 정규과목의 교재로 채택될 수 있도록 제작되었으며 가상현실기법을 이용하여 모형들이 실제 영상과 같은 효과를 낸다. 눈의 구조를 그래픽 애니메이션, 동화상 등을 통해 다각도로 설명하여 눈의 구조에 대해 실제와 같은 효과를 볼 수 있다.

(2) 멀티미디어 자료

CD-ROM 이외에도 비디오, 인쇄자료, 모형디자인 프로그램 등과 제시되는 멀티미디어 자료도 있다.

- Rainforest Researchers
  www.tomsnyder.com

CD-ROM, 비디오테이프 인쇄자료 등이 통합 · 제시된 자료를 통해 학습자는 인도네시아의 열대우림에 가 있는 느낌을 가지게 된다. 학습자들은 협동하며 문제해결을 해나가는 과학자 팀으로 활동하면서 풍부한 생태계를 가지고 있는 변화무쌍하고 신비한 열대우림 세계를 모둠(조)으로 정보 분석, 협동, 의사결정 등의 활동을 선택한다. 이러한 혁신적인 프로그램은 Software Publishers Association에서 중학교 최고의 교육과정 소프트웨어로 선정된 바가 있다.

- Neighborhood MapMachine
  www.tomsnyder.com/producte/products.asp
  Subject=SocialStudies

이 소프트웨어는 지역사회 지도를 만들고 탐색하는 체험 방식의 사회과목 관련 프로그램이다. 학습자들은 자신의 지도를 만드는 데 열중하면서, 위치, 크기, 거리, 측정 등의 개념을 배우고 직접 만든 지도에 사진, 영화, 웹사이트를 연결시키기도 한다.

- Dioramas Designer
  www.tomsnyder.com

축소 모형 세트 디자인 프로그램으로 대상은 2~6학년이다.

이 프로그램을 사용하면 컴퓨터상에 축소 모형 세트를 쉽게 만들 수 있다. 기본적인 축소 모형 세트를 들고 그것에 색을 칠하며, 사회시간이나 국어시간 등에서 배운 내용을 기초로 어떤 시대에 대한 설명을 붙일 수도 있다. 다양한 배경을 선택하고 여러 가지 요소로 장식하고 축소 모형 세트는 작은 크기에서 인형극 무대 크기까지 다양한 크기로 프린트할 수 있다. 프로그램 선택 기능에는 포스터, 인형극 인형, 가면을 만드는 기능도 포함되어 있다.

■ Science Court Explorations
www.tomsnyder.com

이 CD-ROM 시리즈는 컴퓨터 프로그램과 초등 저학년들이 사용할 수 있는 조작물을 함께 한 세트로 만들었는데, Tom Snyder Production이 만든 Science Court 시리즈의 연장 판이다.

이 시리즈는 어린 학생들에게 기본적인 과학 개념 및 탐구방법에 대한 생각을 깊게 하도록 한다. 특히 과학적인 개념들을 재미있고 만화적인 표현으로 소개하여 학생들이 과학적인 개념을 재미있게 이해하도록 한다.

■ PBS for Kids
http://pbskids.org

아동들이 각 연령별 발달단계에 적합한 언어와 수학에 대한 경험을 다양한 활동을 통해 할 수 있는 상호작용형 웹사이트로 활동 주제들은 인기 있는 TV 쇼인 Anthur Sesame Street, Reading Rainbow 등과 관련되어 있다.

3) 웹 기반 교육

1993년, World Wide Web(3W 혹은 WWW)의 시조인 웹 브라우저(web browser) Mosaic이 출현하면서 인터넷의 세계는 대중화의 시대를 맞이하게 되었다. 윈도우 상에서 인터넷을 쓸 수 있게 해주는 WWW이 등장하면서 보통사람도 마우스를 이용하여 원하는 곳으로 순식간에 항해할 수 있게 되었다. 그리하여 WWW는 하이퍼텍스트(hyper text)를 기반으로 하여 명실 공히 현대 정보사회의 대표적인 통신수단으로 각광받게 되었다. 그 특성은 다음과 같다.

첫째, 지엽적인 것이 아닌 세계적인 정보이다. 전 세계의 수많은 컴퓨터가 연결되어 있으며, 주인이 없고 누구나 참여할 수 있다. 따라서, 더 이상 국가 간의 비밀이 존재하기 어렵고 정보의 독점이 힘들어진다.

둘째, 최신의 자료를 제공받을 수 있다. 한 번 제작이 되면 수정이 힘든 CD-ROM에 비해 Web상의 정보는 자주 수정, 보완할 수 있다.

셋째, 많은 양의 정보가 선형식이 아닌 비계열식으로 제공되어 원하는 부분을 쉽게 찾아갈 수 있다.

넷째, 아직은 다소 미숙하지만 문자정보, 소리정보, 비디오 영상, 정사진, 그림 등의 멀티미디어가 제공되어 가장 효과적인 정보전달의 수단이라 볼 수 있다.

다섯째, 상호작용이 가능하다. 즉 학습자와 학습내용, 학습자와 교수자 및 학습자끼리의 상호작용도 가능하다.

여섯째, CD-ROM이나 상호작용 비디오시스템과는 달리 고형물로 제작된 소프트웨어가 필요 없다. 그러므로 동시에 여러 지역에 있는 다양한 사람들이 자료에 접근할 수 있다.

일곱째, 최신의 정보를 신속하게 획득할 수 있어 학습을 위하여 자료를 찾는 시간이나 업무처리시간이 단축된다.

여덟째, 시간과 공간을 초월하여 가상의 공간에서 전자 상으로 교수 활동, 거래 및 전략적 제휴가 이루어질 수 있다.

아홉째, 교육비, 통신비, 사무비 등의 각종 비용이 절감된다.

열째, 전 세계의 학습자나 고객을 상대할 수 있으며 이들의 요구에 신속하게 대응할 수 있다.

열한째, 생산자와 소비자 간의 직거래가 실현될 수 있다.

열두째, 양방향 매체의 특성을 활용한 신규 사업의 창출이 가능하다.

열셋째, 표준화된 내부 전산망의 구축(IntraNet)이 가능하다.

또한 이와 같은 인터넷을 교육에 활용했을 경우에는 텍스트, 그래픽, 오디오, 비디오, 애니메이션 등의 멀티미디어 요소를 학습에 통합적으로 제시할 수 있어 구성된 환경 밖으로 자유롭게 드나들 수 있도록, 개방적이며, 사용자 통제적인 학습환경을 제공할 수 있는 등 많은 장점이 있다.

가상수업을 토론, 강의, 시험 등 교실에서 이루어지는 커뮤니케이션을 전자화하기 위해 컴퓨터 네트워크를 활용하는 형태로 정의하며, 특히 가상수업이 월드와이드웹을 중심으로 이루어질 때, 그것을 웹 기반 교육이라고 부른다고 정의하였다. 한편, Kahn(1997)에 의하면 웹 기반 교수는 학습이 일어나도록 지원하는 유의미한 학습환경을 만들어 내기 위해 웹의 특성과 자원을 이용하는 하이퍼미디어 기반의 교수 프로그램이라고 정의하였다(이광희, 2006).

웹 기반 교육은 교수자와 학습자가 직접 대면하지 않는 가상의 공간에서 학습이 일어난다는 것을 전제로 하는 교육방법으로 가상수업, 가상교육, 가상학교 등의 다양한 용어로도 사용되고 있으며, 컴퓨터와 웹의 정보통신공학을 활용한다는 특성을 가진다(한국교육학술정보원, 1999).

이상의 정의를 기반으로 웹 기반 수업의 특성을 정리하면 다음과 같다(Harasim, 1990).

첫째, 시간과 공간의 제약을 극복하여 언제 어디서나 교수-학습 활동을 실시할 수 있다.

둘째, 정보통신을 기반으로 온라인상에서 개별학습 또는 집단 커뮤니케이션이 가능하며, 교수자와 학습자, 학습자와 학습자, 학습자와 학습자료 간의 상호작용이 활발하다.

셋째, 이미지, 동영상, 음성, 하이퍼텍스트, 시뮬레이션 등을 통합한 첨단 멀티미디어적 속성을 구현할 수 있어 현실감 있는 수업과 효과적인 학습을 촉진시킬 수 있다.

넷째, 세계 곳곳의 최신정보를 접근할 수 있어 현장감 있는 수업실시는 물론 교육의 질적 수준을 향상시킬 수 있다.

구체적으로 웹 기반 교육의 실시형태를 보면, 교육과정을 적절한 형태의 웹 자료로 구성한 웹 콘텐츠와 집합교육을 대체하며 행정적인 학습관리가 포함된 온라인 강의로 나누어볼 수 있다.

(1) 웹 콘텐츠

웹 콘텐츠는 교육과정을 적절한 형태의 웹 자료로 재구성한 것으로, 현재 인터넷상에 올려져 있는 초·중등 학생용의 대부분의 교육자료들이 웹 콘텐츠의 형태를 띠고 있다. 주로 교육과정에 맞추어 학습내용을 멀티미디어 웹 자료로 만들었으며, 개별학습을 통해 자기주도적인 학습을 할 수 있도록 되어 있다. 게시판, 질문방 등의 기능을 통해 학습자와의 상호작용 기능도 일부 추가되었으나, 학습자의 등록이나 관리 측면의 제어는 미비한 상태이며 수강기간, 학습일정 등도 정해져 있지 않다.

현재 제공되고 있는 대표적인 웹 콘텐츠는 다음과 같다.

■ **에듀넷 사이버 학습교재(http://www.edunet4u.net)**

한국교육학술정보원이 개발한 교육과정에 맞추어 웹 기반 교육을 진행할 수 있는 개별학습용 코스웨어로 국어, 영어, 수학, 사회, 과학의 5개 교과의 초등학교 3~6학년, 중학교 1~3학년용의 사이버 학습교재를 서비스 중이다. 교과서뿐 아니라 해당 단원의 참고서와 보조교재의 내용까지 문자와 그래픽, 소리, 동영상을 통해 제공하고 있다. 단원마다 특정 주제에 대해서는 참고가 될 만한 사이트를 소개하고 있어 링크해 나갈 수 있다.

■ **코네스 에듀박스**(www.edubox.com)

인터넷 과외의 선발업체인 코네스가 무료로 운영하며 일일학습, 월말평가, 멀티학습, 숙제 도우미 등 다양한 코너가 제공되고 있다. '온라인 평가' 코너에서는 성적이 우수한 학생들을 뽑아 시상함으로써 동기유발을 시키고 있다.

특히 '숙제 도우미' 코너에서는 학습과 관련된 학생들의 질문을 받아 24시간 안에 게시판에 답을 제공하고 있다. 바로 정답을 주는 것이 아니라 학습자 스스로가 문제를 해결해 나갈 수 있도록 관련 책이나 사이트를 소개하는 방식으로 운영되고 있어 답을 찾아 나가는 과정 자체가 학습이 될 수 있도록 유도한다.

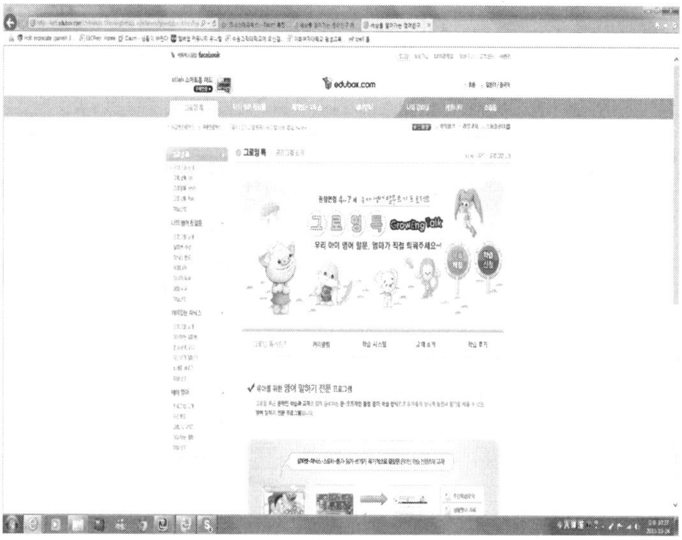

■ **드림 스쿨**(http://www.dreamschool.co.kr)

강의를 중계하는 방식으로 사이트가 운영된다. 텍스트 나열 형식을 벗어나 채팅이나 음성으로 강사에게 질문을 할 수 있어 상호작용이 가능하다.

■ **배움닷컴**(www.baeoom.com)

유료로 운영되는 유아·초중고생 과목별 강좌와, 외국어, 자격증, 취업, 정보기술, 경영, 기술, 법학, 평생교육 등 온라인 교육 서비스를 제공하는 전문 포털 사이트이다.

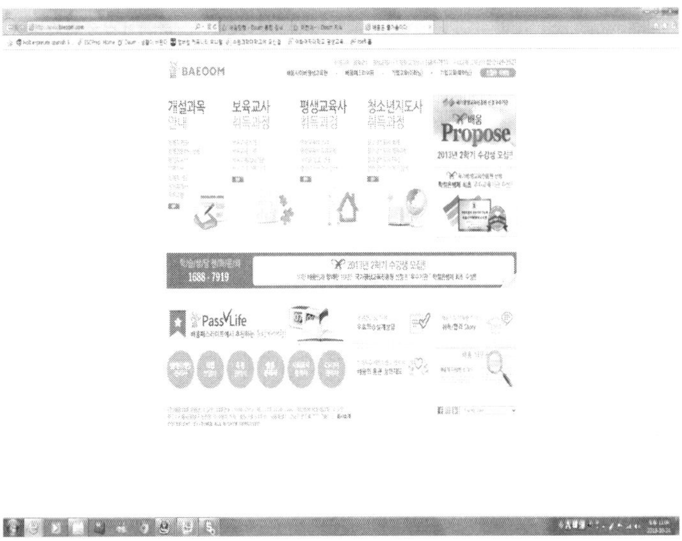

최근 5과목의 영어동화 강좌를 마련하였고 얘기를 하기 전과 도중, 후로 나눠 있으며 과목당 10분으로 구성하였다. 영어단어를 학습한 이후 독해를 해나가던 기존 방식에서 벗어나 동화 전체를 먼저 공부하고 각 단어를 학습하도록 되어 있다.

배움 닷컴은 영어뿐만 아니라 논리력, 이해력, 창의력, 감성까지 길러줄 수 있는 것이 내용의 장점이다.

■ **키즈클럽의 스토리타임**(www.kizclub.com/sbody.html)

어린이들이 좋아할 간단한 그림과 함께 영어동화를 볼 수 있다. 음성으로 영어동화를 들을 수 있으며, MP3 파일로 제공받을 수도 있다.

■ **프리잉글리쉬**(www.freeenglish.co.kr)

400권이 넘는 방대한 내용의 영어동화를 들을 수 있다. 초등, 중등, 고급으로 분류돼 아이의 수준에 맞는 동화를 보고 들을 수 있다.

■ 깨비키즈(http://www.kebikids.com/)

깨비키즈에 가면 이솝우화를 영어로 볼 수 있다. 한글로 해석을 달아 놓았지만 어린아이가 혼자 보기에는 힘든 것이 단점이다.

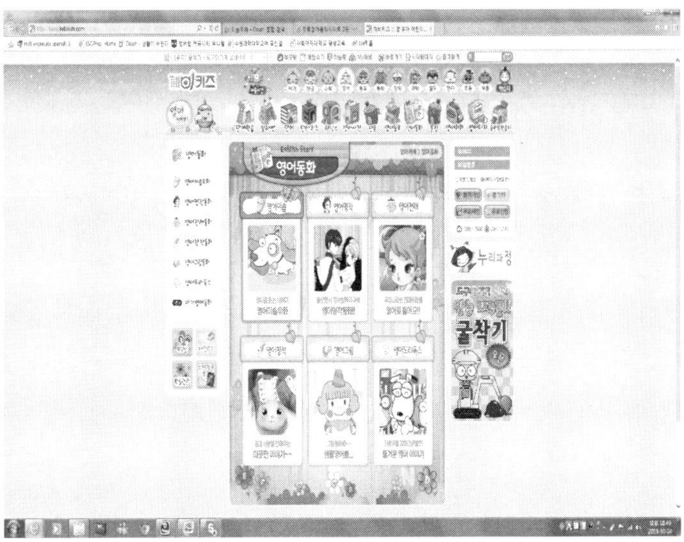

■ 눈높이 스쿨(http://www.noonnoppi.com/)

국내 학습지 시장의 많은 부분을 점유하고 있는 (주)대교의 무료 웹 콘텐츠이다. 수학, 국어, 영어, 과학, 한자, 컴퓨터의 웹 콘텐츠를 제공한다. 초등학생 및 중학생 대상으로 수준에 따른 학습이 가능하다. 특히 웹상에서 학생들의 심리, 적성검사를 해주는 '눈높이 학습 종합진단센터'는 인기를 끌고 있다.

(2) 온라인 강의

온라인 강의는 주로 교사를 위하여 대학과 기업체에서 이루어지는 웹 기반 교육형태이다. 온라인 강의는 주로 집합교육을 대체하는 형태로 교수자와 수강자가 명확하며, 여러 가지 시스템적인 장치로 학습자의 학업성취도 및 학습 진도를 엄격히 관리한다는 특징이 있다. 온라인 강의는 정규적인 집합교육의 기능을 웹으로 구현한 것이기 때문에, 웹 콘텐츠에 비해 행정적·관리적 기능이 강력하다.

일반적으로 웹 콘텐츠로 구성된 강의록 이외에 공지사항, 자료실, 게시판, 대화방, 토론방, 수강생 정보, 질의응답 등의 기능을 보유하고 있으며, 과제물을 제출할 수 있는 리포트함 기능을 가지고 있다.

■ 이화여자대학교의 온라인 강의실

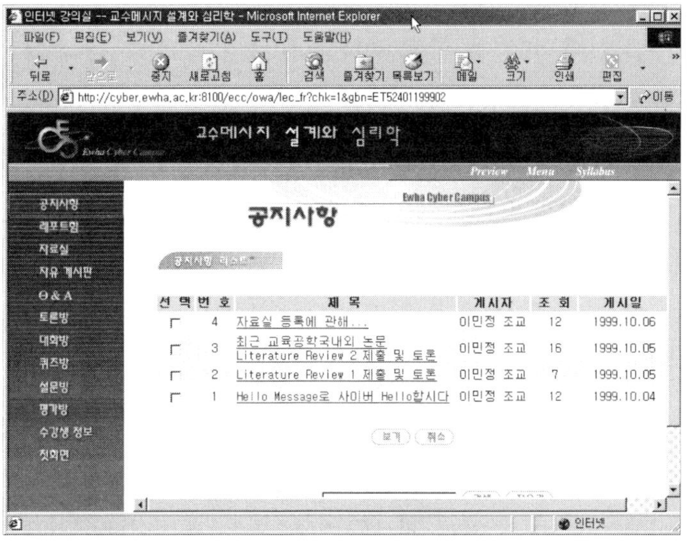

(3) 인터넷 리터러시 교육

① 컴퓨터 리터러시 교육의 목표 및 내용

미국에서는 컴퓨터 교육에서 윤리교육을 강조, 시행하고 있으며, 주요 주제들은 다음과 같다.

- 개인에 대한 정보 접근
- 상업용 소프트웨어 복세
- 시스템 안전도의 위협
- 컴퓨터의 범죄적인 사용
- 컴퓨터 바이러스 유포
- 전자메일 침해
- 전자적인 불법 금전 유출
- 네트워크 조작 및 표절
- 소프트웨어 신뢰도
- 성인에 의한 해킹

현재 우리나라의 컴퓨터 리터러시 교육은 컴퓨터 교육 중 내용의 일부로 제공되고 있기 때문에 전체 컴퓨터 교육교과의 목표와 방향과 맥락을 같이 해야 한다. 따라서 학교 컴퓨터 교육의 목표인 "각급 학교에서 컴퓨터 소양을 쌓게 하고, 컴퓨터에 대한 긍정적인 태도와 가치관을 함양하게 하며, 문제해결력과 논리적 사고력 등의 고차원적 사고 기능을 신장시켜 컴퓨터에 대한 긍정적인 태도와 가치관을 함양하는 데 있다"를 기본으로 하여 구체적인 목표와 내용을 제시해야 한다.

학생들은 정보사회에 대한 건전한 가치관과 태도를 함양하여야 문명의 이기인 컴퓨터를 윤리적으로 올바르게 활용할 수 있다. 컴퓨터가 아무리 편리하고 효율적으로 일상생활을 도와주고 교육의 효과를 높여준다 하더라도 이것이 잘못 활용되면 어떤 문제와 재앙을 불러일으킬 수 있는지, 개개인에 대한 여러 가지 정보를 담고 있는 데이터베이스가 우리의 일상생활을 편리하게도 해주지만 잘못 다루어지면 범죄자들에 의해 얼마나 악용될 수 있는지 등 컴퓨터 활용에 대한 윤리교육을 통하여 일상생활에서 컴퓨터 소양교육을 강화하고 컴퓨터 범죄에 대한 올바른 이해와 건전한 가치관을 함양하게 해야 한다.

② 네티켓

정보사회의 예의범절이라고도 표현되는 네티켓(netiquette)의 의미와 이에 관한 구체적인 내용을 습득하게 한다.

인터넷 환경에서는 사용자 상호 간에 서로 얼굴을 보지 않는 상태에서 통신을 하게 됨에 따라 적절하지 못한 어투나 음란, 비속한 어휘들을 사용하기 쉽다. 그리하여, 욕설, 상호비방, 인격모독, 명예훼손 등의 언어폭력이 난무하게 되었고, 확인되지 않은 내용을 사실인 것처럼 게시, 유포하여 법적 분쟁에 휘말리거나 형사상의 처벌을 받는 경우도 생기고 있다. 이에 따라, 통신상의 예절, 즉 네티켓을 갖추는 것은 무엇보다도 중요한 문제가 되었다.

네티켓은 network etiquette의 줄임말로 PC통신과 인터넷의 사용자들이 지켜야 할 행동규칙으로 온라인 활동에 참여하거나 타인과 온라인을 통해 만나게 될 때 지켜야 할 예의를 말한다. 공개적으로 말과 글로 표현할 수 없는 내용, 타인의 명예를 훼손할 수 있는 내용은 온라인상에서도 전달되어서는 안 된다는 기본 취지를 가지고 있다.

인터넷 시대를 대비하여 교사로서 준수해야 할 네티켓은 다음과 같이 정리될 수 있다(이광희, 2006).

첫째, 타인에게 공손해야 한다. 음란하거나 반말, 비속한 언어를 사용하지 말아야 한다.

둘째, 개인정보를 타인에게 공개하지 않는다. 주민등록번호나 신용카드 번호, 전화번호 등은 특히 유의해야 한다.

셋째, 학생들의 신상정보를 공개하지 않는다. 인터넷상에 학습자들의 사진을 게재할 때는 개인정보 활용에 대한 동의를 구해야 하며, 가능하면 성을 제외한 이름만을 기록하는 것이 좋다.

넷째, 컴퓨터 바이러스나 에러 있는 데이터, 기밀자료, 음란물, 폭력물 등의 부적절한 자료와 불법으로 복제한 자료를 유포시키지 않는다.

다섯째, 쓸데없는 게시물로 학습자들을 유혹하지 말아야 한다. 제목만 그럴 듯하고 내용은 없거나 쓸데없는 정보, 누구나 다 아는 일반적인 정보를 게시하지 않는다.

여섯째, 너무 큰 문자 – 특히 영어의 경우 모든 글자를 대문자로 쓰는 것 를 사용하는 것은 피하는 것이 좋다. 너무 큰 글자나 대문자로만 된 글은 큰 소리나 명령조의 느낌과 말투로 전해진다.

③ 컴퓨터 활용으로 인한 건강상의 문제

빈번한 컴퓨터 사용으로 인한 새롭고 다양한 증후군의 원인과 증세를 인식시켜 건강상의 대처방안을 습득하게 한다. 구체적인 내용은 사용시간 및 자세, 눈의 피로, 근육의 피로, 알츠하이머병, 스트레스, 컴퓨터 통신 중독증 등으로 한다.

컴퓨터 사용시간이 증가됨에 따라 건강상의 문제점들이 대두되게 되었다. 오랜 시간 잘못된 자세로 컴퓨터를 사용함에 따라 눈의 피로나 긴장성 두통, 등과 목의 통증이 나타나며, 계속적으로 전자파에 노출됨에 따라 다른 질병의 발병률이 높아진다. 특히, 학생들의 경우 PC통신이나 게임을 과도하게 즐기는 통신중독증, 게임중독증이 문제되고 있다.

특히, VDT 증후군(Video Display Terminal syndrome)은 컴퓨터 활용이 육체적인 건강을 해치는 대표적인 증상인데, 장시간 동안 컴퓨터를 사용해서 등과 목, 손목 등에 고통이 오는 것이다. VDT 증후군은 오랜 시간 휴식 없이 컴퓨터를 집중하여 사용하는 것과 적절하지 못한 자세, 피로를 유발하는 의자, 키보드, 질이 나쁜 컴퓨터 모니터 등이 복합적으로 작용하여 생긴다.

VDT 증후군을 예방하기 위한 수칙은 다음과 같다.

첫째, 컴퓨터 모니터의 가운데 위치를 눈 아래 10° 정도로 낮춘다. 모니터가 눈높이보다 아래에 있으면 눈의 노출부위가 작아지고 눈깜박임이 많아져서 눈의 피로가 훨씬 줄어든다.

둘째, 반사된 빛은 눈을 쉬 피로하게 만들므로 주변의 조명의 각도를 조절하여 컴퓨터 모니터 상에 조명의 반사가 생기지 않게 해야 한다.

셋째, 사용자의 나이가 40대 이상이어서 돋보기를 착용하여야 하는 경우에는 도수를 VDT 사용거리에 맞추어야 한다.

넷째, 질이 좋지 않은 모니터도 눈을 쉬 피로하게 한다. 모니터는 떨림이 없어야 하고 밝기 및 대조를 자유로이 조절할 수 있는 것이라야 한다.

다섯째, 컴퓨터를 사용하는 공간은 깨끗하고 건조하지 않아야 한다. 먼지가 많거나 건조한 공간에서 컴퓨터를 사용하면 눈에 이물감을 느끼게 되고 충혈되는 경우가 많다. 가능하면 가습기를 설치하고 그렇지 못하면 자주 환기시켜야 한다.

여섯째, 자주 휴식을 취하여 눈을 쉬게 해야 한다. 1시간 작업을 하고는 10~15분 정도 먼 곳을 바라보면서 눈을 쉬게 한 다음 다시 작업을 계속하는 것이 좋다.

일곱째, 영상장치에서는 전자파가 나온다. 전자파란 플러스와 마이너스 전기가 교대로 흘러서 생기는 전기진동이 공기 중으로 퍼져나가는 것을 말하며 높은 주파수의 전자파는 인체에 흡수되어 열을 발생하는 등 건강에 좋지 않은 현상을 초래한다. 장시간 작업을 하면 인체에 유해함을 명심한다.

여덟째, 다리를 편하게 움직일 수 있도록 작업대 아래쪽으로 서랍이 없는 것을 사용하는 것이 바람직하며 작업대의 높이는 65cm 전후가 좋다. 의자는 지나치게 잘 미끄러지지 않는 것이 좋고 35~45cm 범위에서 높낮이를 조절할 수 있어야 하며 의자 끝부분에서 등받이까지의 깊이는 38~43cm가 적당하다.

④ 개인 · 기업 · 국가의 정보유출, 조작 및 지적 재산권의 침해

해커나 무단복제, 지적 재산권 등에 관한 정의, 구체적인 내용 및 사례, 위반 시의 법적 제재 등에 관한 사전지식을 제공한다.

지적 재산은 유형 또는 무형의 인간정신을 통한 산물들이다. 지적 재산권은 저작권자의 경제적인 이익을 보장하는 것은 물론, 지식이나 아이디어를 창조, 널리 보급하는 데도 큰 기여를 한다. 그런데, 컴퓨터 소프트웨어에 있어서는 구입하여 사용하는 것보다는 타인이 소장한 것을 빌린 후 복제하여 사용하는 것이 더 일반화되어 있다.

뿐만 아니라 학교나 기관 등에서 소프트웨어를 하나(one copy)만 구입한 후 여러 대의 컴퓨터에 동시에 설치하여 사용한다거나, 기존의 소프트웨어를 약간 수정(cracking)하여 사용자번호나 락 키(lock key) 없이도 사용할 수 있게 하는 등 지적 재산권을 침해하는 엄연한 불법행위들이 만연하고 있다.

경찰에서는 특별감사를 통해 기업이나 학교, 학원 등의 불법복제행위를 단속, 처벌하고 있으나, 단속기간에는 프로그램을 지워 사용을 중단하고, 단속 후 재설치하여 다시 사용하는 경우가 많으며, 개인 사용자에 대한 통제는 거의 불가능하기 때문에 단속만으로는 실효를 거두기 어려운 실정이다.

또한 PC통신 및 인터넷의 활용에 따른 컴퓨터 바이러스의 유포는 세계적인 문제로 대두되고 있다. 컴퓨터 바이러스란 컴퓨터를 파괴할 수 있는 상식 밖의 비정상적인 프로그램으로, 감염된 디스크를 사용하거나, 자료의 다운로드, 전자우편의 전송 등을 통하여 유포된다.

매크로 바이러스, CIH 바이러스, 멜리사 바이러스, 미켈란젤로 바이러스 등이 현재 가장 대표적인 바이러스이며, 현재 전 세계적으로 10,000여 종의 컴퓨터 바이러스가 보고되었고, 계속적으로 새로운 바이러스들이 나타나고 있다. 2000년 어머니날을 즈음하여 유포된 I love you 이메일은 전 세계 컴퓨터를 바이러스에 감염시켜 수많은 데이터가 파괴되는 등 실로 상상을 초월한 손실을 초래하였다.

그러나 계속되는 컴퓨터 바이러스의 출현에 따라 컴퓨터 바이러스를 치료하는 백신 소프트웨어의 개발도 계속되고 있다. V3와 터보백신, PC시린이 대표적인데, 안철수 바이러스연구소의 V3 제품군은 PC통신 및 인터넷상에 셰어웨어로 무료 공급되고 있다. 그러므로 바이러스의 종류, 유형, 예방법, 치료방법에 대한 정보를 소개하고, 바이러스 유포행위로 인한 사회적 악영향에 대해 경각심을 갖게 해야 할 것이다.

그밖에도 기업이나 국가의 정보망에 들어가 정보를 유출 또는 변조하는 해커(hacker)의 수가 급증하여 사회적 문제가 되고 있다. 해킹 중에는 단순히 자신의 실력을 테스트하거나 과시하기 위해 타인의 전산망에 침입하는 순수한 동기의 경우도 있지만, 범죄적인 목적으로 개인에 관한 정보, 기업의 비밀사항, 국가의 안보기밀 등을 유출하여 금전적인 이익을 얻고자 하는 경우도 많다.

타인의 신용카드 비밀번호를 알아내어 돈을 인출하는 일, 기업의 중요설계도나 사업계획서를 빼내어 경쟁사에 판매하는 일, 빼낸 중요정보를 가지고 해당기관을 협박하여 대가를 요구하는 일 등이 종종 일어나곤 한다.

이제 원하든 원하지 않든 일단 정보사회에 진입하였다. 그러므로 이제부터는 기술일변도의 접근에서 벗어나 정보사회의 부정적인 면도 직시하는 시각을 가져야 할 때이다. 정보사회를 대표하는 컴퓨터와 통신기술이 잘못 사용되면 얼마나 커다란 재앙을 불러일으킬 수 있는지, 왜 이들 기술을 건전하게 활용하여야 하는지에 대한 인성교육이 그 어느 때보다 시급히 요구되고 있다.

컴퓨터 윤리교육과 관련된 문헌의 연구, 외국의 사례조사, 우리나라의 현황파악 등을 놓고 볼 때, 정보사회를 대비한 윤리교육에는 다음의 사항이 배려되어야 한다.

첫째, 컴퓨터와 관련된 정규교과 속에 컴퓨터 윤리교육의 목표와 내용의 구체화가 요구되며, 그 비중 또한 늘려야 하겠다. 컴퓨터를 다루는 기술뿐만 아니라 사람이 컴퓨터를 다루면서 어떤 태도를 가져야 하는지, 컴퓨터를 잘못 다루면 사람들에게 어떤 해악을 초래할 수 있는지에 대하여 올바른 가치관이나 철학을 가지도록 무게 있는 교육을 실시해야 한다.

둘째, 범법행위에 관련된 법규의 제정 및 처벌의 강화가 있어야 한다. 컴퓨터와 관련된 범죄, 즉 해커, 바이러스 제작과 유포 행위, 금융 및 기관 등 전산정보 조작, 정보제공 서비스 전화의 무상이용 등을 단순히 장난의 차원으로 치부하지 말고 엄연한 범죄임을 주지시켜야 한다.

셋째, 사회적인 풍토나 언론의 태도도 반성을 해야 한다. 컴퓨터 해커나 범죄자를 흥미 위주로 다루거나 눈감아 주고, 오히려 천재나 영웅으로 묘사하는 현재의 풍토도 반성되어야 한다.

넷째, 비윤리적인 활용을 규제하는 학칙 제정이나 가정과 사회의 지도가 시급히 요구된다. 모 대학의 학생들이 타 대학의 전산시스템에 침입하여 자료를 손상시킨 사건이 국내외에서 발생하였다. 이 사건은 컴퓨터에 관한 지식에만 초점을 맞추어 교육시킨 교육풍토를 단편적으로 보여주는 예라고 볼 수 있다. 학교 학칙을 엄격히 적용하여 처벌할 것임을 공시하여 경각심을 높여야 할 것이다. 부모들도 가정에서 자녀들이 컴퓨터를 올바르게 사용할 수 있도록 이끌어야 한다. 또한, 사회일각에서는 컴퓨터 일반이용자들에 의한 불법행위에 대한 감시와 신고를 통해 시민운동 차원의 자구책을 모색하여야 한다.

다섯째, 음란물 접속저지 프로그램의 개발과 보급을 지원해야 한다. 학생들이 인터넷이나 PC통신에서 음란 사이트에 접속하거나 저속한 대화방에 매달리는 것이 심각한 사회문제로 제기되고 있다. 영화나 방송 프로그램에 등급을 매겨 접근할 수 있는 연령층을 제한하는 것처럼 음란물이나 위험한 내용을 식별할 수 있도록 각 사이트에 등급을 매기는 것도 한 가지 방법이 될 수 있다. 나아가 특정한 단어가 포함된 사이트의 접속을 막거나, 늦은 밤 또는 지나치게 장시간 사용 시에는 접속을 끊는 프로그램이나 블랙리스트에 포함된 사이트는 접속시키지 않는 프로그램 등의 개발과 보급에 많은 지원을 아끼지 말아야 하겠다.

여섯째, VDT 증후군에 대한 계몽을 펼쳐야 한다. 컴퓨터를 하루 종일 사용하는 사람은 암, 백내장, 녹내장, 망막박리, 만성피로, 빈혈, 조산, 이상출산, 목·어깨·팔의 통증, 안면습진, 스트레스 등에 걸릴 확률이 높다는 주장이 제기되고 있다. VDT 증후군과 그 예방방법에 대해 계몽을 펼쳐야 한다.

인터넷에는 풍부한 학술 관련 정보가 있는데, 전 세계의 거의 모든 도서관이 인터넷에 연결되어 있으며, 대부분 일반에게도 검색 서비스를 공개하고 있다. 기존의 온라인 데이터베이스도 인터넷을 통한 웹 기반의 데이터베이스로 전환하거나 서비스를 병행하는 경우가 점점 더 많아지고 있다. 웹 기반 데이터베이스는 기존의 온라인 데이터베이스에 비해 사용법이 간단하고, 통신 에뮬레이터 등의 추가 소프트웨어의 부담이 없으며, 비용도 저렴한 편이다.

학술 정보 검색에 유용한 대표적인 웹 기반 데이터베이스를 소개하면 다음과 같다(심우섭, 이나리, 1998).

- First Search(http://www.ref.oclc.org)

미국의 OCLC(Online Computer Library Center)에서 제공하는 서비스로 60개 이상의 데이터베이스에 대한 검색과 원문 복사, 상호대차, 소장 정보 서비스 등을 제공한다. 초록, 색인, 전문의 형태로 구성되어 있다.

웹(http://www.ref.oclc.org)으로 접속이 가능하며, 학술연구 서비스(http://www.riss.kr/index.do)에서 서비스 중이다.

• Pro-Quest Direct(UMI)(http://www.umi.com)

북미 학위 논문 보급으로 유명한 UMI의 Internet Online Service (http://www.umi.com)로 학술 전 분야에 걸쳐 5,700여 종의 정기간행물에 대한 색인, 초록, 원문 정보를 Full-text, Text+그래픽, Full Image 형태로 제공한다. 색인 초록 정보는 1971년도부터, 원문 이미지는 1986년도부터 가지고 있으며 매일 새로운 자료가 입력된다.

http://www.umi.com/proquest/FreeTrial/에서 임시 ID로 사용이 가능하다.

• IDEAL(Academic Press)(http://www.apnet.com)

Academic Press가 발행하는 175종 연속간행물의 전자저널로 Full Text를 웹(http://www.apnet.com)에서 이용할 수 있는 전자저널 데이터베이스이다. 본문은 PDF 파일 형식으로 제공되므로 PDF 파일 이용을 위하여 Acrobat Reader 플러그-인 소프트웨어를 설치하여 사용하여야 한다.

IDEAL에서는 IDEAL ALERT Service를 제공하고도 있는데, Academic Press가 제공하는 175종의 전자 저널 중에서 관심이 있는 저널을 선택하여 자신의 E-mail을 등록시켜 놓으면 최근호가 업데이트 될 때마다 E-mail로 바로 목차가 발송되는 서비스이다.

• Internet Public Library(http://www.ipl.org)

미국 미시간대학(University of Michigan)의 School of Information에서 제공되는 정보 서비스(http://www.ipl.org)이다. IPL은 양질의 정보를 찾아서 평가하고, 선택하고, 체계화하여 일반에게 제공하고 있다.

다음은 각종 자료를 검색할 수 있는 유용한 사이트들의 모음이다.

• **백과사전 인터넷 사이트**

Britannica Online (http://www.eb.com)

두산세계대백과사전 (http://www.doopedia.co.kr/)

• 도서 검색 사이트

Amazon (http://www.amazon.com)

Barnes & Noble (http://www.barnesandnoble.com)

교보문고 (http://www.kyobobook.co.kr)

영풍문고 (/http://www.ypbooks.co.kr/)

• 국외도서관

미의회도서관(lcweb.loc.gov) (http://lcweb.loc.gov/)

미의회도서관(www.loc.gov) (http://www.loc.gov/)

Electric Library (http://www.elibrary.com/)

Libweb (http://sunsite.berkeley.edu/)

OCLC-Online Computer Library Center (http://www.oclc.org/)

The WWW Virtual Library(http://vlib.org/)

University of Michigan Digital Library Initiatives(http://www.lib.umich.edu/)

University of Pennsylvania Library (http://www.library.upenn.edu/index.html/)

Albany University (http://www.albany.edu/library/index.html)

InfoSurf : UCSB (http://www.library.ucsb.edu/)

Internet Navigation (http://riceinfo.rice.edu/)

MIT Library (http://libraries.mit.edu/)

• 디지털 도서관 사이트

디지털 도서관 사이트 모음 (http://www.lg.or.kr/)

IFLA Digital Library Resource (http://www.ifla.org/II/diglib.htm)

Web4Lib (http://sunsite.berkeley.edu/Web4Lib/)

The Berkery Digital Library (http://sunsite.berkeley.edu/)

D-Magazine (http://www.dlib.org/reference.html)

• **교육용 사이트 평가 관련 사이트**

- Children and Technology Committee

(http://www.ala.org/parentspage/greatsites/amazing.html)

미국도서관협회에서 제시하였으며 운영자, 목적, 디자인과 안정성, 내용을 기준으로 평가하고 있다.

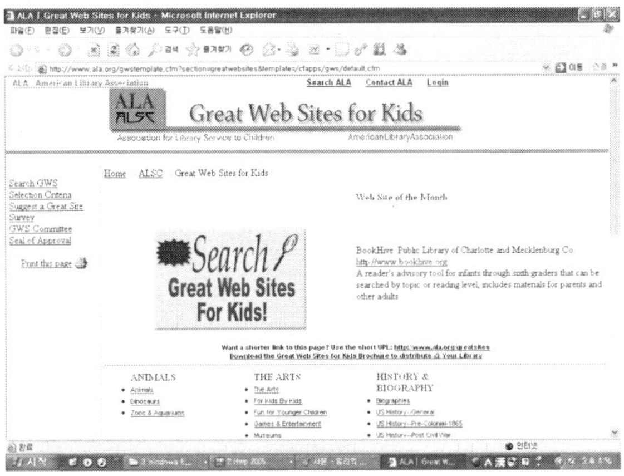

- Childrens Technology Review

(http://childrenstech.com/)

어린이용 인터넷 평가도구로서 유아 소프트웨어, 비디오 게임, 상호작용적 놀이도구에 대하여 2005년까지 9200건을 평가했으며 이 중 7200건은 온라인으로 검색할 수 있는 것이다.

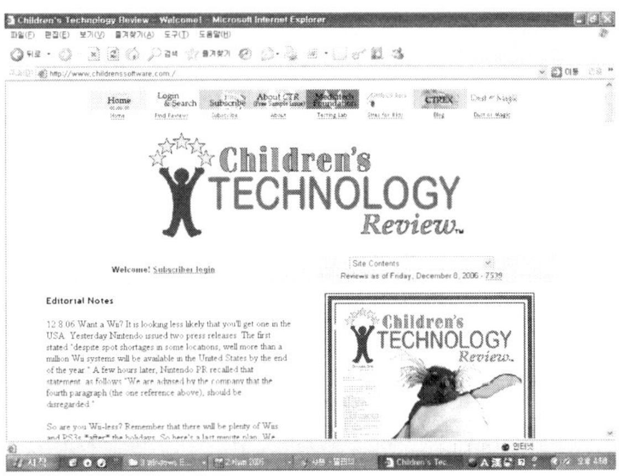

- 홀랜드와 거조그
(http://techandyyoungchildren.org/research.html)

웹사이트를 위한 발달척도를 개념연결의 적절성, 유아통제, 지시, 독립성, 비폭력성, 과정안내, 실제 모델, 기술적 특징, 다중언어, 다문화에 관련하여 평가하고 있다.

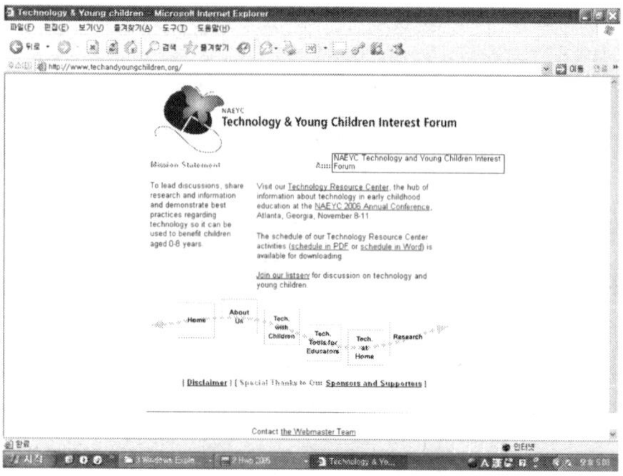

• 유아 관련 사이트

- Scholastic(http://www.scholastic.com)

Scholastic은 교사, 아동, 학부모 부분으로 구성되어 있으며, 책, CD-ROM Title, TV등과의 연계 활동을 제공한다. 읽기 외 듣기 기능을 통하여 I Spy 놀이를 수행하고 직접 만들기를 할 수 있다.

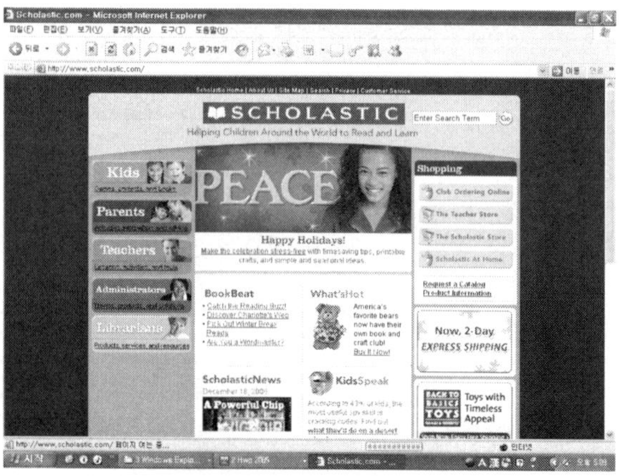

- Sandiegozoo(http://www.sandiegozoo.com)

샌디에이고 동물원에서 운영하며, 직접 가볼 수 없는 동물원, 박물관, 미술관을 유아들이 인터넷으로 경험할 수 있는 곳이다. 동물들의 모습을 슬라이드쇼로 볼 수 있고 출력도 할 수 있으며 사진, 비디오자료로 제공한다.

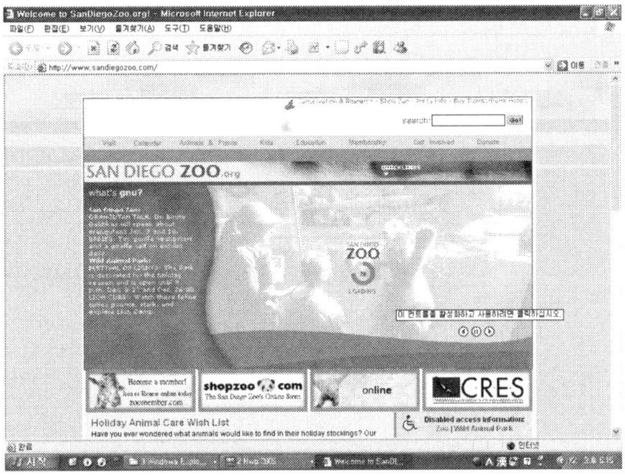

- Childedu.net(http://childedu.net/)

아동을 위한 인터넷 안전 온라인 동화를 제시하고 부모와 교사를 위한 지침과 어린이 안전 교육을 소개한다.

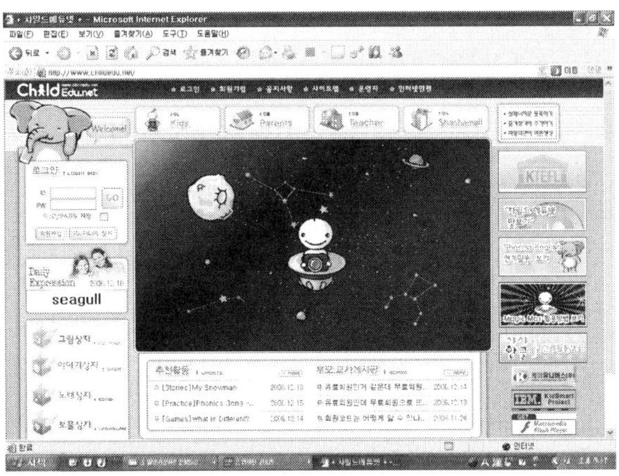

- Seameworkshop(http://www.Seameworkshop.org/parents)

인터넷 안전에 대한 연구물을 제공한다.

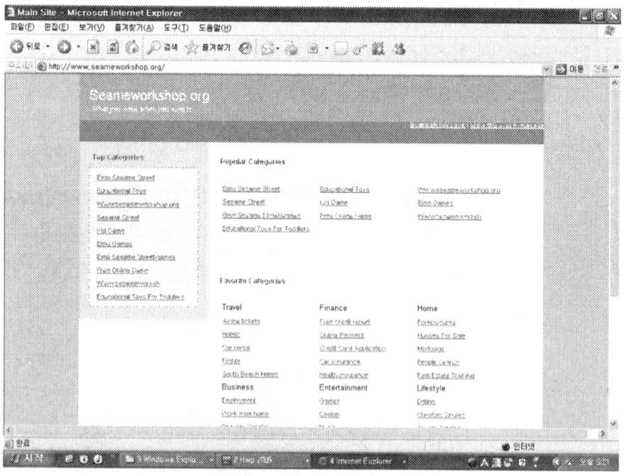

• **미디어 프로그램 관련 사이트**

- AskERIC(http://askeric.com/)

AskERIC은 교육자와 매체 전문가, 상담가, 행정가, 학부모 및 기타 세계 전체에 교육정보를 제공하는 인터넷 기반 서비스이다.

-Resources for School Library(http://www.sldirectory.com/)

RSL은 학생, 교사, 학교사서, 매체 전문가들에게 학습과 티칭, 정보, 공학, 교육 및 구직, 평생학습에 대한 수십 가지의 링크가 주제에 따라 정리되어 있다.

- The Children's Literature Web Guide (http://www.ucalgary.ca/~dkbrown/index.html)

도서관 사서인 David K. Brown은 아동 문학과 유사 분야 연구에 관심 많은 사람들을 위한 좋은 사이트를 제공한다.

- KidsConnect(http://www.ala.org/ICONN/kidsconn.html)

KidsConnect에서는 K-12의 학생들이 인터넷을 효과적, 효율적으로 접근, 활용하게 하도록 질의응답 서비스를 제공한다.

- TEAMS Distance Learning for All K-12 Educators (http://teams.lacoe.edu/)

원격 교육을 지원하는 자원들에 및 커리큘럼에 사용될 많은 자료들로의 접근을 제공한다. 링크는 K-12 레슨 계획, 도서관 자원, 전문성 개발 등으로 분리된 페이지로 정리된다.

- KidsClick(http://www.kidsclick.org/)

아동들에게 필요한 예술, 농경, 경제, 수학, 과학 등 각 종 주제에 관련된 정보를 망라하는 Ramapo Catskill 도서시스템으로 많은 사서들에게 이용되는 검색용 웹 디렉토리이다.

- The Internet Public Library(http://www.ipl.org/)

방대한 가상 공공 도서시스템으로 많은 주제별 자원과 뉴스 및 아동용과 청소년용 웹사이트를 제공하는 사이버 공간이다.

- Great Sites for Kids(http://gws.ala.org/)

아동, 학부모, 교사들을 위하여 the Association for Library Service for Children의 도서관 관련 웹 디렉토리를 제공하고 있다. 동물, 예술, 역사, 문학, 언어, 수과학, 컴퓨터, 사회 등의 디렉토리를 제공한다.

4) 유아를 위한 ICT 활용지침

이상에서와 같이 유아들을 대상으로 안전/예절 교육을 시키는 것도 중요하지만 공식적으로 이용지침을 설정하여 유아들의 서약이나 약속을 받는 것도 좋은 방법이다. 인터넷 검색이 가능한 시설을 갖춘 유아교육기관이나 가정에서는 ICT 활용지침(Acceptable Use Policy : AUP)을 제정할 필요가 있다. 일반적으로 ICT 활용지침이란 학생들이 적절한 인터넷 사용을 위해서 학생, 학부모 및 교사가 합의한 명문화된 방침으로 인터넷 자원의 적절한 이용 범위, 인터넷상의 행동 규칙, 접근 권리 및 방침을 따르지 않았을 경우의 벌칙 등이 포함된다. 학교에서 인터넷 접속을 하기 위해서는 누구나 ICT 활용지침을 따를 것을 서약해야 한다(Serim & Kock, 1996). 이는 유아의 경우에도 예외가 될 수 없다.

현재 미국의 각급 학교나 유치원, 교육청에는 각 기관의 특성을 배려한 독자적인 ICT 활용지침을 가지고 있는데 이는 강제성을 띠기보다는 거의 대부분이 이용자의 양심에 맡기고(honor system) 있다. 우리나라의 경우, ICT 활용을 위한 지원은 많이 하고 있으나, 활용지침이 분명하지 않은 편이다.

Carter(1998)의 주장처럼, ICT 활용지침은 유아들에게 ICT 활용에 관한 규범을 제시할 뿐 아니라 ICT 활용에 대한 책임감을 부여할 수 있다. 또 가치 있고 건전한 자원을 검색하기를 격려하며, 책임 있는 행동의 기준을 설정함으로써 ICT 활용상에서 마주칠 수 있는 수많은 문제점을 스스로 처리하는 방법과 능력을 길러준다. 차단 소프트웨어를 통한 강제적인 검열 방식에 비해 어린이 스스로의 판단을 신뢰하며, 인터넷 이용에 있어서의 기술적, 윤리적 측면을 지도하며, 올바른 자료를 취사선택할 수 있는 능력을 길러주는 데 의의가 있다.

일반적으로 ICT 활용지침은 활용지침의 정의와 목표, 이용자의 권리 및 책임, 위반 시의 벌칙, 학부모의 동의 등 4가지 요소를 포함한다. ICT 활용지침의 첫 부분에는 지침의 정의와 목표가 제시되며, 이어서 ICT 활용지침의 필요성과 취지, 인터넷 자원을 효과적으로 사용하기 위해서 알아두어야 할 기술들이 소개된다. 권리 및 책임에 관련된 내용에서는 준수해야 할 인터넷상의 행동, 언어 사용, 내용, 보안 등에 대한 기준을 제시하고, 그에 대한 권리와 책임을 부여한다.

인터넷상에서 해야 할 행동과 하지 말아야 할 행동의 리스트를 제공하는 경우도 많다. 약속을 어길 시에는 인터넷 이용 금지, 관련 과목에서의 감점 처리 등이 주어지게 된다. 마지막으로 학생과 학부모의 동의를 구하는 서명난이 제시된다.

실제로 현재 웹상에는 많은 학교나 유아교육기관을 위한 인터넷 이용지침이 소개되고 있으며, 그중 몇 가지 구체적인 예를 들면 다음과 같은 것들이 있다.

- UKERNA JANET의 Acceptable Use Policy
  (http://www.ja.net/services/publications/policy/aup.html)
- University of Missouri Acceptable Use Policy
  (http://iatservices.missouri.edu/aup/)
- Boston의 공립학교들의 Acceptable Use Policy
  (http://boston.k12.ma.us/teach/technology/aup.asp)
- Los Angeles 통합 학군의 Acceptable Use Policy
  (http://www.lausd.k12.ca.us/lausd/lausdnet/aup.html.old/)
- Berkeley Lake 초등학교의 Acceptable Use Policy
  (http://www.gwinnett.k12.ga.us/BerkeleyLakeES/PDF/AUP_web.PDF)

Student name (print) ______________________ **Teacher name** ______________________

Acceptable Use Policy (AUP)
Berkeley Lake Elementary School (BLES)

At Berkeley Lake Elementary, our students have access to many valuable instructional technology tools as well as Internet access in our media center, technology labs, and classrooms. Our goal is to teach students to utilize these electronic resources to enhance our school's instructional goals.

Berkeley Lake Elementary and Gwinnett County Public Schools have taken precautions to ensure that students are using the Internet and other electronic resources for appropriate educational means. Student use of the Internet and multimedia resources will be supervised by an adult at all times. However, we cannot guarantee that students will refrain from locating inappropriate sources. Please review the guidelines listed and sign below.

1. Student use of instructional media must be in support of grade appropriate GCPS AKS and Elementary Instructional Technology Competencies.
2. Students will use respect and show proper care and handling of all equipment. Any student found to be intentionally damaging any software or hardware will be cited for school property abuse.
3. Students are expected to respect and not attempt to by-pass security in place on computers. Changing or attempting to change a computer's settings is a violation of acceptable use of our equipment.
4. Students will observe software copyright laws. No students will bring software from home to copy on school workstations, nor will students copy school software for personal use.
5. When using the Internet, students' actions will be closely supervised. They will be held responsible for information viewed, received, and sent.
6. Students are expected to respect the work and ownership rights of students, staff, and people outside the building.

Student: I have read (or it has been explained to me) and agree to follow the BLES Acceptable Use Policy. I understand that any violation of the procedures may result in the loss of technology privileges for the remainder of the year. Additional consequences may be determined and carried out by the administration.

Student Signature: ______________________ Date: ____________

Parent/Guardian: I have read the BLES Acceptable Use Policy. I understand the access is for educational purposes and that the Gwinnett County Public School System has taken precautions to eliminate controversial material from being viewed by users. However, I recognize that it is impossible to restrict access to all controversial materials. I will not hold GCPS, BLES, or any staff member responsible for materials acquired over the Internet. I hereby give permission to my child to be given the privilege of Internet access.

Parent/Guardian Signature: ______________________ Date: ____________

Permission Form for World Wide Web Publishing Of Student Work

We understand that our child's work or writing may be published on the school's web page at http://www.gwinnett.k12.ga.us/BerkeleyLakeES/. We further understand that no last name, home address or home telephone number will appear with such work. I grant permission for the World Wide Web publishing until August of 2006. I may withdraw permission in writing at any time.

Parent/Guardian Signature: ______________________ Date: ____________

Student Signature: ______________________ Date: ____________

Permission Form for World Wide Web Publishing Of Student Photograph

We understand that our child's photograph may be published on the school's web page at http://www.gwinnett.k12.ga.us/BerkeleyLakeES/. We further understand that no last name, home address or home telephone number will appear with such work. I grant permission for the World Wide Web publishing until August of 2006. I may withdraw permission in writing at any time.

Parent/Guardian Signature: ______________________ Date: ____________

Student Signature: ______________________ Date: ____________

* Please sign the parts of this 3-section permission form with which you agree. **Please initial on reverse side.**

이렇듯 ICT 활용지침은 ICT 활용상의 불건전한 사용을 경고하고, 올바른 사용을 유도함으로써 인터넷을 사용하는 유아교육기관이라면 꼭 있어야 할 교칙과도 같은 존재이다. ICT 활용지침이 우리나라 상황에 정착하기 위해서는 서명을 통한 양심제도보다는 교사와 학부모 간의 합의하에 만들어진 ICT 활용지침을 바탕으로 한 가정통신문 등을 통한 긴밀한 의사소통 체제 개발이 무엇보다도 필요하다.

7 탐구과제

1. ICT 활용하기 위하여 필요한 영유아, 교사, 학부모 입장에 대하여 토론하여 봅시다.
2. ICT 활용에 필요한 교실환경을 생각하여 봅시다.
3. 2007년 개정한 제7차 유치원 교육과정의 기본 방향을 조사하여 봅시다.
4. 유아를 위한 ICT 리터러시란 무엇인지 확인하고 그 활용지침을 살펴봅시다.
5. 다음 용어를 자세히 소개하여 봅시다.
   1) CMI와 CAI
   2) 멀티미디어
   3) 웹 기반 교육
   4) 유아를 위한 예절교육

제 8 장

교사의 ICT 활용환경

01_교사를 위한 ICT 리터러시 교육

02_교사를 위한 유아 ICT 교육

01 교사를 위한 ICT 리터러시 교육

컴퓨터가 유아교육기관에 도입됨에 따라 교사들의 ICT 리터러시 교육은 컴퓨터에 관한 지식, 기술 및 태도의 전 분야에 결쳐 다루어져야 한다.

리터러시(Literacy)는 언어교육에서 '읽고 쓰는 능력', '의사소통을 할 수 있는 능력'을 의미하지만 ICT 리터러시는 정보사회에서 개인이 기능적으로 불편 없이 생활하기 위해 요구되는 컴퓨터에 관한 일반적인 기술 또는 지식을 의미할 뿐 아니라 컴퓨터의 역사, 사회에의 영향, 사용자의 윤리 등에 관한 것과 컴퓨터의 구성 및 작동원리, 컴퓨터 언어 등을 통한 프로그래밍 작성과 사용에 대한 컴퓨터 과학에 관련된 것 등을 포함하는 광범위한 의미를 가지고 있다. 그러므로 ICT 리터러시 교육은 정보산업사회에서 생활을 영위하고 업무를 수행하기 위해서 필요한 지식과 기술로서의 컴퓨터에 관한 이해와 활용능력과 정보사회에 대한 건전한 가치관과 태도를 갖추도록 하는 것이 포함되어야 한다.

직전교사들을 위한 ICT 활용교육은 교양과목과 전공과목으로 대분할 수 있다. 주로 교양과목에서는 주로 컴퓨터 리터러시 교육을 담당하고 전공과목에서는 교사를 위한 유아 ICT 교육을 다루게 된다. 일반적인 컴퓨터 리터러시에서는 컴퓨터의 구조와 원리, 컴퓨터의 사회적인 영향력 등의 개론적인 내용과 인터넷 검색, 파워포인트, 홈페이지 제작 등의 기본적인 기술을 익혀 직전교사들이 자유롭게 사용할 수 있는 기술이 증대되어 컴퓨터와 친숙하게 되면서 수업 중에 컴퓨터를 사용하는 활동에 대해 편하게 느끼게 한다.

교사를 위한 ICT 리터러시 교육내용으로는

첫째, 전공과 관련하여 유아 ICT교육의 이론적 기초와 컴퓨터의 통합적 접근에 대한 영역이다.

멀티미디어 교육의 개념 및 경향, 컴퓨터 사용 기술의 발달, 유아 컴퓨터 활동의 교육, 컴퓨터 비사용 활동, 통합적 접근의 필요성 등이 구체적 내용 등이 포함된다.

둘째, ICT 영역의 계획과 활용지식이다.

여기에는 소프트웨어 및 하드웨어의 선정과 설치, 파워포인트 활용, 문서 작성실습, 그래픽 활용한 교구 제작, 웹 에디터 활용 등이 포함된다.

셋째, ICT의 평가와 활용영역이다.

ICT의 평가를 위해 인터넷을 이용한 정보검색, 유아용 인터넷 사이트 검색 등이 포함될 수 있다.

넷째, 인터넷을 이용할 시의 네티켓 영역이다.

여기에는 교사를 포함한 성인들의 네티켓은 물론 유아지도에 있어 유아에게 필요한 네티켓과 활용사례 들이 포함된다.

NAYEC(1999)에서는 유아가 인터넷을 안전하고 친밀한 장소로 만들기 위해서 교사는 다음의 역할을 할 수 있어야 한다.

첫째, 유아의 인터넷 활동을 면밀히 모니터해야 한다. 이는 유아의 사이버공간에서의 여행이 건전하고 생산적 활동이 되도록 확신하는 가장 좋은 방법이 되므로 교사의 관찰과 충고는 유아의 안전에 필수적이다.

둘째, 유아가 어른의 허락 없이 그들의 가정과 관련된 정보를 누출하지 않도록 해야 한다. 유아는 자신의 집주소 혹은 전화번호 등을 기억하는 것을 자랑하기 좋아하므로 이 점에 대해서 주의하도록 가르쳐야 한다.

셋째, 유아가 인터넷에 접속할 수 있는 시간과 길 및 유아의 발달에 적합한 사이트에 대해 유아와 상의하고 규칙들을 정해야 한다.

넷째, 유아가 인터넷상에서 부적절한 메시지 또는 그러한 느낌을 주는 메시지를 받았다면 교사에게 말하도록 해야 하며, 이러한 경우 서비스 제공자에게 메시지의 복사물을 전송하고 도움을 청해야 한다.

나섯째, 유아의 안전을 위하여 부적질한 사이트로부터의 방어를 제공하는 소프트웨어를 설치해야 한다.

여섯째, 유아가 컴퓨터를 사용할 때 교사나 성인이 주변에 있어야 한다. 교사나 성인은 유아의 상호작용을 촉진시킬 수 있기 때문이다.

일곱째, 컴퓨터에 두려움을 가지고 있는 교사라 하더라도 교사가 유아에게 좋아하는 사이트를 물어보는 식의 상호작용은 유아의 취미와 흥미에 관심을 보인다는 느낌을 줄 수 있다.

여덟째, 유아가 인터넷을 통해 보게 되는 과장된 문구 등은 사실이 아닐 수도 있음을 주지시킨다.

유아교육기관에 근무하는 기존의 교사를 위해서는 지속적인 ICT 활용에 대한 교육기회가 확대되고 ICT 활용교육 활성화를 위해 ICT 활용교육 장학 안내 자료를 보급하는 등 국가차원의 제도적 지원이 수행되어야 한다(김선영, 2001).

교사를 위한 ICT 활용교육의 발전 방향을 제시하면 다음과 같다(심숙영, 2003).

첫째, 유아교육을 위한 ICT 활용에 대한 교사의 올바른 신념 및 인식, 태도를 발달시키기 위한 이론적 기반을 제공해야 한다.

둘째, 반드시 PC실습을 포함해야 하며 교사로 하여금 다양한 ICT를 직접 활용하면서 평가하고 컴퓨터 활동과 교육과정을 통합할 수 있는 실제적인 경험을 제공해야 한다.

셋째, 컴퓨터 선행 활동을 포함하여 ICT 활용에 필요한 다양한 교재를 제작하여 제시하고 나아가 별도의 공간에 전시함으로써 교사에게 직접 경험하고 이를 토대로 자신의 아이디어를 창출할 수 있는 원천을 제공할 수 있도록 한다.

넷째, 교사의 능동적인 학습 및 지식구성을 조장하기 위한 참여식 수업이 이루어져야 한다.

다섯째, 요리책 스타일의 교수보다는 교사로 하여금 자신의 학습에 적용할 수 있는 방법을 고안할 수 있는 능력을 갖추게 하는 것이 더욱 중요하다. 수업내용 및 방식에 실제적으로 반영이 되어야 하며, 자신의 수업과정에 적용할 수 있는 ICT 활용방법에 대해 아는 것이 필요하다.

또한 유아에게 발달적으로 적합한 웹사이트의 디자인에 대해서도 알아둘 필요가 있다. 인터넷의 활용에 있어서 유아는 주의집중시간이 짧으며, 자극에 민감하고, 선형적이기보다는 다방향적인 정보 접근을 추구하는 성향을 가지고 있기 때문에 이러한 학습자의 특성을 고려하여 정보를 구성해야 한다(한정선, 이경우, 임은미, 1999).

Harbeck과 Sherman(1999)은 '발달적으로 적합한 실제'라는 개념을 사용해서 멀티미디어 프로그램의 개발자들이 웹에 기반하고, 발달적으로 적합하고, 유아 중심의 웹사이트를 계획하고, 디자인하고, 개발하고, 소개하는 7가지 원칙을 제시했다(정미라, 2002 재인용).

첫째, 단순하고 간단하며 구체적인 디자인이다. 웹 검색은 단순하게 실행할 수 있어야 하며 웹사이트는 구체적이어야 하고 실제적인 조작에 근접해야 함을 강조한다. 읽기에 능숙하지 못한 유아를 위한 오디오 컴퓨터 시스템을 제공해 유아가 마우스에 의존하지 않고 자동적으로 행동하기를 알려주기도 한다. 다운로드 시간을 줄이고 화면이 너무 복잡하지 않도록 하고 한 화면은 1페이지로만 제한한다. 유아의 집중시간을 고려하여 15~20분 정도의 화면과 연결을 설정해야 한다.

둘째, 성인의 지도를 고려한 디자인이다. 성인이나 글을 읽을 수 있는 나이 든 동료가 참여하도록 디자인해야 한다. 각 사이트의 시작 페이지에는 컴퓨터를 사용하는 유아의 요구와 능력에 대해 함께한 학부모나 성인이 대답할 일련의 질문을 표시해서 질문에 근거하여 각 유아의 발달적 요구에 맞는 활동을 선택할 수 있도록 해야 한다.

셋째, 진보적이고 개별화된 디자인이다. 유아들의 발달은 개인 간 차이가 있으므로 웹사이트를 개발할 때 발달적·연령적 특성을 고려하고 유아의 흥미와 능력에 맞는 다양한 단계를 디자인해야 한다. 각 단계는 유아가 성숙함에 따라 더욱 도전적 활동으로 진행할 수 있고 성인은 안내 역할을 해야 한다.

넷째, 유아에게 관련된 디자인이다. 유아들은 자신이 이해하고 직접 통제할 수 있는 사물과 상호작용함으로써 관계에 대해 이해를 하기 때문에 유아의 생활과 관련된 적절한 활동이 제공되어야 한다. 또한 유아의 사고 과정은 자기중심적이며 자신의 경험에 기반하는 경향이 있으므로 내용은 유아에게 흥미 있는 주제와 같은 유아의 개인적인 상황에 연결되어야 한다.

다섯째, 통합된 활동을 고려한 디자인이다. 발달은 서로 영향을 미치고 단순한 것에서 복잡한 것으로, 일반적인 것에서 특별한 것으로 진행하며 서로 관련된 전체로서 진행된다. 따라서 웹에 기반 한 교육은 고립된 것이 아니라 가능한 한 많은 내용영역을 포함하고 연관되어야 하며, 신체적 · 인지적 · 정서적 · 사회적 경험을 조합시켜야 한다.

여섯째, 적극적이고 즐길 수 있는 디자인이다. 웹에 기반한 교육은 훈련, 기계적 암기가 아니라 유아가 신체적 · 인지적으로 활발히 참여한다는 것이어야 한다. 놀이의 특성을 지니는 웹사이트를 충분히 탐색할 기회와 시간을 제공하여 가치 있는 경험을 제공할 수 있다.

일곱째, 다양한 선택이 있고 탐색적으로 활용할 수 있는 디자인이다. 정신적 구성 또는 성숙된 사고는 유기체와 환경의 변화나 상호작용으로 재조직한 결과이므로 개방적 질문을 하고 특성 있는 웹사이트를 디자인하여 유아의 시도와 실패를 통해 프로그램을 통제하고 내용을 재조직화하며 문제해결을 격려한다. 인종과 문화, 성역할 행동, 다른 신체적 능력의 다양성을 고려하는 디자인이어야 함을 강조한다.

유아에게 발달적으로 적합한 웹사이트를 개발할 때 단순 간단하며 성인의 지도를 고려한 설계가 우선되어야 한다. 그리고 유아에게 흥미 있고 발달이 통합을 이루며 선택이 다양하고 탐색적으로 활동할 수 있는 사이트이어야 한다고 지적했다.

02 교사를 위한 유아 ICT 교육

현재 초·중등교사를 위한 ICT 활용을 위한 연구가 활발함에 비해 유아교사를 위한 ICT 관련 연구는 극히 미비한 실정이다. 유아 ICT 교육을 유아교육과정에 통합적으로 적용시키기 위하여 유아의 인지발달, 언어발달, 사회발달, 정서, 신체발달과 ICT 활용교육에 대한 입장 및 경향, ICT 활용교육에 대한 이론적 배경, 다양한 소프트웨어의 선정 기준, 유아의 ICT 활용을 위한 사전 활동, 유아 ICT 활동에 대한 교사의 개입방법, ICT 활동을 위한 환경설정 등이 다루어져야 한다(정미라, 2002).

유아교육기관은 초등교육기관과는 달리 과목에 따라 시간을 구분하기보다는 유아의 발달과 흥미를 고려하여 놀이와 활동 중심으로 주제별로 통합교육을 하는 경우가 많다. 통합교육은 유아의 전인적 발달을 위해 발달영역 간 그리고 활동 간 영역을 통합하여 교육적 경험을 갖게 하는 것이다.

유아 컴퓨터교육에서 분명한 사실은 컴퓨터 활동만 하는 것은 유아교육과정이 될 수 없다는 점이다. 이러한 의미에서 컴퓨터 활동을 비컴퓨터 활동과 병행하여 능동적으로 학습할 수 있게 하는 것이 중요하다. 그에 의하면 유치원의 통합교육과정에 맞는 유아 컴퓨터 활동은 무엇보다도 컴퓨터가 구체적 경험과 탐색을 통해 능동적 학습을 강조하는 프로그램의 일과에 자연스럽게 통합되어야 한다고 주장한다. 컴퓨터는 교육과정 내의 추론, 문제해결, 탐색을 촉진하는 데 도움을 줄 수 있다는 것이다(김경철, 유구종, 1994; Buckleitner, 1991)

유아교육에 있어서 ICT 활용을 위한 대안은 다음과 같이 5가지 영역으로 제시할 수 있다(Downes, Arthur & Beecher, 2001).

첫째, 교수법이 필요하다. 유아가 어떻게 학습하여야 하는 가에 대한 것이므로 교육철학, 교수법, 그리고 ICT 활용 사이의 관계를 이해하여 유아의 성숙도, 흥미나 학습스타일 등을 인식해야 한다.

둘째, ICT 활용영역은 교육과정과 교육목적을 확대시켜 주면서 동시에 유아의 요구와 관심을 충족시켜 주는 데 사용되어야 한다.

셋째, 효과적인 학습환경을 위한 ICT의 활용이 필요하다. ICT는 놀이영역이나 학습영역으로 상황에 따라 이동될 수도, 통합될 수도 있어야 한다. 일부 연구들은 학습환경에서 ICT와 기존의 교재를 통합하는 접근이 유아의 학습과 발달에 긍정적이라고 제안하였다.

넷째, 사회적 활동으로서의 ICT 활용이다. 교사는 유아에게 모델링, 비계설정, 도전 등을 제시하여 유아의 학습 활동을 제고해야 한다. 특히 읽고 쓰기 활동에서의 상호작용은 교사뿐만 아니라 유아들 간에 비계설정이나 도전을 제공해준다.

다섯째, 유아 중심 활동에서의 ICT 활용은 교육활동지도안에서부터 유아 각각에 대한 세심한 관찰에서부터 작성되어야 한다. 또한 어린 유아가 사용하고 탐색하는 ICT자원들은 유아의 경험과 관련이 있으며 이해할 수 있는 개념, 과정, 태도와 가치 등을 포함하고 있어야 한다.

유아 ICT 교육은 교사가 유아의 컴퓨터 사용을 통해 또래와 성인과의 상호작용을 활발하게 할 수 있도록 유아학습을 지원하고 연장하여야 가능하다. 이제 유아 교사는 컴퓨터를 지식공동구성자로 보고 유아 발달영역의 통합적 교육경험을 갖도록 역할을 하여야 한다.

8 탐구과제

1. 교사를 위한 ICT 활용교육의 방향에 대하여 토론하여 봅시다.
2. 영유아교육과정에서 ICT를 활용할 수 있는 내용과 방법을 사례로 소개하여 봅시다. 또한 주의점도 함께 생각하여 봅시다.

제 9 장

학부모의 ICT 활용환경

01_학부모를 위한 ICT 리터러시 교육

02_학부모를 위한 예절교육

03_학부모를 위한 영유아 ICT 교육

학부모는 유아와 가장 긴밀하고 직접적인 관계에 있는 대상으로, 유아의 ICT 활용이 일상생활화되어 가고 있는 상황에서 유해한 환경으로부터 유아를 보호하고 건전한 ICT 활용을 할 수 있는 ICT 활용환경을 제공해주는 핵심이 되어야 한다.

이현주(2002)의 연구에서도 서울지역에 소재한 유치원에 다니는 자녀를 둔 어머니 179명과 교사 153명을 대상으로 조사한 결과, 유아가 가정에서 컴퓨터 활동을 하고 있는 경우가 89.9%로 나타났으며, 활동 빈도는 일주일에 1-3번 컴퓨터 활동을 하는 경우가 40.4%로 나타났고, 하루에 1번 이상 하는 경우도 41.7%로 나타났다. 그리고 컴퓨터 활동의 1회 평균 이용시간은 30분에서 1시간이 43.5%로 가장 많았고, 1시간 이상을 하는 경우도 21.7%나 되었다. 그리고 컴퓨터 활동을 할 때 혼자서 하는 경우가 27.3%로 많았고, 다음으로는 형제나 친구들이 동반하는 것으로 나타났으며, 학부모가 동반하는 경우는 20.5%에 불과하였다. 이러한 결과는 학부모들의 적절한 관심과 지도가 부족함을 나타낸다고 할 수 있다.

유아는 발달단계 상 독립적인 ICT 학습 활동이나 활용이 쉽지 않으며, 스스로 올바른 소프트웨어나 인터넷사이트를 선정하기 힘들기 때문에 교사나 학부모의 지도가 필수적이다. 그리고 유아의 ICT 활용이 유아교육기관에서보다는 가정에서 더 많이 이루어지고 있어 가정에서의 ICT 활용 지도가 매우 중요하게 요구되고 있다. 그러나 이러한 필요성이나 중요성에도 불구하고 가정에서의 ICT 활용 지도는 제대로 이루어지고 있지 못한 실정이다.

이러한 현상의 원인은 여러 가지가 있을 수 있으나, 무엇보다도 중요한 원인은 유아의 ICT 활용에 대한 학부모의 올바른 인식과 지도방안이 부족한 것이라 할 수 있다. 일부 학부모들은 자녀들이 연령에 비해 높은 수준의 소프트웨어를 다루거나 장시간 ICT 활용을 하는 현상에 대해 자신의 자녀가 동일 연령층의 다른 유아들에 비해 인지수준이 높거나 집중력이 높은 것으로 잘못 생각을 하고 오히려 이를 묵인 또는 장려하고 있다. 따라서, 가정에서의 올바른 ICT 활용 지도가 이루어지기 위해서는 학부모교육 등의 지원체제가 반드시 마련되어야 할 것이다.

01 학부모를 위한 ICT 리터러시 교육

성인들에게 요구되는 ICT 리터러시의 구체적인 내용은 다음과 같다.

- 정보산업사회에서 생활을 영위하고 업무를 수행하기 위해서 필요한 지식과 기술로서의 컴퓨터에 관한 이해와 활용능력
- 정보사회에 대한 건전한 가치관과 태도
- 빈번한 컴퓨터 사용으로 인한 새롭고 다양한 증후군(눈과 근육의 피로, 알츠하이머병, 스트레스, 컴퓨터 통신 중독증, VDT증후군)의 원인과 증세, 대처 방안의 인식
- 정보기술이 사회에 미치는 영향에 대한 이해
- 개인 · 기업 · 국가의 정보유출, 조작 및 지적 재산권의에 관한 정의, 구체적인 내용 및 사례, 위반 시의 법적 제재 등에 관한 지식

유아들의 건전한 ICT 활용을 위해서는 학부모들이 다양한 ICT 활용환경에 익숙해져야 하며 좋은 사이트나 소프트웨어를 평가할 수 있는 안목과 예절교육이 병행되어야 한다.

즉, ICT 활용 및 평가할 수 있는 능력은 소프트웨어 평가기준(Children software Revue, 1999)을 이해하고 활용할 수 있는 역량으로 발전할 수 있다. 마찬가지로 좋은 인터넷 사이트에 대한 이해와 평가기준을 이해하여 유아를 지도할 수 있는 학부모의 지적수준을 높여야 한다.

유아들을 대상으로 하는 ICT 자료들은 구체적으로 최소한의 도움으로 유아 스스로 사용할 수 있는가? 유아의 '실세계'를 고려하여 고안된 것인가?, 유아가 프로그램으로부터 무엇을 배울 수 있는가? 재미있게 할 수 있는 프로그램인가? 얼마나 '우수한' 프로그램인가? 가격이 얼마이고 그만큼의 가치가 있는가? (Buckleitner, 1998) 등을 살펴보아야 한다.

02 학부모를 위한 예절교육

학부모들은 어떤 정보가 유아에게 유용한지, 어떤 정보가 개인의 사생활을 침해하는 것인지, 불건전 정보가 유아에게 노출이 되면 어떤 위험이 있는지에 대한 안목을 길러야 한다.

네티켓(netiquette)이란 네트워크 에티켓(network etiquette)에서 생겨난 말로 네트워크 사용자들이 네트워크로 연결되는 가상공간에서 지켜야 할 기본적인 예절을 네티켓이라 한다. 가상공간은 익명성과 쌍방향성이라는 특성에 의해 오해를 사거나 다른 사람들의 감정을 해칠 수도 있다. 따라서 현실공간에 비해 오히려 더욱더 예절이 필요한 공간이다.

인터넷은 전 세계 인구가 동일한 시간대에 동일한 공간에서 같이 활동하므로 이를 잘 지키지 않으면 서로에게 불쾌감을 주게 되며, 크게 보면 사용자의 국가에 대한 이미지를 손상시킬 수도 있으므로 책임감과 사명감을 가지고 준수해야 한다.

1994년 미국 플로리다대학교의 Virginia Shea 교수가 제시한 '네티켓의 핵심원칙(The Core Rules of Netiquette)'이 세계적으로 인정되어 그 기준이 되고 있다. 그 내용은 다음과 같다.

- 인간임을 기억하라.
- 실제 생활에서 적용된 것처럼 똑같은 기준과 행동을 고수하라.
- 현재 자신이 어떤 곳에 접속해 있는지 알고, 그곳 문화에 어울리게 행동하라.
- 다른 사람의 시간을 존중하라.
- 온라인상의 당신 자신을 근사하게 만들어라.
- 전문적인 지식을 공유하라.
- 논쟁은 절제된 감정 아래 행하라.

- 다른 사람의 사생활을 존중하라.
- 당신의 권력을 남용하지 마라.
- 다른 사람의 실수를 용서하라.

한편, 우리나라에서는 2000년 정보통신부와 정보윤리위원회에서 건전한 인터넷 애용 문화 정착을 위한 '네티즌 윤리강령'을 제정 · 선포하였다. 윤리강령은 제정 취지를 담은 '전문'과 '네티즌 기본 정신', 10가지 '행동강령'으로 구성되었다(〈표 9-1〉 참조).

네티즌의 기본 정신이란 인터넷을 사용하는 사람들이 기본적으로 가져야 할 소양으로 인간주체, 공동체, 평등, 건전성의 기본 정신 4가지가 명시되었고 네티즌 윤리 행동강령은 네티즌이 지켜야 할 지침으로 사생화 존중, 건전성, 욕설, 정보보호, 네티즌 문화 등 구체적으로 제시되었다.

〈표 9-1〉 **네티즌의 기본 정신과 행동강령**

네티즌의 기본 정신	행동강령
• 사이버 공간의 주체는 인간이다. • 사이버 공간은 공동체의 공간이다. • 사이버 공간은 누구에게나 평등하며 열린 공간이다. • 사이버 공간은 네티즌 스스로 건전하게 가꾸어 나간다.	• 우리는 타인의 인권과 사생활을 존중하고 보호한다. • 우리는 건전한 정보를 제공하고 올바르게 사용한다. • 우리는 불건전한 정보를 배격하며 유포하지 않는다. • 우리는 타인의 정보를 보호하며, 자신의 정보도 철저히 관리한다. • 우리는 비 · 속어나 욕설 사용을 자제하고, 바른 언어를 사용한다. • 우리는 실명으로 활동하며, 자신의 ID로 행한 행동에 책임을 진다. • 우리는 바이러스 유포나 해킹 등 불법적인 행동을 하지 않는다. • 우리는 타인의 지적재산권을 보호하고 존중한다. • 우리는 사이버 공간에 대한 자율적 감시와 비판 활동에 적극 참여한다. • 우리는 네티즌 윤리강령 실천을 통해 건전한 네티즌 문화를 조성한다.

출처 : 정보통신부, 2000. 6. 15, '정보통신윤리위원회 네티즌 윤리강령'선포식에서 발표된 내용

네티켓은 인터넷의 사용영역별로 달리 적용된다. 다음은 서울특별시교육청(2001)에서 제시한 사용영역별 네티켓 수칙이다.

(1) 전자우편을 사용할 때의 네티켓

- 날마다 메일을 체크하고 중요하지 않은 메일은 즉시 지운다.
- 자신의 ID나 비밀번호를 타인에게 절대 공개하지 않는다.
- 메시지는 가능한 짧게, 읽기 편하게 요점만 작성한다.
- 본인이 누구인지 분명하게 밝힌다.
- 전자우편은 회수가 불가능하다는 것을 기억해야 한다.
- 메일 송신 전에 주소를 다시 한 번 확인한다.
- 흥분한 상태에서는 메일을 보내지 않는다.
- 제목은 메일의 내용을 함축하여 간략하게 쓴다.
- 타인에게 피해를 주는 비방이나 욕설을 하지 않는다.
- 행운의 편지, 메일폭탄 등에 절대 말려들지 않는다.
- 수신 메일을 송신자의 허락 없이 다른 사람에게 다시 전송하지 않는다.
- 첨부 파일의 용량을 줄여 수신자가 바로 열어볼 수 있게 한다.

(2) 대화방에서의 네티켓

- 마주보고 이야기하는 마음가짐으로 임한다.
- 자기 자신을 먼저 소개하고 대화에 참여한다.
- 만나고 헤어질 때에는 인사를 한다.
- 진행 중인 대화의 내용과 분위기를 파악한 후 대화에 참여한다.
- 대화에서는 모두에게 '님'자를 붙이고 존칭을 사용한다.
- 초보자가 들어올 경우 천천히 기다려 주며, 친절하게 가르쳐 준다.
- 같은 내용의 말을 한꺼번에 계속 반복해서 치지 않는다.
- 여러 사람과 동시에 대화할 때에는 상대방을 혼동하지 않도록 한다.
- 지극히 개인적인 논조는 피한다.

- 광고, 홍보 등의 목적으로 악용하지 않는다.
- 유언비어, 속어와 욕설, 음란성 대화를 금한다.
- 상호비방이나 명예훼손의 우려가 있는 내용은 금한다.
- 센스 있고 미소를 자아내는 대화를 유도한다.
- 다른 사람의 아이디(ID)로 접속하여 대화하지 않는다.

(3) 게시판 네티켓

- 게시판의 글은 명확하고 간결하게 쓴다.
- 게시물의 내용을 잘 설명할 수 있는 알맞은 제목을 사용한다.
- 문법에 맞는 표현과 올바른 맞춤법을 사용한다.
- 다른 사람이 올린 글에 대한 지나친 반박을 삼간다.
- 사실 무근의 내용을 올리지 않는다.
- 자기의 생각만을 고집함으로써 상대방에게 불쾌감을 주지 않도록 한다.
- 타인의 아이디(ID)를 도용하거나 다른 사람의 신상 정보를 누출하지 않는다.
- 내용이 같은 글을 반복하여 올리지 않는다.
- 공지 사항을 미리 확인하고, 각 게시판의 성격에 맞는 글을 올린다.
- 욕설, 음란물, 내용 없는 글, 저작권을 침해하는 글 등을 올리지 않는다.

(4) 공개 자료실 네티켓

- 상업용 소프트웨어를 올리지 않는다.
- 음란물을 올리지 않는다.
- 프로그램을 올릴 때에는 사전에 바이러스 감염 여부를 점검한다.
- 유익한 자료를 받았을 때에는 올린 사람에게 감사의 편지를 보낸다.
- 공개 자료실에 등록할 자료는 가급적 압축한다.

(5) 유즈넷 네티켓

- 기사들을 반드시 읽어보고 그룹의 분위기, 서술 방식 등을 파악한다.
- 많은 사람들이 자신의 기사를 보고 있다는 것을 항상 명심한다.
- 기사는 간결하게 요점만 작성한다.
- 기사에는 자신의 이름과 연락처를 적어 보낸 사람을 분명하게 밝힌다.
- 회답할 때에는 뉴스 그룹 전체에 회답할 지를 잘 판단한다.
- 제목에는 기사의 내용을 함축할 수 있는 단어를 쓴다.
- 내가 알고 있는 질문에는 친절하게 답한다.
- 도움을 준 사람에 대한 고마움의 글은 개인 메일로 보낸다.
- 교차 투고를 하지 않는다.
- 쓸데없는 선정적인 화제에 끼어들지 않는다.
- 올린 기사에 잘못이 있으면 빨리 취소한다.
- 해당 뉴스 그룹의 주제와 관련 없는 내용은 올리지 않는다.
- 광고는 원하는 그룹에게만 전달하되, 상업적인 광고는 올리지 않는다.

(6) 웹(www) 문서 작성 네티켓

- 문서상에 아주 큰 그래픽 이미지를 넣지 않는다. 불가피할 경우 선택한 사람만 접속할 수 있도록 한다.
- 비디오, 오디오 파일을 포함할 경우 파일 크기를 미리 알려 내려받을 시간을 추측할 수 있도록 한다.
- URL은 표준 표기를 따르도록 하고, 자주 변경하지 않는다.
- URL이 불명확할 경우 우선 도메인 주소를 먼저 엑세스한다.
- 문서가 단지 그래픽으로만 구성되었더라도 텍스트 링크를 포함한다.
- HTML 문서 하단에 작성자의 전자우편 주소를 넣어, 사용자와의 대화통로를 열어둔다. 또한 방명록에는 자신의 코멘트나 사인을 남겨준다.
- 문서는 최소한 일주일에 한 번 이상 갱신하고, 최신 수정일을 알려준다.
- 자신의 고유 저작물에 대해서는 상표권 또는 저작권을 반드시 게재한다.

- 원하는 정보에 접근하기 위해 너무나 많은 화면을 거치지 않도록 한다.

(7) 다른 컴퓨터 사용(Telnet) 및 파일 전송(FTP) 네티켓

- 원격 접속 시 호스트 첫 화면의 공지 사항을 반드시 읽어본다.
- 자료는 개인 PC의 디스크로 내려 받는다.
- 문서 파일을 내려 받은 후에는 오프라인 상태에서 읽는다.
- 익명 FTP를 사용할 때에는 자신의 전자우편 주소를 정확하게 기입한다.
- 자료를 올릴 때에는 동일한 파일이 있는지를 살펴본다.
- 고의로 정보를 지우지 않는다.
- 자료를 올릴 때에는 버그나 바이러스 감염 여부를 사전에 검색한다.
- 대용량 자료를 내려 받을 때에는 가능한 붐비지 않는 시간을 이용한다.
- 공용 폴더를 사용할 경우, 자신의 이름으로 하위 폴더를 만들어 사용한다.
- 시간 제약이 있는 사이트의 경우, 해당 사이트 사용시간을 지킨다.
- 셰어웨어(shareware) 프로그램의 계속 사용은 일정 요금을 지불하여야 한다.
- 자료를 내려받을 때에 저작권이나 상표 사용 동의 여부를 반드시 확인한다.

(8) 공용 컴퓨터를 사용할 때의 네티켓

- 아이디(ID)와 비밀번호를 남겨 두지 않는다.
- 오랫동안 컴퓨터를 독점하여 사용하지 않는다.
- 컴퓨터의 환경설정을 함부로 변경하지 않는다.
- 다른 사람이 사용할 수 없도록 암호를 걸어 놓지 않는다.
- 설치되어 있는 프로그램 위치를 뒤바꾸거나 삭제하는 일이 없도록 한다.
- 장애가 발생했을 경우 즉시 다른 사용자들과 운영자에게 알린다.

(9) 홈페이지를 작성할 때의 네티켓

- 홈페이지의 HTML 문서에 지나치게 큰 그래픽 이미지를 넣지 않는다.
- 홈페이지에 비디오나 오디오 파일을 게시할 경우 파일 크기를 분명하게 적어둔다.
- 사이트의 이름과 URL을 일치시키는 것이 좋다.
- 그래픽 파일이 많은 홈페이지는 텍스트 전용 모드를 따로 설정해둔다.
- 문서 소스의 태그에 실제 URL을 적어주는 것이 좋다.
- 홈페이지의 최근 업데이트 날짜를 적어주는 것이 좋다.
- 저작권 도용, 음란물, 사이버 매춘, 체인 메일 등은 일종의 범죄 행위로 홈페이지 운영자가 해당 정보의 이용에 따른 법적 책임을 진다.

(10) 인터넷 게임 네티켓

- 게이머도 일종의 스포츠맨이므로 스포츠맨십을 가져야 한다.
- 상대방에게 항상 경어를 사용한다.
- 이겼을 때는 상대를 위로하고 졌을 때는 깨끗하게 물러서야 한다.
- 매일 본다고 상대를 존중하는 것을 잊어서는 안 된다.
- 게임 중에 일방적으로 퇴장하는 것은 무례한 일이다.
- 온라인 게임은 온라인상의 오락으로 끝나야 한다.
- 인터넷 게임에 너무 집착하지 않는다.

03 학부모를 위한 영유아 ICT 교육

자녀들의 건전한 ICT 활용을 위해서는 학부모의 ICT 활용에 대한 건전한 사고와 대화를 통한 모범적인 활용이 우선되어야 한다. 디지털조선일보(2000. 7. 6)에서는 ICT 활용을 위한 자녀교육과 관련하여 학부모가 할 수 있는 것으로 다음과 같은 것들을 제시하고 있다.

첫째, 학부모가 먼저 컴퓨터에 앉는다. 즉, 학부모가 컴퓨터 앞에 앉아 게임 외에 컴퓨터를 활용하는 모범적인 모습을 보여줄 뿐 아니라 함께 활동해보기도 하면서 컴퓨터가 게임기로 인식되지 않도록 한다.

둘째, 자녀가 좋아하는 게임이 무엇인지 알아둔다. 게임소프트웨어를 구입하기 전부터 폭력적인 게임 등 자녀에게 부적합한 게임은 제재하는 등 게임의 이용에 개입하도록 한다.

셋째, 컴퓨터는 공개된 장소에 둔다. 컴퓨터를 공개된 장소에 두도록 하여 자녀가 게임의 이용을 스스로 조절할 수 있도록 할 뿐만 아니라, 학부모가 자녀를 관찰할 수 있다. Buckleitner(1998)도 컴퓨터를 공개된 장소에 두는 것은 자녀가 게임을 포함한 어떤 소프트웨어를 이용하는지 알 수 있도록 할 뿐만 아니라, 컴퓨터를 사용하는 것이 가족이 일이 되도록 해준다고 하였다. 그러나 컴퓨터를 완전히 치워버리게 되면 자녀가 PC방 등에서 더 좋지 않은 게임을 은폐하며 즐길 가능성이 있으며 학부모와도 멀어지게 된다.

넷째, 자녀가 PC방에 가게 될 경우에는 반드시 학부모가 동반하도록 하며, 교육적인 것에도 관심을 갖게 한다. 예를 들면 유익한 정보를 찾아내는 과제를 주는 것과 같은 간단한 교육적 활동을 학부모와 함께 하도록 하여 게임에만 몰입하지 않도록 한다.

다섯째, 시간약속을 정하여 컴퓨터를 이용하게 한다.

여섯째, 자녀의 생활을 자주 체크한다. 특히 학부모가 맞벌이를 하는 경우에는 자녀들이 혼자 집에 있게 되는 경우가 많으므로 불건전한 ICT 활용 환경에 노출되기 쉽다. 따라서 자녀들과 많은 대화를 하면서 생활을 체크하는 것이 좋다(김수영, 2001).

즉, 컴퓨터의 사용시간, 사용할 수 있는 소프트웨어의 종류, 교육용 프로그램의 활용, 학부모와 동반하여 컴퓨터 사용하기 등 ICT 활용에 대한 규제와 허용 범위 등에 대해 함께 이야기하고 약속하는 것이 중요하다.

정보통신윤리위원회 Safenet(http://www.safenet.ne.kr/)에서는

첫째, 컴퓨터는 가족이 공유하는 장소에 놓게 되면 유아들의 활동을 지켜볼 수 있게 되어 보다 건전한 정보통신 이용을 유도함은 물론 학부모도 함께 참여할 수 있는 기회가 넓어진다.

둘째, 아동과 함께 적절한 규칙과 가이드라인을 정하여 온라인상의 적절한 규칙을 만들어 자녀들과 함께 논해보고 주변의 조언도 참고하여 나름대로의 규칙을 정하도록 합니다. 특히 아동이 컴퓨터 앞에서 너무나 많은 시간을 보내게 될 때, 이러한 규칙에 따라 체크해보는 것이 바람직하다.

셋째, 온라인상에서는 함께 도서관을 방문해보고, 자녀들이 즐겨 찾는 서비스를 파악해두는 것이 바람직하다.

넷째, 유아들이 주로 사용하는 서비스에서 제공되는 정보의 형태를 파악하고, 부적절한 자료를 지울 수 있는 방법이 있는지를 알아야 한다.

다섯째, 현재 성인용 사이트를 차단하고 걸러주는 많은 프로그램들이 있으므로, 영유아들의 인터넷 사용통제를 위해 이러한 필터링 프로그램을 적절하게 구입, 사용하는 것이 좋다.

여섯째, 인터넷상에서 집주소나 학교명, 전화번호 등 사적인 개인자료를 함부로 공개하지 않도록 주의시킨다. 특히 채팅방이나 게시판 등 공개적인 메시지 내에 개인정보를 게재하는 것은 삼가도록 주의시킨다.

일곱째, 유아가 온라인상에서 친구를 사귀었다면 학부모에게 소개시키도록 유도하는 것이 좋다. 즉, 유아들의 온라인 친구들에게도 관심을 가져야 한다.

여덟째, 채팅방이나 게시판, 공개 토론방에 들어갈 때, 영유아들이 실제 이름과는 구분되는 좋은 의미의 별명을 선택하여 사용하도록 권하는 것이 좋다.

결국, 학부모가 아동의 ICT 활용을 올바르게 지도하기 위해서는

첫째, 컴퓨터와 인터넷 활용, 소프트웨어 평가기준과 활용, 차단 소프트웨어의 중요성을 인식한다.

둘째, 지킴이 활동으로서 가정에 차단 소프트웨어 설치하기, 시민단체와 정보나누기를 한다.

셋째, 자녀와 대화하여 컴퓨터게임의 좋은 점과 나쁜 점, PC방 사용시간 및 경비문제, 자율성 증진 프로그램 활용, 청소년 문화에 대해 의견을 나눈다.

넷째, 법적 규제로서, 아동의 권리를 보호하기 위한 학부모의 동의서를 요구한다.

다섯째, 민간자율감시단체와 같은 사회 활동에 참여한다. 윤리위원회에 고발 경고, 언론 공개, 사이버학부모 네트워크 통한 교육캠페인 등을 벌인다.

민간자율감시를 위한 단체는 다음과 같다.

• **음란사이트 우리 손으로 없애자 연합**(http://www.netstune.com/)

음란사이트를 추방하겠다는 우리 손으로 없애자 연합은 2000년부터 15살 이상 혹은 19살 이하의 중, 고등학교 청소년이 스스로 구성 결성한 연합이다. 연합 네스튠은 청소년이 바라보는 시각의 음란물에 관련된 각종 콘텐츠, 미디어물 작성, 학부모 대상 유해정보차단 S/W설치 운동, 2000건 이상의 사이트 적발 신고 및 음란사이트의 국내해당 ISP업체에게 폐쇄요청, 경고메일 등을 보내고 있다. 현재 정보통신윤리위원회의 SafeNet 내용 등급제를 받았다.

• **정보통신윤리위원회**(http://www.icec.or.kr/)

정보통신윤리위원회는 전기통신사업법 제53조의2에 의거하여 1992년에 출범하였고 불법 · 청소년유해정보의 유통을 방지하고 건전한 정보문화를 확산하기 위해 다음의 업무를 실시하고 있다.

정보통신윤리에 대한 기본 강령을 제시함은 물론, 전기통신회선을 통하여 일반에게 공개 유통되는 정보 중 전기통신사업법 및 동법시행령이 정하는 정보의 심의 및 시정을 요구할 수 있다. 전기통신회선을 이용하여 유통

되는 정보의 건전화를 위한 대책수립을 건의한다. 특히 불법 · 청소년유해 정보신고센터 인터넷119(http://www. singo.or.kr/)를 운영하고 건전한 정보문화 창달을 위한 활동이나 정보통신부의 건전한 정보의 유통 활성화를 위한 관련 위탁사업을 수행한다.

- **학부모정보감시단**(www.cyberparents.or.kr)

학부모정보감시단은 1998년 창립하여 학부모 기초 교육 및 정보통신 윤리 교육, 청소년유해정보 감시 활동 등을 실시하고 있다. 감시단 교육신청, Green 인터넷 코너를 통해 정보를 공유하고 있으며, 청소년유해환경감시센터를 운영하여 인터넷에서 유통되는 정보 중에서 청소년들에게 유해하다고 판단되는 정보에 대한 신고를 받고 있다. 그리고 2006년 7월에는 과천시 Green 인터넷 문화 선진도시 선포식을 개최하기도 했다.

- **한국사이버감시단**(http://www.wwwcap.or.kr/main.htm)

한국사이버감시단은 급변하는 정보화 사회의 인터넷사이버공간에서의 네티즌 피해를 최소화하고 네티즌 권리를 지켜가자는 취지에서 2000년 설립된 온라인 시민단체이다. 인터넷 사기, 소프트웨어의 불법복제 및 불법거래, 불법음란물 및 음란정보, 원조교제, 온라인 도박, ID도용, 사이버언어폭력 및 성희롱, 해킹 & 바이러스피해, 인터넷 중독 등 인터넷사용에 유해한 요소들을 감시하고 추방할 수 있는 '민간자율정화시스템'을 민간협력 및 국제협력을 통하여 운영한다. 특히 '온라인피해신고센터'를 통해 전산망범죄(컴퓨터 바이러스 및 해킹 피해, 개인정보 유출 및 침해), 불건전정보범죄(성인/음란 사이트, 불법소프트웨어 제작 및 유포, 사이버성폭력 피해), 영상미디어범죄(온라인게임피해, 채팅 사이트 등에서 일어나는 원조교제, 음란정보 공유) 로부터 인터넷에서의 네티즌들의 '불만처리신고시스템'을 통하여 신고를 받아 상담, 조정, 해결하고 있으며, 삼천 여 명의 모니터요원을 바탕으로 불법정보 및 불건전정보에 대한 조사 및 계도(모니터링) 활동을 활발히 전개하고 있다.

• 한국IT청소년단(http://www.itody.or.kr)

한국 IT 청소년단은 IT 문화 확산을 통한 유소년 IT커뮤니티의 완성과 미래 IT 리더양성에 목적을 두고 2003년 설립되었다. On/Off라인을 통한 IT 윤리 교육, 건전 IT 청소년 문화 확산을 위한 초중고 순회 강연회, 인터넷 음란정보 퇴치운동, 인터넷 중독 방지 결의대회 등 건전하고 즐겁고 유익한 GREEN Internet 생활운동을 벌이고 있다.

• Cyberangels(http://www.cyberangels.org)

Cyberangels는 1995년 미국 로스엔젤리스에서 시작되었으며 1998년 12월 현재 60여 개국의 5,000여 명의 회원들이 활발한 활동을 하고 있다. 회원들의 대부분은 학부모이며, 네티켓의 부재로 인한 정신적인 피해나 해킹 등의 인터넷 범죄, 음란물 유통 등의 인터넷의 폐해를 없애고, 올바른 인터넷 이용법 등을 교육하는 것을 목표로 삼고 있다. 불건전한 사이트를 찾아내어 경고하고, 인터넷 범죄에 대한 신고를 받아 법적 해결에 나서며, 추천할 만한 인터넷 사이트의 북마크 구축, 법적 규제 관계의 홍보 및 세미나, 바람직한 인터넷 사용 지도를 위한 지침 제공 등의 활동을 하고 있다.

• Netparents(http://www.netparents.org/)

1997년 미국의 정부기관 40여 곳과 비영리단체, 컴퓨터 관련업체 등이 인터넷의 불건전한 자원으로부터 어린이들을 보호하기 위해 결성한 단체로, 1998년 9월부터 실시한 American Links Up 캠페인으로 유명하다. 학부모가 컴퓨터 지식을 알아야만 어린이들의 올바른 컴퓨터, 인터넷 사용을 지도할 수 있다는 전제 아래, 250여 차례의 전국 규모의 행사와 TV, 인터넷을 통한 광고를 실시하는 등 활발한 계몽 활동을 벌이고 있다. Netparents는 이외에도 인터넷 상의 안전 수칙의 제공, 바람직한 인터넷 사이트의 소개 등의 상시 활동을 하고 있다.

• Childnet International(http://www.childnet-int.org/)

Childnet International은 영국의 인터넷 감시 단체로서 영국에서 인터넷

이 폭넓게 보급됨에 따라 인터넷 유해 정보, 불건전한 만남, 상업주의의 위험성이 커져 부정적인 인터넷으로부터 청소년을 보호하기 위해 1995년 비영리 조직으로 발족한 인터넷 감시 단체이다.

Childnet International은 인터넷에는 세 가지 위험요소(3Cs), 즉 콘텐츠(content), 접촉(contact), 상업주의(commerce)가 있다고 보고, 안전한 인터넷 환경 조성에 있어서 무엇보다도 교육, 마케팅, 홍보, 워크숍 및 안내책자의 무료 배포 등 정보 이용자에 대한 효과적인 홍보·교육을 제공하며, 최근에는 PAGi(싱가포르의 학부모 단체)와 홍보·교육 분야의 협력 사업으로 싱가포르 학부모를 위한 온라인 안전 교육 프로그램을 운영하고 있다.

또한 설립 대표인 Nigel Williams는 국제적인 인터넷 감시망 구축을 목표로 EC의 정보사회사무국과 협력하여 유럽인터넷감시망제공자협회(Internet Hotline Providers in Europe Association; INHOPE)를 창립하여 인터넷 아동 포르노를 없애는 등 유해불법적인 사용으로부터 청소년들을 보호하기 위해서 다양한 활동을 하고 있다. INHOPE는 효율적인 국제적 핫라인을 설립하고 효율적인 활동을 통하여 인터넷 안전에 대해서 많은 사람들이 인식할 수 있도록 지속적인 홍보와 교육을 하는 데 그 목적이 있다.

정보감시단체는 불건전한 인터넷 자원의 유통과 확산을 막고, 건전한 인터넷 사용을 유도하기 위한 자발적이며 자율적인 활동을 전개하며, 학부모의 관심과 참여가 근간이 된 활동이라는 점에서는 의의가 있지만, 불건전한 자원을 발견한다고 하더라도 그의 조치방법에 강제적인 구속력이 없기 때문에 그 효과가 법적 규제나 테크놀로지를 이용한 다른 규제방법들에 비해 뒤지는 것이 사실이다. 또, 학부모들이 컴퓨터와 인터넷 테크놀로지에 익숙하지 않기 때문에, 정보감시방법과 방향에 혼선이 있을 수 있으나, 사이버경찰청(http://www.police.go.kr/index.jsp), 경찰청 사이버 테러 대응센터(http://www.ctrc.go.kr/index.jsp), 서울 지방 경찰청 사이버범죄수사대(http://www.cybercrime.go.kr/intro/intro_01.htm)와 같은 국가주도 기관들과 협력하여 정보감시단체들이 신고한 제보가 강력하게 수사 처리될 수 있도록 유기적인 체계를 정립하여야 정보감시단체가 제대로 활동할 수 있다.

우선 대외적으로 정보통신윤리위원회의 SafeNet 내용 등급을 받고 모든 인터넷 사용자가 정보감시단체의 존재와 활동에 대해 안전하게 인지하여야 하며, 정보감시단체들의 연합으로 더욱 큰 한 방향의 정보감시역할을 수행해야 성공적인 홍보가 될 것이다. 또한 국가기관으로부터 정보감시관련 협력사업과 위탁사업을 수행하여 단체의 존재와 활동에 대해 국가적으로 인지하고 있어야만 그 효과가 더욱 커질 것이다.

자녀지도 관련 커뮤니티 사이트를 소개하면 다음과 같다.

• **한국부모교육센터(www.koreabumo.com)**

학부모의 교육을 목적으로 운영되고 있으며, 자녀와 부모에 대한 정보가 함께 제공된다. 어머니모임방이라는 커뮤니티를 운영하고 있으나 자료공유와 게시의 정도에 그치고 있다.

• **구글 인터넷감시재단(https://www.iwf.org.uk/)**

구글이 웹 검색에서 아동에 대한 학대나 성범죄 관련 이미지를 몰아내고자 새로운 데이터베이스 IWF(Internet Watch Foundation ; 인터넷 감시 재단)을 통하여 아동보호단체들이 유해 정보를 한 번에 삭제할 수 있는 오픈 데이터베이스 방식으로 개발하고 2013년부터 적용할 수 있게 하였다. 구글은 2008년부터 아동 음란 이미지에 태그를 하는 '해싱(hashing)' 기술을 사용해 그 이미지가 다시 사용되는 곳을 찾아내는 방식을 사용해 심의하고 있다.

9 탐구과제

1. 건전한 영유아 ICT 활용을 위한 학부모 교육내용을 소개하여 봅시다.
2. 네티즌 윤리강령과 인터넷 사용영역별 수칙을 설명하여 봅시다.

제 **10** 장

행정지원을 통한 ICT 활용환경 구축방안

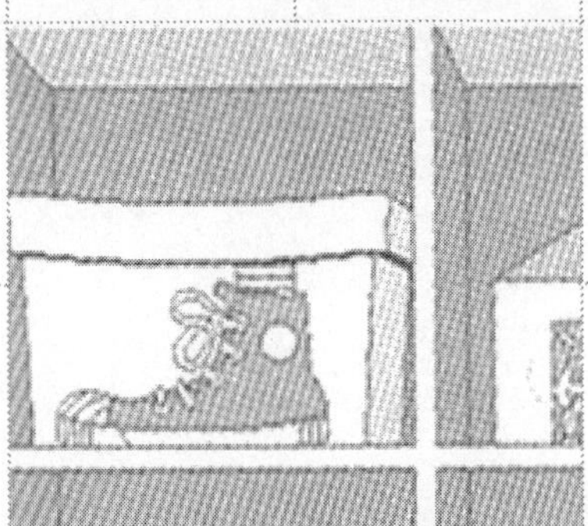

01 소프트웨어 품질인증제

컴퓨터 소프트웨어를 건전하게 활용하기 위해서는 어떤 자료가 ICT 교육에 적합한지를 판단할 수 있어야 한다. 특히 상업적으로 만들어진 소프트웨어들은 공신력 있는 교육 관련 기관, 즉 한국교육학술정보원, 교육개발원 등에서 제정된 평가기준에 의해서 품질보증을 받아야 한다.

유아용 소프트웨어의 평가척도는 일반인의 소프트웨어 평가척도에 더하여 유아의 발달 특성과 능력을 고려하여서 전인적인 발달요구를 만족시킬 수 있어야 할 것이다. 나아가 유아의 행동적인 발달수준은 물론 인지적인 발달수준도 고려되어야 할 것이다.

이미 미국에서는 다양한 평가기준이 소개되고 있고 우리나라에서도 평가척도가 제시되고는 있으나 적용상황은 일반화되고 있지 못하다.

Children's Software Revue(1998)는 다음의 여섯 가지 항목을 포함한 유아용 소프트웨어 평가도구를 소개하고 제시하였다.

〈표 10-1〉 Children's Software Revue의 유아용 소프트웨어 평가도구

평가준거	평가요소
사용의 용이성	· 유아가 프로그램을 실행시킬 수 있다. · 유아가 한 번만 사용해보면 독립적으로 사용할 수 있다. · 실행에 필요한 메뉴에서 쉽게 접근할 수 있다. · 문자를 읽을 수 없어도 프로그램을 사용할 수 있다. · 그래픽이 유아에게 의미가 있다. · 인쇄 과정이 간단한다. · 어느 시점에서도 활동을 시작하고 끝내는 것이 용이하다. · 초기 메뉴에서 빠르고 쉽게 도달할 수 있다. · 프로그램이 유아의 조작에 따라 통제된다. · 사용 설명서가 도움이 된다. · 필요할 때 화면에서 도움말을 볼 수 있다. · 유아가 실수한 것을 스스로 알 수 있다. · 아이콘의 크기가 크고 선택하기에 용이하다. · 설치 과정이 쉽고 간단하다.

평가준거	평가요소
적합성	· 키보드를 연거푸 치더라도 프로그램의 실행에 이상이 없다. · 유아의 컴퓨터 조작에 빠르고 명확하게 반응한다. · 유아가 화면상 출력의 양과 속도를 조절할 수 있다. · 유아가 언제나 활동을 끝내고 빠져나갈 수 있다. · 유아가 화면상에서 출력의 순서를 통제할 수 있다. · 제목을 나타내는 화면은 간단하거나 금방 통과 할 수 있다. · 키를 계속 누르고 있어도 컴퓨터에는 한 번의 입력으로 전달된다. · 유아가 사용하지 않는 파일은 손상되지 않는다. · 유아가 피드백을 이해한다. 예를 들면, 언제 실수를 했는지 알 수 있다. · 프로그램이 가정이나 학급에서 순조롭게 진행된다.
교육적 가치	· 하나 이상의 교육내용영역을 잘 제시한다. · 제시되는 그림은 프로그램의 교육적 의도를 손상시키지 않는다. · 의미 있는 그림, 음향과 함께 피드백이 주어진다. · 음성 언어를 사용한다. · 알맞은 범위 내에서 도전 기회를 제공하면서 연습을 할 수 있다. · 피드백은 내용을 강화한다. · 프로그램의 요소가 유아의 직접적인 경험과 연결된다. · 프로그램의 내용에 성에 대한 편견이 없다. · 프로그램의 내용에 인종에 대한 편견이 없다. · 유아의 아이디어를 프로그램에 반영시킬 수 있다. · 프로그램이 학습을 확장시킬 수 있다. · 프로그램을 반복해서 사용할 수 있도록 충분한 내용을 포함한다.
흥미	· 프로그램이 재미있다. · 그래픽이 유아들에게 의미 있고 흥미롭다. · 프로그램이 여러 계층의 사람들에게 매력적이다. · 유아들이 프로그램을 계속해서 사용한다. · 학습과 보상이 간헐적으로 일어난다. · 음성과 음향이 유아에게 의미가 있다. · 유아가 다양하게 도전할 수 있고, 자신의 수준을 선택할 수 있다. · 프로그램은 유아의 조작에 반응적이다. · 프로그램의 수제는 유아에게 의미가 있다.
디자인 특성	· 프로그램에 언어 기능이 있다. · 프로그램에 인쇄 기능이 있다. · 유아가 작업한 것을 계속 저장할 수 있다. · 프로그램이 자동적으로 분지되어 나가 도전수준이 다양해진다. · 유아의 아이디어가 프로그램의 디자인에 통합될 수 있다. · 음향이 적절하며 조절될 수 있다. · 개별 유아에게 적절한 피드백이 주어진다. · 유아가 지금까지 프로그램의 어떤 부분을 사용했는지 기록된다.
선제석인 가치	· 이상에서 평가된 여러 요소들과 소프트웨어의 값을 고려해볼 때 얼마나 가치가 있는가를 평가하시오. 프로그램의 효과를 극대화하기 위해 요구되는 카드나 CD-ROM 부품들에 대해서도 고려하시오. 나쁘다(1) 좋다(10)

〈표 10-2〉 Haugland와 Shade의 평가척도

평가준거	평가요소
연령의 적합성	· 발달에 적합한 개념을 포함하는가? · 유아의 발달적 요구에 부응하는 교육방법을 사용하는가?
유아의 조작성	· 유아가 능동적인 참여자의 역할을 하게 하는가? · 현 화면에서 다른 메뉴로 쉽게 전환할 수 있는가? · 시행착오가 가능한가?
명확한 지시	· 메뉴가 그림을 선택할 수 있도록 설계되었는가? · 지시가 단순하고 명확한가? · 음성으로 지시하는가?
난이도의 전개성	· 성인이 한 번 도움을 제공한 후, 스스로 사용 가능하도록 쉬운 단계에서 복잡한 단계로 전개되는가? · 학습의 위계가 분명한가? · 개념을 명확하게 습득할 수 있도록 하는가?
독립적 사용	· 프로그램을 제시할 때, 성인의 도움 후에 유아가 독립적으로 사용할 수 있는가?
비폭력성	· 소프트웨어에 폭력적인 인물과 행동이 제시되지 않는가? · 소프트웨어가 긍정적 사회적 가치(협동, 우정 등)의 시범을 보이는가?
과정 지향성	· 기능연습이 아닌 발견학습을 가능하게 하는가? · 내재적 동기를 유발시키는가? · 과정을 중시하는가?
실제 세계의 표상	· 사물이 실제처럼 구체적으로 표상되었는가? · 사물이 움직이고 유아가 조작할 수 있는가? · 사물의 작동이 단순하고 사실에 근거하고 있는가?
유아의 통제성	· 컴퓨터에 의해 독특한 학습경험을 제공할 수 있는 애니메이션이 있는가? · 색채가 풍부하고 화면에서 본 것을 실생활에 전이하는 데 도움이 되는 그래픽이 있는가? · 소프트웨어를 쉽게 설치할 수 있는가? · 일관성 있게 작동되는가? · 인쇄할 수 있는가? · 효과음향이나 음악이 사실적인가? · 실감나는 그래픽이 있는가? · 실행이 지연되지 않고 순조롭게 이루어지는가? · 유아가 컴퓨터상에서 한 활동을 저장할 수 있는가?
변형	· 사물과 상황을 변화시킬 수 있는가? · 현실에서 관찰하기 불가능한 과정을 관찰할 수 있는가?
편견배제 (anti-bias)	· 소프트웨어가 다양한 언어를 사용할 수 있도록 설계되었는가? · 유아에게 친근하고 다양한 문화를 표상하는 사물이나 상황을 제시하는 보편성을 지니는가? · 성차별이 없고 성역할에 편견이 없는가? · 다양한 문화적 배경을 가진 인물이 등장하는가? · 다양한 능력과 연령을 가진 인물이 등장하는가? · 다양한 가족구조를 반영하는가?

Haugland와 Shade(1999)는 유아발달에 관한 이론과 연구들을 기반으로 하여 3세부터 8세까지 유아들의 발달에 적합한 소프트웨어를 평가하는 도구를 소개하였다.

Haugland와 Shade의 소프트웨어 평가척도는 미국유아교육협회(National Association for the Education of Young Children : NAEYC)의 '발달수준에 적합한 유아교육의 실제' 지침과도 맥을 같이하고 있다. 이들의 기준은 1985년에 처음 소개되었으나 1990년에 편견에 관한 항목, 1996년에는 비폭력 준거가 첨가, 수정되었다.

Haugland와 Shade의 평가척도는 연령의 적합성, 유아의 조작성, 명확한 지시, 난이도의 전개성, 독립적 사용, 비폭력성, 과정지향성, 실제 세계의 표상, 유아의 통제성, 변형의 10개 준거와 반편견 공제로 구성되었다(김경철, 2002)

각 준거에 대해 기술된 특성을 모두 반영한 것이면 1점, 절반 정도를 반영하면 0.5점, 절반 미만을 반영한 것이면 0점으로 하여 합산한 점수에서 편견에 관한 점수를 공제하여 총점을 산출하되, 총점수가 7점 이상이면 발달적으로 적합한 소프트웨어라 한다(Haugland & Wright, 1997; 김경철, 2002 재인용).

그 외에도 인터넷의 오스카라고 불리는 Webby Awards에서는 십여 개의 수상영역 중 '어린이'를 독립된 영역으로 다루고 있다. 구체적인 평가준거는 내용, 구조와 내비게이션, 시각적 디자인, 기능성, 상호작용성, 전체적인 평가 등의 6가지 요소이며 점수는 사이트의 목적에 따라서 다르게 부여된다.

또한 우리나라의 경우 1998년부터 교육부 산하인 한국 교육방송원 부설 멀티미디어 교육지원센터에서 소프트웨어를 심의하여 인준해주는 교육용 소프트웨어 품질 인증 지침기준을 적용하기 시작하였고(한국교육방송원 부설 멀티미디어 교육지원센터, 1998), 현재는 한국교육학술정보원(KERIS)에서 품질인증을 실시하고 있다(http://quality.edunet4u.net/qlt/menu/home).

KERIS의 교육용 소프트웨어 품질 인증 지침의 기준내용은 다음 표와 같다.

〈표 10-3〉 ERIS의 교육용 소프트웨어 품질 인증 지침

영역		평가요소	배점
내용 영역	자료 제시성	· 지속적인 업데이트가 이루어지고 있는가? · 학습내용 이해에 도움을 주는 보조자료가 제시되는가? · 학습자료를 검색하기 위하여 다양한 검색 조건 기능을 제공하는가?	20
	타당성	· 학습목적에 맞는 적절한 내용 표현 매체(동영상, 사진, 음향)가 사용되었는가? · 내용의 양이 목표달성을 위해 충분한가? · 수업내용을 이해하기에 핵심적인 내용으로 구성되었는가? · 내용의 범위(width)가 대상 학습자에게 적절한가? · 내용의 깊이(depth)가 대상 학습자들에게 적합한가? · 내용체계가 합리적인가? · 전반적으로 학습강좌(강의 이용/강의실 이용 관련)에 대한 도움말이 있는가? · 학습자가 학습 과정에서 학습 현황 및 진도 상황을 알 수 있는가?	55
	신뢰성	· 최근의 내용이 잘 반영되어 있는가? · 제시된 자료(정보)가 오류가 없고 정확한가? · 저작권 문제가 해결된 것인가? · 학습내용에 대한 미리보기 기능을 제공하는가?	25
	윤리성	· 사이트의 전체 교육 과정 또는 교육환경에 대한 역기능은 없는가?	적/부
교수 설계	사용자 편의성	· 탐색의 방법 및 도구가 체계적이고 일관적인가? · 학습자가 사이트 이용 시 사용자 위치 표시 기능이 있는가? · 사이트 맵의 정보가 정확하게 연결되어 있는가? · 교육내용 및 정보 간 이동이 쉽도록 구성되어 있는가? · 원하는 교육 정보에 접근하기 쉬운가? · 사이트 이용이 편리하도록 버튼 또는 메뉴(홈 또는 메인으로 바로가기)가 구성되어 있는가?	25
	기술성	· 학습자가 수업내용을 수강할 때 지원되는 솔루션은 적당한가? · 수업내용이 제시되고 있는 멀티미디어 매체와 적당한가?	15
	디자인	· 각 페이지의 문단 배열(grid, 레이아웃)이 일관성 있게 적용되었는가? · 텍스트간격, 페이지 구성 등이 보기 쉽게 제공되는가? · 각 페이지별 색상선정 및 색상 대비가 적정하게 사용되었는가? · 사용자가 이해하기 편한 디자인의 사용버튼, 아이콘이 사용되었는가? · 과목의 특성에 적합한 전략이 사용되었는가? · 평가정보가 학습에 기여하는가? · 내용의 반복이 학습을 위해서 충분히 이루어지는가? · 내용의 계열화(sequencing)가 합리적인가?	30
	상호 작용성	· 교수자(혹은 자료제공자)와 학습자 간의 게시판, 채팅 등의 의사소통 도구가 이루어지는가? · 학습자들이 활동할 수 있는 토론방(또는 동호회)이 활성화되어 있는가? · 교육 또는 자료 내용에 대한 학습자의 반응에 신속한 피드백이 제공되는가? · 교육단계가 학습동기를 유발할 수 있도록 구성되어 있는가? · 학습자가 개별강좌(상담, 진도, 성적관리 등)에 대하여 도움을 받을 수 있는가?	30

02 인터넷 자율등급제

인터넷 자율등급제는 정보제공자가 제공하는 정보의 내용을 일정한 기준에 따라 등급을 부여, 표시하면 정보이용자들이 이를 참고하여 내용을 취사선택하게 되는 방식이다. 우리나라의 경우, 정보통신부는 불건전한 정보로부터 어린이들을 보호하기 위하여 국제적 표준으로 자리 잡고 있는 인터넷 내용 등급제를 도입하기로 하였지만 사업자들이 이를 강력하게 반대하고 있어 실천이 쉽지가 않다(이경우, 2000).

인터넷 자율등급제(Internet Rating System)는 영화나 텔레비전의 프로그램에 적절한 시청 대상자의 수준을 명기하는 것처럼 인터넷 상의 정보 첫머리에 음란, 폭력성 따위의 수준과 강도를 나타내는 등급을 제시하는 방법으로 강제적인 차단 소프트웨어의 설치에 대한 대안으로 시작되었다. 등급이 높은 성인용 정보를 보려면 비밀번호를 써넣어야 하기 때문에 학생들이 우연히, 또는 의도적으로 불건전한 자원에 접속하는 일을 막아줄 수 있다(Mather, 1996).

1995년, 미국에서 통신품위법(CDA)이 제출되어 법적인 규제를 시도하였으나 인터넷 자원에 대한 법적 규제를 반대하는 인터넷 정보 제공자(ISP)들 사이에서 스스로 등급을 매겨 자율적으로 인터넷 자원을 정화하자는 취지에서 인터넷 자율등급제가 시작되었다. 인터넷 자율등급제는 인터넷 상의 자원에 등급을 표시하고, 등급에 따라 정보를 선별해주는 웹브라우저를 사용하여 청소년에게 불건전한 자원을 걸러내는 방식이다. 자율등급제 중에는 미국의 ICRA(Internet Content Rating Association)의 ICRA 등급과 SafeSurf Organization의 SafeSurf가 대표적이며, Micro Soft사의 Internet Explorer에는 이러한 인터넷 등급에 따라 내용을 관리하는 기능이 포함되어 있다(주영주, 곽은순, 1999).

우리나라는 정보통신부가 인터넷을 통하여 유통되는 정보가 유아나 청소년들에게 유해한 정보인지를 선별하여 여과할 수 있는 장치가 없어 음란 또는 폭력물 등 불건전 ICT 환경에 손쉽게 접촉하게 되어 많은 문제를 일으키는 등 부작용을 초래하고 있는 점을 감안하여 인터넷상의 음란 또는 폭력물로부터 이들을 보호하기 위한 국제적 표준으로 자리 잡고 있는 인터넷 내용 등급제를 도입하였다(http://www.safenet.ne.kr)(이경우, 2002)

미국의 경우, 인터넷 자율등급제(PICS : Platform for Internet Cabinet Selection)를 통하여 유아, 청소년을 유해정보로부터 보호하고 성인들의 볼 권리 제공방안을 추진하고 있지만 기준에 대한 논란과 정보제공자들의 자율적 등급설정에 의존해야 하기 때문에 효과적이라고 할 수 없다.

인터넷 자원에 대해 등급별 기준을 제안하고, 개별 자원에 대한 등급을 부여하는 등 인터넷 등급제를 지원하는 단체로는 ICRA(Internet Content Rating Association; www.icra.org)와 SafeSurf가 있다.

ICRA와 SafeSurf는 불건전한 내용에 대한 자체 등급 기준을 가지고 있어 사용자는 웹브라우저 상에서 원하는 자율등급제를 선택, 설정하여 사용할 수 있다. 그러나 자율등급제의 적용을 위해서는 먼저 인터넷 문서(html)가 기술 표준인 PICS(Platform for Internet Content Selection : http://pics.microsys.com/)를 따라 작성되어야 한다. PICS는 1996년 9월 미국의 사회단체인 W3C가 정한 기술 표준으로 인터넷 문서 작성 시 포함해야할 등급 정보의 포맷과 통신 프로토콜 등을 규정한 것이다.

ICRA(http://www.icara.org) 등급은 섹스, 신체노출, 말투, 폭력의 각 분류 항목에 대해 0~4의 등급 기준을 가지고 있다. 섹스의 경우, 0등급은 '없음', 1등급은 '정열적인 입맞춤', 2등급은 '옷 입은 상태에서의 성적 교감', 3등급은 '절제된 성적 교감', 4등급은 '노골적인 성행위' 등으로 등급이 높아질수록 표현의 강도가 심해진다. 반면 SafeSurf (http://www.safesurf.com)는 종교 모독(profanity), 이성애(heterosexual themes), 동성애(homosexual themes), 누드(nudity), 폭력(violence), 마약 사용 미화(glorifying drug use) 등 9개 항목에 대해 9단계의 등급 기준을 제시한다.

Micro Soft사의 웹브라우저인 Internet Explorer는 4.0버전부터 내용 관

리자를 통해 ICRA 등급이나 SafeSurf 등급을 설정할 수 있으며, 설정을 하면 그 등급 내에서 허용되는 웹사이트에만 접근이 가능하고, 그 밖의 내용을 담은 인터넷 사이트에 대한 접근은 비밀번호를 입력해야만 가능하다.

인터넷 자율등급제는 추가적인 비용 없이, 쉽게 인터넷의 불건전한 자원을 통제할 수 있는 방안이다. 불건전한 자원에 대해 경고를 하고, 비밀번호를 입력해야 접근할 수도 있는 시스템이므로, 차단 소프트웨어를 통한 무조건적인 차단의 위험성을 최소화할 수 있다. 그러나, 다른 통제 방안과 마찬가지로 인터넷 자율등급제의 실효성에 대해서 다음과 같은 점에서 회의를 느끼게 한다(주영주, 곽은순, 1999).

첫째, 전 세계의 수많은 인터넷 자원을 일일이 등급을 매겨 관리하는 것은 현실적으로 불가능한 일이다. 날마다 갱신되는 수많은 홈페이지와 문서, 파일 등을 모두 관리하는 것은 어려운 일이다.

둘째, 등급이 없는 정보들은 없는 정보로 취급되거나 통제될 염려가 있다. 즉 PICS의 표준을 따르지 않고 제작된 홈페이지의 경우, 등급이 없기 때문에 교육적으로 적절하다 하더라도 차단될 위험이 있다. 실제로 현재 우리나라의 대부분의 홈페이지가 PICS를 따르지 않고 있고, 외국의 홈페이지의 경우에도 PICS를 따르지 않는 경우가 많기 때문에, 인터넷 검색을 위해서는 끊임없이 경고 메시지를 보고, 비밀번호를 입력해야 하는 수고가 필요하다.

셋째, 등급 기준은 각국의 문화적 차이 때문에 혼란을 야기할 수도 있다. 예를 들면, 우리나라에서는 별 문제되지 않을 '보신탕' 관련 정보가 외국에서는 동물 학대 정보로 비쳐질 수도 있어 차단될 수도 있다. 그러므로 문화적 차이를 극복할 수 있는 국제적으로 합의된 등급 기준의 제정이 필요하다.

넷째, 인터넷 독과점 기업이 참여한 인터넷 자원의 선별과 차단을 통해 독과점이 더욱 더 견고해질 수 있다. Microsoft사가 인터넷 자율등급제를 채택, 지원함에 따라 이 회사의 독과점을 더욱 지지하는 결과가 되리라는 우려의 목소리도 커지고 있다.

현재 인터넷 자율등급제는 초기 구축단계로 아직까지 대부분의 인터넷 문서가 PICS에 따라 제작되고 있지 않다. 그러므로 인터넷 자율등급제는 많은 한계점이 있지만, 인터넷 자원들이 자율등급제를 지원하는 방식으로 제작되고, 국제적인 협의에 따른 타당한 등급 기준이 제시된다면, 불건전한 자원을 경고, 통제하는 가장 쉽고, 편리하며 저렴한 방식이 될 것이다.

03 차단 소프트웨어

인터넷 상에서 펼쳐지는 정보들 중 유해한 내용을 담고 있는 사이트의 접속을 막아주기 위하여 우리나라 정부는 시책도 발표하고, 유해 사이트 차단 소프트웨어 배포운동, 시민의 사이버 지킴이 운동 등을 펼치고 있지만 그 효과는 아직 극히 가시적이지 못하다.

인터넷상의 차단 소프트웨어(filtering software)는 특정한 내용의 정보를 여과하거나 차단해주는 프로그램으로 주로 가정, 학교, 유치원 또는 도서관 등에서 유아나 학생들이 음란물이나 폭력, 도박, 마약 사용 등 유해한 내용을 포함한 웹사이트나 뉴스그룹, 채팅 등으로 접속하는 것을 방지해주는 역할을 한다(Mather, 1996).

차단 소프트웨어의 차단 방식은 크게 두 가지로 대별할 수 있다. 그 하나는 미리 수천 또는 수만 개의 불건전한 인터넷 사이트의 주소를 검색하여 접속을 차단하는 사이트 기반 차단(Site-selected blocking) 방식이며, 다른 하나는 '섹스', '누드' 등의 낱말을 검색해 차단하는 주제어 차단(keyword blocking) 방식이다(Munro, 1998).

초기의 차단 소프트웨어에서는 주로 주제어 차단 방식을 사용했다. 그러나 섹스(sex), 누드(nude), 유방(breast) 등 불건전한 정보를 포함할 가능성이 있는 주제어가 들어간 모든 사이트에 대한 접근을 차단했기 때문에, 오히려 성교육(sex education)이나 유방암(breast cancer), 동성애에 있어서의 권리(gay right) 등과 같은 중요한 정보로의 접근까지도 원천 봉쇄하는 결과를 야기하였다. 이러한 문제점을 해결하기 위하여 사이트 기반 차단 방식도 있다.

현재 전 세계적으로 Cyber Patrol, CYBERSitter, Net Nanny, SurfWatch 등 20여 종의 차단 소프트웨어가 가정, 유치원, 학교 및 도서관에서 사용되고 있다(주영주, 곽은순, 1999).

각 차단 소프트웨어의 기능과 장단점을 살펴보면 다음과 같다.

- Cyber Patrol (http://www.cyberpatrol.com/)

Cyber Patrol은 미국의 대표적인 교육용 소프트웨어 및 CD-ROM 개발, 판매사인 The Learning Company(TLC)가 판매하는 차단 소프트웨어로 전 세계적으로 가장 널리 사용되고 있다. 불건전한 자원으로의 접근과 사용시간을 제한하는 방법으로 인터넷 사용을 관리한다. 누드, 포르노 등에 관한 CyberNO 목록을 구축하여, 교사나 학부모들이 자율적으로 통제의 범위와 수준을 결정하도록 하며, 추천할 만한 사이트를 담은 CyberYES 목록을 제공하여 건전한 사용을 유도한다. 또, 대화방에서의 불건전한 행동을 감시하는 ChatGuard 기능도 가지고 있다.

- CYBERSitter (http://www.cybersitter.com)

Solid Oak Software사가 제작한 차단 소프트웨어로 불건전한 웹사이트, 뉴스그룹 및 대화방에 대한 차단을 지원한다. 단어(word) 중심이 아니라 구절(phrase)을 중심으로 그 불건전성을 판단하는 것이 특징이다. 교사나 학부모는 학생들이 불건전한 자원에 접근하게 되었을 때, 완전히 차단할 것인지, 경고하고 차단할 것인지, 아니면 경고만 할 것인지를 설정할 수 있게 고안되어 있다.

- Net Nanny (http://www.netnanny.com/)

Net Nanny는 Net Nanny Software International사의 차단 소프트웨어로 웹사이트와 뉴스그룹, 대화방 외에도 전자메일과 개인정보에 대한 차단도 지원한다. 또한, 회사에서 제공한 불건전한 사이트 목록 이외에도 학부모나 교사가 불건전하다고 판단되는 사이트를 목록에 추가할 수 있는 기능이 있다.

• NCApatrol (http://www.icec.or.kr/)

NCApatrol은 1997년 9월 한국전산원이 개발한 한국형 차단 소프트웨어로 현재 정보통신윤리위원회를 통해 각급 학교와 학부모에게 무료로 배급되고 있다. 소프트웨어 내부의 불건전 사이트 목록을 통해 접속을 차단하는 방법을 사용하고 있다.

• 넷아거스 (NetArgus:http://www.plustech.co.kr/)

넷아거스는 플러스기술주식회사가 개발, 판매하는 한국형 차단 소프트웨어이다. 학교나 공공도서관, 인터넷 PC방, 공공기관 등을 대상으로 제작되었다. 관리자 컴퓨터에 프로그램을 설치하면 Lan으로 연결된 모든 학생용 컴퓨터의 인터넷 접속 순위 및 인터넷 사용내역을 알 수 있어 실시간 감시와 차단이 가능하다. 음란, 폭력, 전신누드, 도박, 마약, 해킹 등 11개 유형의 유해정보 3만 2천개 사이트를 도메인 주소로 차단하며 시간대별로도 차단이 가능하다.

차단 소프트웨어의 사용은 현재의 상황에서 불건전 인터넷 자원에 대한 유아나 청소년의 접근을 막는 가장 확실한 해결방법이라 볼 수 있다. 그러므로 차단 소프트웨어를 선정할 때는 차단 방식과 차단하고 있는 사이트의 수, 차단 목록의 업데이트의 주기, 사용자 조절 기능 등을 철저하게 검토하여 결정하여야 한다.

04 관련 법령 제정

ICT 활용환경은 정보의 바다이기도 하지만 한편으로는 무방비 상태의 유해한 쓰레기장이기도 하다. 더욱이 웹에 기존의 방송, 출판, 대화형 미디어, 게임 등이 하나로 통합되면서 더욱 더 불건전한 정보와 콘텐츠가 기승을 부리고 있다. 특히 발달적으로 미숙하고 아직 자기조절 능력이 부족한 유아들은 사이버 상에서 무방비하게 노출되어 있다.

불건전한 ICT 활용환경으로부터 학생들을 보호하는 가장 통제력이 강한 방안은 법적인 규제를 통해 ICT 활용환경을 통제하는 것이다. 이는 불건전한 인터넷 자원을 만들어 유포시키는 행위를 범법행위로 규정하고, 법적인 제제를 가하는 것이다.

세계의 여러 나라는 자국의 문화와 역사, 가치관 등에 따라 나름대로의 기준에 맞는 인터넷 자원에 대한 법적 규제를 가지고 있는데, 대부분 아직까지는 인터넷 자원만을 전문적으로 다루는 법안이 있기보다는 PC통신이나 컴퓨터, 또는 영화, 비디오와 같은 유사 범주 법안에 따라 규제를 행하고 있는 실정이다.

우리나라의 경우, 인터넷 정보에 대한 법적 규제는 전기통신사업법, 전산망 보급 확장과 이용촉진에 관한 법률 등에 의기하며, 전화 정보 및 PC통신과 동일하게 취급되는 등 극히 미약한 수준이다.

2000년 6월 1일부터 '개인정보보호지침'이 시행됨으로써 통신, 인터넷, 전자상거래 사업자 등 정보통신서비스 제공자들이 만14세 미만의 아동으로부터 개인정보를 수집하는 경우에는 학부모의 동의를 얻어야 한다. 또 학부모나 법정 관리인이 수집된 만14세 미만 아동의 개인정보를 열람 및 정정을 요구하는 경우 서비스 제공자는 반드시 응하도록 규정하였다.

또한 학부모 등 법정관리인의 동의를 받아 수집한 만 14세 미만 아동의 개인정보를 법정대리인이 열람 및 정정을 요구하는 경우 서비스 제공자가 반드시 응하도록 규정하였다. 또 개인정보수집 시 선택 항목을 기입하지 않았다는 이유로 기본적인 서비스 제공을 거부하는 것을 금지시켰다. 이용자는 개인정보에 대한 분쟁이 있는 겨우 한국정보보호센터 내의 개인정보분쟁조정위원회에 처리를 의뢰할 수 있다.

정보통신부 홈페이지(http://www.mic.go.kr)와 개인정보침해 신고센터 홈페이지(http://www.cyberprivacy.or.kr)에 공개하고 한국정보보호센터와 한국정보통신진흥협회에서 자료를 배포하고 있다. 서비스 사업자가 개인정보보호지침을 위반하였을 경우, 최고 징역 1년 이하 또는 1,000만원 미만의 과태료가 부과된다(이경우, 2002).

미국의 경우, 정부에서 유아들이 인터넷을 사용하려면 학부모의 동의를 얻어야 한다.

www.surfmonkey.com, www.disney.com, www.scholastic.com 등의 어린이 대상 사이트에서는 학부모의 동의를 얻는 절차를 거친다. 예를 들어 오락 사이트인 www.nintendo.com에서는 유아들이 혼자서 회원으로 가입을 했어도 반드시 학부모가 이메일에 동의를 하는 승낙서를 보내야 한다. 학부모는 당 사이트로부터 다운 받은 승낙서에 필요한 정보와 사인을 한 뒤, 전화나 팩스로 다시 전송을 하는 진지하고 철저한 절차를 거쳐야만 한다(이경우, 2000).

현재 우리나라에서 불건전한 ICT환경에 대한 법적 규제는 전기통신사업법시행령에 의거한 정보통신윤리위원회의 심의 및 시정 요구와 전산망 보급 확장과 이용촉진에 관한 법률에 의거한 벌칙 부과 등이 이루어지고 있다.

전산망 보급 확장과 이용 촉진에 관한 법률은 전산망의 개발 보급과 이용을 촉진하고, 전산망의 안정적인 관리와 운영을 통해 정보 사회 기반을 조성하여 국민 생활을 향상시키고 공공복리를 증진시키는 것을 목표로 제정된 법률이다. 국가의 안전을 위태롭게 하는 행위, 공공의 안녕 질서 및 미풍양속을 해치는 행위, 국가경제질서를 파괴하거나 경제발전에 위해한 행위, 범죄행위 등을 금지하고 있다. 전기통신사업법시행령을 따르며, 범죄

행위를 목적으로 하거나 교사하는 내용, 반국가적 행위의 수행을 목적으로 하는 내용, 선량한 풍속 및 기타 사회 질서를 해치는 내용에 대해 심의하고, 시정 요구, 경고, 정보 삭제, 이용 정지 등의 조치를 취할 수 있다(주영주, 곽은순, 1999).

1995년 4월, 정보통신부 산하에 정보통신윤리위원회가 설립되어 인터넷 자원에 대한 심의 및 관련 조치를 집행하고 있으며, 1997년 8월에는 경찰청 컴퓨터 범죄 수사대가 발족되어, 인터넷의 음란, 폭력물 배포에 대한 검색, 단속을 전담하고 있다.

미국의 경우, 1996년 세계 최초로 인터넷 자원에 대한 규제를 실시한 통신 품위법(CDA : Communication Decency Act)에서 외설적이고 음란한 정보를 웹사이트나 다른 어디에서도 미성년자에게 팔 수 없다고 규정, 규제를 하였으나 1997년 6월, 표현의 자유를 침해하며 품위의 정의가 모호하다는 이유로 위헌 판결을 받게 되었다. 1998년 10월 이를 보완, 좀 더 구체적인 내용을 담은 청소년 온라인 보호법(COPA : Child Online Protection Act)을 하원에서 통과시켜 음란 인터넷 사이트에 미성년자를 가입시키는 사람, 미성년자가 음란 인터넷 사이트에 접속할 수 있도록 해주는 모든 사람에 대해 5만 달러의 벌금과 6개월의 징역형에 처하도록 하였다(중앙일보, 981008; 동아일보, 981011). 그러나 최근 COPA는 연방판사로부터 위헌 판정을 받음으로써 "보호라는 명분으로 장차 어린이들이 온전히 물려받게 될 표현의 자유를 침식한다면 궁극적으로는 어린이들에게 해를 끼치게 될 것"이라면서 이 법의 시행을 봉쇄하는 예비금지명령령을 내렸다(중앙일보, 990203).

또한 인터넷 사용에 대한 학부모의 동의는 법적으로 강화되고 있다. 예를 들어 오락을 위주로 하는 http://www.nintendo.com의 경우에도 어린이들이 인터넷에 스스로 멤버로 등록을 했어도 학부모가 전자우편으로 동의를 하는 승낙서를 보내야 한다. 학부모는 인터넷 사이트로부터 전송받은 서류에 정보를 기록하고 사인한 후, 전화를 하거나 팩스로 다시 전송을 하고 허락하는 등 여러 과정을 거친다. 게임사이트인 경우에도 학부모의 동의를 얻는 절차는 진지하고 철저하다. 거듭 강조하지만 인터넷 사이트에서는 학부모가 동의하고 사인을 해야만 어린이들이 인터넷을 사용할 수 있다. www.surfmonkey.com, www.disney.com, www.scholastic.com도 학부모의 동의를 얻는 과정을 거치는데, 이는 법적으로 어린이가 인터넷을 사용하기 위해 학부모의 승낙을 확인하는 과정을 정부가 어린이 권리 보호 차원에서 요구하고 있기 때문이다.

그 외에도 ISP의 자율적 규제를 위한 ISP협의 체제를 강화하고 있다. 즉, ISP의 공동 온라인 아동보호정책 가이드라인과 그 가이드라인을 강제할 수 있는 협의체제, The Commercial Internet Exchange Assocation이 강화되고 있다(이경우, 2002).

일본에서는 인터넷의 불건전한 자원에 대한 조치로 1998년 5월, 미성년자를 대상으로 음란물을 제작, 유포하는 것을 단속하기 위한 '어린이포르노처벌법안'을 국회에 상정하였다(정보통신윤리위원회, 1998c).

음란물의 적용과 관련된 국내법은 다음과 같다.

① 헌법

- 21조 : 언론, 출판, 집회, 결사의 자유
- 22조 : 학문과 예술의 자유
- 37조 : 국가 안전 보장, 질서유지, 공공복리 위한 자유의 제한

② 형법

- 243조 : 음란물 반포 죄

③ 정보통신만이용촉진및정보보호등에관한법률

- 5장 : 정보통신망에서의 청소년 보호 등

④ 성폭력범죄의처벌및피해자보호등에관한법률

- 14조 : 통신매체 이용 음란물 배포는 처벌 가능

⑤ 전기통신기본법

- 48조의 2 : 전기통신수단을 이용한 음란물 배포 처벌 가능

- 53조 : 불온 통신의 단속
- 53조의2 : 정보통신윤리위원회 구성 업무 지정

⑥ **전기통신사업법 시행령**

- 16조 : 불온통신의 내용 규정
- 16조의 2 : 정보통신위원회 강령 제정

법적 규제는 유아를 부적절한 인터넷 정보로부터 보호하는 데 있어 가장 강력한 통제력을 가진 방안으로, 불건전한 인터넷 자원들을 배포하는 비윤리적 사용자에 대한 유일한 처벌 방안이 될 수 있다. 실제로, 1998년 7월 이후, 인터넷 자원에 대한 수사가 확대되자 몇몇 IP에서는 자신들의 정보를 자진 폐쇄하고, ISP에서는 개인 홈페이지에 대한 강력한 모니터링을 실시하게 되었다. 또 심마니, 야후 코리아 등의 검색사이트 운영 업체들도 등록을 의뢰하는 홈페이지의 심사를 강화하고, 음란사이트에 대한 구체적인 규제 기준을 만드는 등 불건전한 자원들에 대한 관리, 감독을 강화하고 있어, 그 숫자가 현저하게 줄어들고 있다(전자신문, 980703). 그러나, 인터넷 자원에 대한 법적 규제는 다음과 같은 측면에서 많은 한계와 논란의 여지를 가지고 있는 것이 사실이다(주영주, 곽은순, 1999).

첫째, 표현의 자유와 지적 자유를 제한하는 결과를 불러일으킬 수 있다. 심의, 검열이라는 제도는 원칙적으로 표현의 자유와 알 권리를 침해하는 것이 되고, '불건전성'의 판단 기준도 자의성을 가지고 있기 때문에 많은 논란거리가 되고 있다. 이에 따라. 인터넷 자원의 법적 규제와 검열을 반대하는 단체들도 생겨나, 가상공간 상에서 다양한 활동을 하고 있다. 대표적인 단체로 EEF(Electronic Frontier Foundation : http://www.eff.org), Epic (Electronic Privacy Information Center : http://www.epic.org) 등이 있으며 전 세계적으로 활동하고 있다. 이들 단체는 법적 규제에 반대하여 홈페이지에 파란 리본 그림을 삽입하는 '온라인상의 표현의 자유를 위한 파란 리본 캠페인(The Blue Ribbon Campaign for Online Free Speech)' 이벤트 등을 벌리고 있다.

둘째, 법적 규제의 구속력은 국가 범위에 한정되기 때문에, 국외에서 제작된 불건전한 자원이나 그에 대한 접근을 통제할 수 없다. 국내법은 국외에서 제작된 불건전한 자원에 대해서는 구속력이 없으며, 국외의 불건전한 자원에 대한 자국인의 접근을 막는 방안도 현실적으로 불가능하다. 최근에는 외국에서 한국인을 겨냥한 한국형 음란 사이트가 개설되기도 하고, 국내 거주자가 외국의 인터넷 서버에 불건전한 홈페이지를 개설하는 등 교묘히 법망을 벗어나는 사례도 발생하고 있다(조선일보, 981202.).

셋째, 인터넷 자원의 방대성과 빠른 변화로 인하여 모든 자원을 검토하여 불건전한 자원을 색출해내는 데 한계가 있다. 인터넷 자원은 그 수가 거대하고, 도서나 영화, 비디오처럼 고정성 있는 자원이 아니라 지속적인 추가, 삭제, 수정 등의 갱신이 가능한 자원이다. 제대로 된 인터넷 자원 검색을 위해서는 모든 자원을 주기적으로 샅샅이 검토해야 하는데, 이는 실질적으로 불가능한 일이다. 대부분의 불건전 홈페이지 개설자들은 단속을 피하기 위해 자신의 인적사항을 거짓으로 등록하거나, 수시로 주소를 바꾸는 등의 수법을 쓰기 때문에 철저한 단속 자체가 불가능한 실정이다(세계일보, 980514).

인터넷 자원에 대한 법적 규제는 많은 문제점도 가지고 있지만, 불건전 자원에 대한 유일한 강제적 통제방안이며, 불건전 자원의 위험성을 알리고, 불건전 자원을 만들거나 유포시키는 행위에 대해 경고한다는 상징적인 의미도 가지고 있다.

인터넷 자원에 대한 법적 규제가 더욱더 현실화되어, 효과적으로 불건전 자원을 검색, 단속하기 위해서는 우선적으로 불건전한 자원에 대한 구체적이며 논리적인 기준을 설정하여, 세계 각국이 협력하여 공동으로 대응하는 방안이 마련되어야 할 것이다.

05 우수 자료 및 사례 포상제

유아교육에서 ICT의 활용이 보편화됨에 따라 유아를 위한 소프트웨어와 인터넷 사이트가 많이 소개되고 있으나 어떤 자료가 좋은 것인지 판단하는 안목이 부족한 부모님과 일반인들을 위해 전문가, 연구 단체에서 기준을 만들고, 상을 제정하여 이 기준에 따라 좋은 자료에 상을 수여하여 우수한 자료를 널리 알리는 포상 제도가 있다.

이경우(2002)는 포상제에 관심을 두는 이유를 다음 2가지로 설명하고 있다.

첫째, 수많은 산물 중에서 어떤 것이 가장 우수한지 선정하여, "과연 최선의 것은 무엇인가?"를 혼동하는 부모, 전문가, 출판·개발사, 연구자들에게 도움을 주기 위함이며 둘째, 테크놀로지와 미디어를 어떻게 혁신적으로 표현하고 연계했는지 평가하고 추천하기 위함이다.

이런 목적으로 제정된 대표적인 ICT 관련 상은 다음과 같다(이경우, 2002).

• **웨비상(Webby Award : www.webbywards.com)**

웨비상은 '인터넷의 아카데미 상'이라고도 불리는데 5월 중순에 시상을 한다. 주관은 미국의 '디지털 문화와 과학을 위한 국제 아카데미'에서 한다. 기술력과 인기도가 뛰어난 인터넷 사이트를 뽑아 27개 부문에 걸쳐 시상한다. 웨비상이 부여하는 인터넷 사이트의 수상영역은 광범하다. 음악, 미술계 소식, 방송계 인물, 상업 계통 법, 지역사회, 교육방송, 과학, 영화, 경제, 게임, 여행, 유머, 텔레비전, 어린이 등이다. 웨비상을 수상한 대표적인 어린이 분야의 좋은 사이트는 http://www.scholastic.com이 있다.

• **볼로냐 뉴 미디어상(Bologna New Media Prize : BNMP)**

Bologna Children's Book Fair와 손잡고 1998년 4월 이탈리아 볼로냐에

서 '최선의 소프트웨어'에 상을 수여하기 시작한 볼로냐 뉴 미디어 상은 매해 어린이를 위한 소프트웨어 제작사에 교육적으로 우수하고 역사적인 소프트웨어를 개발하도록 격려하기 위해 실시되고 있다. 또한 이 상은 소프트웨어 제작사들이 지적인 자원으로 소프트웨어의 가치를 인정하고 도서출판과 소프트웨어 제작사에 협력을 촉진하기 위한 것이다(Buckleitner, 1998). 볼로냐 뉴 미디어 상은 소프트웨어에 대한 평가를 실시하고 있는 CSR(Childrens Software Revue)이 후원하고 있다.

• 미국도서관협회의 우수 어린이 웹사이트

미국도서관협회(ALA : American Library Association)의 우수 어린이 웹사이트(NCWS : Notable Children's Web Sites)는 14세까지의 어린이를 대상으로 하고 있는 사이트 중에서 내용과 전체적인 구성 면에서 우수한 사이트를 심사하고 있다.

또한 어린이들에게 교육적으로 추천할 만한 질 좋은 교육내용을 담고 있고 어린이들의 흥미를 고려하고 인터넷을 통한 학습에 모범이 될 만한 사이트를 선정하고 있다.

[그림 10-1] NCWS 수상사이트 (www.betweenthelions.com)

ALA에서 제시한 평가영역은 사이트의 운영자와 지원, 목적, 디자인과 안정성 내용 등 인터넷 웹사이트 각 영역에서 갖추어야 할 사항에 대하여 다각적인 평가가 가능하다는 것이 특징이다(이경우, 2002). 대표적인 수상 사이트는 www.betweenthelions.com이 소개되고 있다.

• SBS 어린이 미디어상

SBS 어린이 미디어상은 지식 정보화 사회의 미래를 열어갈 우리나라의 어린이들이 사용하게 될 어린이 교육 미디어의 개발을 장려하기 위하여 2001년에 처음 수여되었다. SBS와 아이북랜드가 주최한 이 상은 어린이의 정서발달과 문화발전에 기여하는 미디어에 대한 선정 기준을 마련하고, 범사회적인 중요성을 알리는 데 목적을 두고 있다(이경우, 2001).

수상절차는 연구진이 제공한 자료를 바탕으로 공모 접수를 실시하고, 20인의 평가단 및 심의 의원을 구성한다. 1차와 2차에 걸친 평가단 회의를 거쳐 후보작을 선정하고, 최종 심의를 거쳐 수상작을 선정한다.

이 상은 CD-ROM 타이틀 부문과 인터넷 사이트 부문으로 나누어 수상작을 선정하는데 수상 사이트로는 www.childedu.net이 있다.

[그림 10-2] SBS 어린이 미디어상 수상사이트(www.childedu.net)

10 탐구과제

1. 소프트웨어 품질인증제의 지침을 살펴봅시다.
2. 다음 용어를 설명하여 봅시다.
   - 인터넷 자율등급제
   - 차단 소프트웨어
   - 개인정보 보호지침
   - 어린이포르노처벌법안
   - 볼로냐 뉴 미디어상
   - SBS어린이 미디어상

제 11 장

물리적 ICT 활용환경

01 건 강

컴퓨터를 빈번하게 사용하면 시력저하뿐 아니라 목, 등, 팔꿈치 등에 통증이 오는 병을 유발한다(주영주, 곽은순, 2002). 더욱이 유아들은 일반 성인에 비해 성장이 완성되지 않았기에 유아기에 컴퓨터 사용을 강조하면 스트레스, 시각적 긴장, 비만 등과 같은 건강에 해로운 증상이 쉽게 유발된다. 유아들이 컴퓨터를 장시간 활용할 경우 손, 손목, 팔, 목 등 신체상의 장애를 초래할 수 있다. 특히 유아들은 성인에 비하여 뼈, 신경, 근육 접합 부위, 신경 조직이 아직 성장하는 중에 있기 때문이다.

컴퓨터와 모니터로부터는 여러 가지 화학물질이 방출되고 있으며 특히 전자파는 건강에 심각한 영향을 미치게 되므로 자신의 모니터로부터 50 cm 이상, 다른 모니터로부터는 90cm의 거리를 두고, 모니터의 높이도 10~22.5cm 정도로 낮추어 눈을 너무 위로 치켜뜨지 않도록 하는 것이 좋다(Alliance for Childhood, 2000).

Hedge(2000)는 유아를 포함한 아동들은 컴퓨터 사용에 있어서 20분마다 휴식이 필요하고, 1시간에 45분 이상 사용하지 말고, 하루에 컴퓨터 앞에서 4시간 이상을 보내지 않도록 권고하고 있다.

02 통합적 접근

유아교육에 있어 ICT 활용환경은 컴퓨터 배치에 영향을 받게 되는데, 이는 크게 통합적 접근과 따로 독립된 공간으로서의 Lab으로 대별할 수 있다. 통합적 접근은 학습 활동의 한 방법으로 컴퓨터를 위시한 ICT 매체를 활용하는 것을 말한다. 유아교육은 교과를 분리하여 학습하는 초중등교육과 달리 통합적 접근(integrated approach)에 의한 교육이 이루어지고 있어 ICT를 활용하여 교과를 통합적으로 가르칠 수 있도록 전개해야 한다.

이경우(1998)는 유아는 발달단계 상 직접 경험을 요구하는 구체적 사고기에 속하므로 학습이 상징성을 벗어나지 않도록 ICT를 활용한 통합교육에 있어서 사전 활동을 중시하였다. 예를 들어, 동물에 관한 학습이라면 동물원을 견학한 후 컴퓨터를 이용하여 동물가면을 만드는 것처럼 컴퓨터를 활용한 학습이 반드시 사전, 사후 학습과 연계되어 일어나야 함을 강조하고 있다.

통합적 접근을 하기 위해서는 컴퓨터 시설을 별도의 독립된 공간에 설치하기 보다는 교실 한쪽에 컴퓨터 영역을 설치하는 것이 바람직하다.

교실 내에 컴퓨터 영역을 만들 때에는(1998, 이경우)

첫째, 컴퓨터 영역을 언어영역이나 쌓기놀이 영역 등 다른 흥미영역처럼 구별되게 꾸민다. 그러기 위해 컴퓨터 영역에는 컴퓨터를 활용할 때 필요한 모든 교구를 갖추어서 다른 영역과 마찬가지로 교구장과 벽, 또는 칸막이를 활용해 독립성 있게 영역을 꾸며준다. 컴퓨터 영역은 그 특성상 전기기기를 사용하는 곳이므로 소음과 먼지 발생이 많은 쌓기놀이 영역, 물 사용이 많은 조형영역이나 요리 활동이 일어나는 곳, 집중을 요구하는 언어영역과 거리를 두는 것이 좋다. 사용하지 않을 때는 컴퓨터와 주변기기에 덮개를 씌워 먼지로부터 컴퓨터를 보호하는 것도 한 방법이다.

둘째, 컴퓨터 앞에는 좌석을 2개씩 배치하고 교사용 좌석도 옆에 1개 배치하는 것은 긍정적인 사회적 상호작용을 격려할 수 있다(정미라 외, 2002). 컴퓨터 몇 대를 가까이 배치하는 것이 유아들 간에 아이디어를 교환하고 비건전한 환경을 제어할 수 있다. 컴퓨터 테이블은 높낮이가 조정되고 모서리가 130o 정도 되는 마름모꼴 탁자를 3개 붙여 양쪽에 컴퓨터를 놓고 가운데 프린터와 컴퓨터를 설치하며 필요한 교재 – 가위나 종이, 색연필 등을 놓아준다. 이렇게 하면 반원형의 영역을 쉽게 만들 수 있으며,

테이블당 의자를 두 개 정도 놓아두면 유아들의 컴퓨터 활동이 일어날 동안 상호작용을 북돋울 수 있다. 이러한 세팅은 교사가 한 눈에 유아들의 모니터를 볼 수 있어 누가 무엇을 하고 또 어떤 도움을 필요로 하는지를 금방 알 수 있다.

셋째, 키보드와 조이스틱 등 인풋 장치는 유아들의 팔꿈치와 평행이 되게 놓아주어 유아들의 팔꿈치에 무리가 가지 않게 자리하여야 한다.

넷째, 모니터는 너무 밝아 화면이 씻기지 않고 너무 어두워 주변 활동을 방해하지 않을 정도가 되어야 한다. 우리나라 초등학교의 컴퓨터 교실 중 많은 부분 남향이나 동향인 기존 교실세팅에 놓여 있어 모니터가 햇볕을 받아 손상될 우려뿐 아니라 빛을 반사시켜 보기가 힘듦을 지적하고 있다. 이와 같은 현상은 유아교육기관의 교실에도 예외가 아니다. 그러므로 북향을 제외한 방향의 교실에서는 블라인드나 커튼을 이용하여 컴퓨터 기기가 햇빛에 장시간 노출되는 것을 방지하고 동시에 모니터가 빛을 반사하여 보기가 힘든 요소를 예방해야 한다. 아울러 모니터는 앉은 유아의 눈높이보다 10~20° 아래에 위치하는 것이 눈의 피로를 덜 수 있다.

다섯째, 컴퓨터와 주변기기의 모든 전선은 유아들이 걸려 넘어지는 등 안전사고가 발생하지 않아야 한다. 어린이들의 활동을 방해하지 않게끔 컴퓨터가 벽을 등지고 있을 경우에는 컴퓨터 뒤 벽 쪽으로 전선을 뽑아두고 그렇지 않을 경우는 전선들을 하나로 모아서 싸두거나 케이블 램프(cable ramp) 식으로 전선을 바닥에 고정시킨다(주영주, 장원희, 2002).

여섯째, 컴퓨터와 주변기기를 일일이 켜고 끄는 것이 번거로우므로 파워 스트립을 사용, 컴퓨터를 위시한 그 주변기기를 이 스트립에 연결하여 모든 기기를 동시에 끌 수 있도록 하여두면 교사가 관리하기 편하다.

일곱째, 교실에 보조공간을 설치하여 컴퓨터에 관련된 부속품 보관할 수 있는 서랍장과 교수자료나 소프트웨어를 설치할 선반, 수리용 도구 등을 넣어둘 곳이 있어야 한다. 특히 수리용 도구 등은 유아들의 손이 미치지 못하는 곳에 잠금 장치를 하여 보관하도록 한다. 아울러 컴퓨터 활동을 하는 데 필요한 물품(가위, 연필, 지우개, 룸팩 두는 곳 등)을 보조공간에 비치하여 유아들이 편리하게 사용하도록 한다.

마지막으로 교실에 컴퓨터를 설치하는 경우라도 컴퓨터를 다른 기기와 연결하여 활용할 때를 대비하여 교실 전면에 롤다운 스크린과 교사용 컴퓨터를 비롯한 타 전기매체와의 연결이 손쉽도록 교사용 작업대를 교실에 비치하는 것이 좋다.

이상에서 기존의 교실에 독립된 영역으로 컴퓨터를 설치할 때 고려하여야 할 점을 알아보았으며 [그림 11-1]은 컴퓨터 영역 배치의 일례이다.

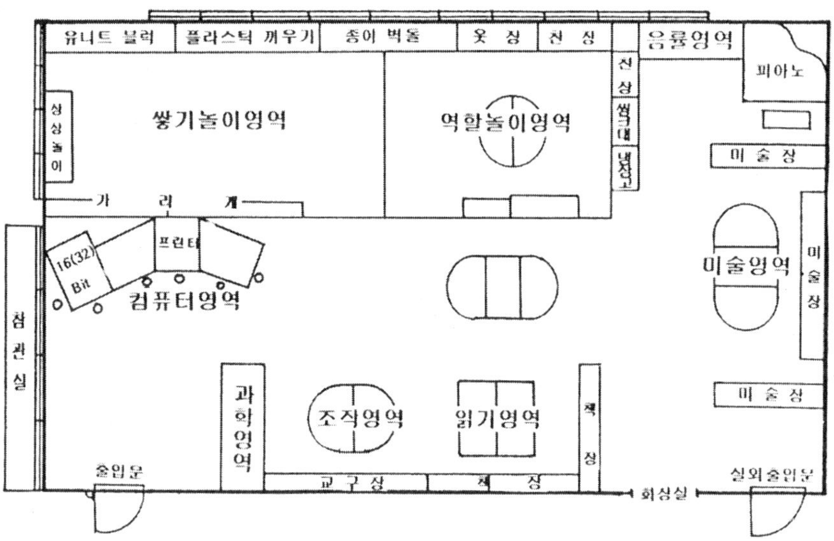

[그림 11-1] 유치원 교실에서의 컴퓨터 영역 배치도(이경우, 1998)

교육인적자원부에서도 컴퓨터 활용을 위해 고려해야 할 사항 중 하나로 설치구조를 제시하고 있다. 즉, 또래와의 상호작용이 단절되지 않는 장소를 선정하고 컴퓨터 한대에 2~3명의 유아가 함께 사용하며 상호작용이 가능하도록 해야 한다(교육인적자원부 외, 2005)고 했다.

교실에 컴퓨터 영역을 설치하는 것 외에도 컴퓨터를 유아들의 활동에 통합하여 사용하게끔 바퀴가 달리고 높낮이가 조절되는 카트에 컴퓨터를 비치할 수 있다(Docktorman, 1998; Hohmann, 1990). 이 경우 컴퓨터를 필요한 곳 어디든지 끌고 가서 사용할 수 있는 이점이 있고 필요한 경우 교실 전면에 비치되어 있는 교사용 작업대와 연계하여 쉽게 대집단 수업에 활용할 수 있다. 그러나 빈번한 이동으로 기계의 손상을 초래할 수 있으며 이동식 수레에 컴퓨터와 관련 보조시설을 설치해야 하므로 안정감이 떨어진다. 잦은 운반에 의한 손상을 방지하고 안전하고 충분한 전원을 공급하기 위해 수레는 사용자의 신체에 맞게 높낮이가 조정될 수 있어야 하며 참고자료나 주변장치를 놓을 수 있게 충분히 커야 한다. 수레의 바퀴가 함부로 움직여 안전사고가 발생하지 않도록 잠금장치를 반드시 하여야 한다.

이렇게 컴퓨터 환경을 구성한 후에는 반드시 컴퓨터 영역에 활동순서표를 준비해 게시해야 한다. 활동순서표는 다음 활동할 유아의 순서를 알려주면서 컴퓨터 활동을 원활하게 해나가도록 도와주는 역할을 한다. 교사는 활동순서표를 구성할 때 유아들이 서로 토의하여 어떻게 만들고 어떠한 내용이 들어갈지 스스로 결정할 수 있도록 분위기를 조성해주어야 한다. 활동순서표 구성은 컴퓨터 활동을 원하는 유아의 이름과 사용하고 난 후의 반응을 기록할 수 있도록 구성한다.

이상에서 살펴본 것처럼 컴퓨터 영역을 교실에 설치하기 위해서는 컴퓨터를 배치할 적절한 장소를 선정하고 어떻게 배치할 것인가를 결정하여 각 영역 간의 효과적인 영향을 줄 수 있도록 한다. 아울러 컴퓨터 활동은 전반적인 프로그램과 조화를 이루며 통합적으로 운영되어야 한다.

11 탐구과제

1. 물리적 ICT 활용환경을 위한 건강상의 주의점을 소개하여 봅시다.
2. 컴퓨터 영역 설치 시 고려할 점을 설명하고 사례를 들어 봅시다.

제 12 장

미래도전과 21C 교사

01_21C 정보사

01 21C 교사와 교수매체

21C 교육현장에서 교수매체 활용의 필요성은 점점 더 증가되고 있다. 유아가 컴퓨터를 통하여 자신들의 정보화 활용능력을 키워 계속적인 학교교육과 미래직업 활동에 대한 이해를 할 수 있도록 준비해주어야 한다.

성공적인 ICT 활용은 영유아교육기관들의 교사들이 재미있는 유능한 놀이도구로 ICT를 체계적으로 활용하고 긍정적인 컴퓨터 태도를 갖추는 데 있다. 또한, 유아는 독립적인 학습 활동과 독자적인 ICT 활용이 어려우므로 교사와 학부모의 지도가 필수적이다.

건전하고 좋은 ICT 환경이란 유아 주위의 모든 성인들이 긍정적인 인식과 지도로 ICT 교육환경을 조성해야 한다는 점이다. 물리적 ICT 활용환경은 교사나 학부모 다음으로 제3의 교사로 인정되고 있다. 물리적인 컴퓨터 사용은 독립적인 컴퓨터실보다 교실 내의 활용으로 통합교육의 효과를 높이는 것이 바람직하다. 교사는 도구 지향적인 소프트웨어를 잘 습득하여야 하며 유아들이 안전/예절교육을 받도록 ICT를 활용하여야 한다. 이는 단순한 물리적인 배치가 아니라 ICT 활용지침을 통하여 법적 제재, 행정적인 지원과 함께 서약이나 약속을 받도록 하여야 한다.

불건전한 ICT 활용환경이란 한창 자라나는 청소년들의 정서에 나쁜 영향을 끼칠 가능성이 있는 음란물, 폭력물 등 교육적으로 유해한 웹사이트, 전자우편, 유즈넷 뉴스그룹, 대화방 등을 의미한다. 현재, 약 100,000여 개의 웹사이트, 100여 개의 유즈넷 뉴스그룹 등 교육상 적절하지 못한 자원들이 인터넷에 존재하고 있으며, 인터넷의 개방성으로 인해 유아시기부터 이들 유해 환경에 노출되어 있다. 유아들이 불건전한 인터넷 자원에 접근하게 되면, 호기심과 모방심, 왜곡된 편견 등을 가지게 되는 등 악영향을 받을 수 있으므로 학부모와 교사는 불건전한 인터넷 자원으로부터 유아들을 보호하기 위한 노력을 해야 한다.

아마도 ICT 같은 교수매체로부터 갖는 첫 번째 불안은 영유아를 대상으로 하는 많은 장난감과 소프트웨어일 것이다.

미국 어린이교육협회(NYEYC, 1996)는 잘 설계된 스마트 장난감을 3세용으로 제작하였다. 칼레이도스코프라는 이 장난감은 영아들이 너무 오래 사용하면 지능발달이 저하되므로 사용할 때 많은 상상과 탐구가 이루어지도록 해야 한다. 아무리 스마트한 첨단 장난감이라도 많은 영유아들이 고전적이고 단순한 손가락인형이나 블록놀이를 통하여 자신과의 대화를 즐기는 것을 우리는 종종 보게 된다. 공학에 의한 지능발달의 제한보다 자신 스스로 자유로운 상상의 사고를 활용하는 것이다.

02 제 언

건전한 ICT 활용은 유아, 교사, 학부모, 행정가, 활용환경 등의 요인 간의 우선순위가 연구되어 효과적인 지원체제를 만들어야 한다. 더불어 교사와 학부모 간의 의사소통을 활성화할 채널도 필요하다. 저소득층, 장애아, 다문화가정 등 다양한 사회계층에 대한 영유아 교수법과 첨단 교수매체 활용의 다각적인 연구도 필요하다.

유아가 성공적인 ICT를 활용하도록 활성화하려면 다음의 5개의 영역에서 보다 지속적인 연구가 이루어져야 한다.

첫째, 유아와 관련된 영역이다. 유아의 컴퓨터에 대한 지식이나 기술의 보유 여부, 유아 스스로 건전하게 활용하려는 노력에 관한 항목이 포함되어 있다.

둘째, 유아교육기관에서 유아교육을 직접 담당하고 있는 교사와 관련된 영역이다. 교사의 ICT 활용 지도를 위해 필요한 지식이나 기술의 보유 여부, 건전한 ICT 활용을 위한 다양한 활동 등에 관한 항목이 포함되었다.

셋째, 가정에서 유아의 ICT 활용에 가장 큰 영향을 미치는 학부모에 관련된 영역이다. 학부모의 ICT 활용 지도를 위해 필요한 지식이나 기술의 보유 여부, 건전한 ICT 활용을 위한 다양한 활동 등에 관한 항목이 포함되었다.

넷째, 유아의 건전한 ICT 활용을 활성화하기 위한 국가적, 사회적인 지원 체제인 행정체제와 관련된 영역이다. 다양한 법적 지원, 제도적인 지원에 관한 항목이 포함되었다.

다섯째, 물리적 환경영역으로 ICT를 활용하는 유아의 신체적 · 정서적 건강과 관련된 항목이 포함되었다.

이상에서 확인할 수 있듯이 유아의 건전한 ICT 활용을 활성화하기 위해서는 개인, 가정, 교육기관, 사회, 국가의 총체적인 노력이 필요함을 알 수 있다. 결국 영유아교육자들에게 교수매체의 활용은 다음과 같은 시사점을 갖는다.

첫째, 영유아교육의 장을 확대하여 학습의 흥미를 유발시키고 학습의 자율성 및 유연한 학습 활동을 통해 자기주도적인 학습능력과 문제해결력을 신장시키는 효과를 나타낸다. 그러나 유아의 발달단계상 독립적인 ICT의 활용이 어렵기 때문에 주변으로부터의 지도와 관심이 필요하다.

둘째, 영유아의 행복을 고려한다면 개인적인 차원보다 국가적인 차원에서의 관계 법령의 제정과 관련 예산의 투입이 시급하다고 하겠다.

셋째, 정보화 사회에 대처할 영유아 스스로의 능력을 가지게 하기 위해 영유아교육기관에서부터 체계적인 정보화 교육이 필요하다.

12 탐구과제

1. 영유아교육전문인으로서 교수매체의 활용에 대한 미래도전과 불안요소를 토론하여 봅시다.
2. 영유아 교수를 위한 성공적인 교수매체의 활용에 대하여 생각하여 봅시다.

참고문헌

강경미 · 구광현 · 백경숙(2005), 아동발달, 서울 : 대왕사.

강인애(1997), "왜 구성주의인가?", 서울 : 문음사.

김아영 외 5인(공역, 1998), "교육심리학", 서울 : 학문사.

교육부, 한국교육학술정보원(1998), "교육정보화백서".

교육부, 멀티미디어교육지원센터(1998), "1998 교육정보화 백서", 서울 : 멀티미디어교육지원센터.

교육인적자원부, 국제교육정보화기획관(2001), "ICT 활용 학교교육 활성화 계획".

교육과학기술부, 보건복지부(2012). 5세 누리과정 교사용 지침서.

교육과학기술부, 보건복지부(2012). 5세 누리과정 해설서.

교육인적자원부(2007). "2007년 개정 유치원교육과정 확정", 정책홍보담당관실 보도자료.

교육인적자원부, 한국교육학술정보원(2005), 2005 교육정보화백서, 교육인적자원부.

김경철(2002), 유아와 컴퓨터, 서울 : 교육과학사.

김경철, 유구종(1994), 유아 컴퓨터 교육 활성화를 위한 기초조사 연구, 유아교육연구, 14(1), 239-266.

김두정(1996). 정보화 시대의 학교교육. 교육월보. 173. 34-37.

김선영(2001), 유아 컴퓨터교육을 위한 교사들의 컴퓨터 활동 및 인터넷 정보활용에 관한 조사연구, 신라대학교 석사학위논문.

김성섭(2001), 「중요도-실행도」 분석을 통한 국제회의 평가 : ISR2001 국제회의 사례연구를 중심으로, 관광연구, 16(2), 257-274.

김수영(2001), 가정에서의 유아 컴퓨터게임 이용에 대한 현황 연구, 이화여자대학교 교육대학원 석사학위 청구논문.

김신옥, 민혜영, 엄덕실(2006). 유아교수매체. 서울 : 창지사.

김원규(1998), 현대사회의 정보체계 이해, 서울 : 남두도서.

김신숙 · 성시훈(2000), 영국의 새 교육과정에 나타난 ICT 교육, 한국교육학술정보원.

김진영, 백혜리, 최윤정(2003). 유아를 위한 교수-학습방법론. 서울: 양서원.

김형주(2003), 교육정보화 평가모형 개발연구-성과중심모형을 중심으로, 연구보고 RR-18, 한국교육학술정보원.

남궁석(1998), 정보화의 길, 삼성멀티캠퍼스 개관 1주년 기념 세미나 'Cyber 교육의 현재와 미래' 자료.

마미정(2001), 유아교육기관용 웹사이트 제작 및 경제성 평가, 숙명여자대학교 석사학위논문.

문경미(2002), 유아교육기관과 학부모의 효율적인 커뮤니케이션을 위한 웹기반 시스템 제안, 숙명여자대학교 석사학위논문.

박상호, 김경희(1995), "교육학개론", 서울 : 집문당.

박석규 · 최중근 · 이민아(2005), 유아컴퓨터교육, 형설출판사.

박현애 · 변남수 · 조인숙(1997), 간호정보학, 서울 : 현문사.

백영균, 이광희(1994, 10). "교육용컴퓨터게임의 평가도구 개발 연구", 취암장학재단연구비 지원, 교육학 연구, Vol. 32, No. 5, pp. 91-108.

변영계, 김영환(1995, 8), "CAI를 이용한 개별화 수업시스템의 설계를 위한 원리의 구안", 교육학 연구 33(3), 373-397.

변영계, 김영환(1996), "교육방법 및 교육공학", 서울 : 집문당.

서울특별시 교육연구원(1996), "OHP-TP 자료 제작 및 활용 정보", 서울 : 서울특별시 교육연구원

신용일(1993), "교육심리신강", 서울 : 동문서.

신극범(1996). 교원문화의 세계화. 청주: 한국교육대학교.

손병길 외(1998), 교육정보화 진흥을 위한 법제도 정비방안, 과천 : 정보통신정책연구원.

송영원(2009). 지식과 창의 기반의 선진 일류 국가 건설을 위한 행정 정보 연계 통합 방안 연구. NIA IV-RER-08059.(2008.12).

수원대학교 교재편집위원회(1998), 교육학개론, 경기 : 화진사.

심숙영(2003), 유아발달에 적합한 ICT 활용, 양서원.

심우섭 · 이나리(1998), 사서를 위한 정보검색교육. http://www.lg.or.kr/user/search/lecture/

양용칠(1996). 교육학개론. 서울 : 중앙적성출판사.

유구종(2001), 유아를 위한 컴퓨터교육, 서울 : 양서원.

유혜령, 강은희, 박지영(2009). 유아교수공학과 교수학습방법. 서울: 창지사.

윤정일, 신득렬, 이성호, 이용남, 허형(1995), "교육의 이해", 서울 : 학지사.

이갑순(1998), "건강교육", 서울 : 현문사.

이경우(2000), 컴퓨터와 인터넷 사이트에서의 어린이 안전, 제8회 국제학술대회 어린이와 환경 · 안전 발표논문, 서울 : 코엑스.

이경우(2002), 유아교육과 멀티미디어, 창지사.

이경우 · 김명순 · 류지후 · 박정선 · 이현옥 · 조부경 · 홍혜경 · 황보영란(1998), 유아를 위한 멀티미디어 교육의 이론과 실제, 서울: 창지사.

이경우(2001). 총체적 언어 : 문학적 접근을 중심으로. 서울 : 창지사.

이광희(2006). 유아교육과 정보화 환경. 서울 : 남두도서.

이민정외 7인(2009). 영유아교수매체교육. 고양 : 공동체.

이윤옥(2013). 누리과정에 기초한 영유아 창의성 교육. 서울: 도서출판 신정.

이일주(1999), 한국 유아교육 일원화체제 모형탐색, 동국대학교 대학원 박사학위 청구논문.

이현주(2002). 유아 컴퓨터 활동 현황 및 교사와 어머니의 인식. 이화여자대학교 교육대학원 석사학위 청구논문.

이화여자대학교 교육공학과 저(1996), 교육방법 및 교육공학, 서울: 교육과학사.

이화여자대학교 교육공학과 저(1997), 교육방법 및 교육공학, 서울: 교육과학사.

이화여자대학교 교육공학과(2001), 21세기 교육방법 및 교육공학, 서울: 교육과학사.

이화여자대학교 교육공학과(2004), 21세기 교육방법 및 교육공학, 서울: 교육과학사.

전찬규(2001), ICT 활용 교육의 유형분석 및 적용에 관한 연구 : 내연 기관단원을 중심으로, 건국대학교 교육대학원 석사학위 청구논문.

정미라 · 김지영 · 김희진 · 문혁준 · 박선희 · 박정선 · 이경우 · 이춘자 · 이현옥 · 조경자(2002), 어린이와 멀티미디어, 서울: 이화여자대학교 출판부.

정보통신윤리위원회(1998), 외국의 음란물에 대한 심의기준, http://www.icec.or.kr

조경원 외 4(1990), "교육학의 이해", 서울 : 이화여자대학교 출판부.

조정숙 · 전인옥(2005), 유아교육개론, 한국방송통신대학 출판부.

존 네이스비트(1984). 거대한 새 물결. 조항래(역). 서울 : 예찬사.

주영주 · 곽은순(1999), 불건전한 인터넷자원으로부터의 청소년 보호방안에 관한 연구. 한국교육시설학회지, 제6권 제1호, pp. 5-20.

주영주 · 곽은순(2004), 유치원 활동과 컴퓨터. 양서원.

주영주, 이광희(2002). 보건의료인을 위한 교육방법과 교육공학. 남두도서.

주영주 · 이광희(2002), ICT를 활용한 사이버 교육환경 구축방안, 제 5회 동계스쿨넷 2002 학술발표논문집, 92-101, 한국스쿨넷 운영위원회.

주영주 · 이광희 · 하영자, 건전한 유아 ICT 활용환경 구축 정책, 교육정보화정책연구, 한국교육학술정보원, 2006.

최태식 · 최태훈, 박주희(2002), 유아컴퓨터교육의 이론과 실제. 서울: 양서원.

한국전산원(1998), 인터넷 이용현황(1999. 10월), http://www.krnic.net/net/n_main.htm

한임순(1999), 최신 유아교육개론, 서울 : 동문사.

한정선 · 이경우 · 임은미(1999), 유아를 위한 멀티미디어 콘텐츠 설계전략. 유아교육연구. 19(1). 79-93.

한국교육학술정보원(1999), '정보통신기술을 활용한 수업사례-일본', "한국교육학술정보원 조사연구부 SDI 서비스 제45회"(1999. 11. 09).

황윤한(1999), '교수-학습 이론으로서의 구성주의", "초등교과교육연구"(한국교원대학교 초등교육연구소 간), 2, 1~34.

AECT(1977), *The Definition of Educational Technology*, Washington, D.C. : *Association for Educational Communications and Technology.*

Alliance for Childhood(2000, 9월 12일). Children and Computers: A Call for Action.

Anglin., G.J.(ed.), *Instructional technology : past, present, and future*, Englewood, CO : Libraries Unlimited, Inc.

Barnes, B. J. & Hill, S.(1983). Should young children work with microcomputer: Logo before lego? *The Computing Teachers*, 10(9), 11-14.

Bell, D.(1973). The coming of post-industrial society: A venture in social forecasting. N.Y.: Basic Books.

Bredekamp, S.(1992). The early childhood profession coming together. Young Children, 47(6), 36-39.

Bredekamp & Rosegrant(1994). Learning and teaching with technology. In Wrignt, J. L & Shade, D. D.(Eds.), Young Children: Active Learners in a Technological Age. Washington DC: NAEYC.

Buckleitner(1998). Children's Internet site evaluationn instrument. *Children's Software Revue*, 6(1), 4.

Cordes, C & Miller, E.(Eds.).(2000). Fools Gold: A Critical Look at Computers in Childhood. College Park, MD: Alliance for childhood.

Collins, A. Brown, J.S., & Holum, A.(1991), Cognitive apprenticeship : Making thinking visible, *American Education*, 6~11, 38~46.

CTGV(1990), Anchored instruction and its relationship to situated cognition, *Educational Researcher*, 19(6), 2~10.

CTGV(1993), Anchored instruction and situated cognition revisited, *Educational Technology*, 3(3), 52~70.

Dale, E.(1969), *Audio-visual Methods in Teaching*, 3rd ed, NY : Holt, Rinehart and Winston.

Davidson, J. L.(1989). Children and computers together in the early childhood classroom. NY : Delmar.

Davis, B. C., & Shade, D. D.(1994). Integrate, don't isolate! Computers in the early childhood curriculum.(ERIC Document Reproduction Service No. ED 376 991).

Digital Equipment Corporation(1983). Introduction to computer-based education. Marlborough, Mass. : The Corporation.

Docktorman, D.(1998). Tools for teachers: An historical analysis of classroom technology. Unpublished doctoral dissertation, Harvard University.

Downes, T., Arther, L., & Beecher, B.(2001). Effective learning environments for young children using digital resources: An Australian perspective. *Information Technology in Childhood Education Annual*. 138-153.

Finn, J.D.(1967), *The Teacher and Technology, Motion Picture Division*, Ohio State University Press.

Freeman, N.K., & Somerindyke, J.(2001), Social play at the computer : Preschoolers scaffold and support peers' computer competence. In D.D. Shade(ad.), Information technology in Childhood education annual(pp. 203-213), charlottesvile, VA : Association for the Advancement of computing in Education.

Gagne, R.M., & Briggs, L.J.(1979), *Principles of instructional design*(2nd ed.), NY : Holt, Rinehart and Winstone.

Gerlach, V.S. & Ely, D.(1980), *Teaching and media: A systematic approach*, Englewood Cliffs, NJ : Prentice Hall.

Hannah, K. J.(1983). Computer assisted learning in nursing education : A macroscopic analysis. In M. Scholes, Y. Bryant & B. Barber(Eds.), The impact of computers on nursing : An international review, 280-287. North-Holland Amsterdam: Elsevier Science.

Hannahfin, M. J. & Peck, K. L.(1988). The Design, Development and Evaluation of Instructional Software. N.Y.: Macmillan Publishing Company, Inc.

Harbeck, J. D. & Sherman, T. M.(1999) Seven principles for designing developmentally appropriate websites for young children. Educational Technology. 39(4), 39-45.

Haugland, S. & Wright, J.(1997). *Young Children and Technology*. Allynand Bacon.

Haugland, S.W.(1999), What role should technology play in young children's learning? Young children, 54(6), 26-31.

Haugland, S.(2000). What role should technology play in young children's learning. *Journal of Computing in Childhood Education*, 3(1), 15-30.

Hedge, A.(2000). Risks of keyboarding. Cornell University Ergonomic, Website: http://ergo.human.cornell.edu/Mbergo/schoolguide.html. 2006년 6월 12일 검색.

Heinich, R., Mollanda, M. & Russell, J. D.(1996), *Instructional Media and Technologies for Learning*, New York : Macmillan Publishing Company.

Hilgard, E.R. et al.(1979), *Introduction to Psychology*(7the ed.), NY : Harcourt Brace Jovanovich.

Hohmann, C.(1998). Evaluating and selecting software for children, *Child Care Information Exchange*, 123, 60-62.

http://www.allianceforchildhood.net/projects/computers/computers_articles_call_for_action.htm. 2006년 6월 12일 검색.

Kaden, M.(1990). Issueson computers and early childhood education. In C. Sefeldt(Eds.), Continuing issues in early childhood education. Columbus: Merill Publishing Company.

Kemp, J. E., & Smellie, D. C.(1989), *Planning, Producing, and Using Instructional Media*(6th ed.), New York : Harper & Row Publishers.

Kemp, J. E., & Smellie, D. C.(1994), *Planning, Producing, and Using Instructional Media*(7th ed.), New York : Harper & Row Publishers.

Kuramoto, A. M.(1978). Computer-assisted instruction : Will it be used? Nursing Leadership, 1, 10-131.

Leask, Marilyn and Meadows, John.(2000), Teaching and Learning with ICT in the primary school. London and NewYork : RoutledgeFalmer

Mager, R. M.(1975), *Preparing Instructional Objectives*, Palo Alto, CA : Fearon Pubs.

Mager, R.(1984), *Preparing instructional objectives*(2nd ed.), Belmont, CA : Lake

Mayer, R.(1982), *Learning*, In H. Mitzel(ed.), *Encyclopedia of educational research*, N.Y. : Free, 1040~1058.

Marsall, L. & Rowland, F.(1996). *A Guide to Learning Independently*(2nd Ed.), Buckingham: Open University Press.

Martilla, J. A. & James, J. C.(1977). Importance-performance analysis. *Journal of*

Marketing, 41(1), 77-79.

Mather, Mary Anne(1996). Exploring the internet safely-what schools can do. *Technology & Learning*, 17(1), 38-43.

McLester, S.(1996). Revisiting edutainment. *Technology & Learning*, 16(8), 43-54.

Meadows, L. S.(1977). Nursing education in crisis : A computer alternative. Jounal of Nursing Education, 16, 13-21.

Mintzberg H.(1981). Structuring in fives: Designing effective organizations. NJ: Prenotice-hall.

Muller, A. A. & Perlmutter, M.(1985). Preschool children's problem solving interactions at computers and jigsaw puzzles. *Journal of Applied Developmental Psychology*, 6, 173-186.

Munro, K.(1998). Monitor a Child's Access. *PC Magazine*. 17(6), 185-186.

NAEYC(1996). *Position statement on technology and young children, age 3 through 8: Number 3*, Appropriate technology is integrated into regular learning environment.

Papert, S.(1980). Mindstorms: children, computers and powerful ideas. New York: Basic Books.

Papert, S.(1993). The children's machine : Rethinking school in the age of the computer. New York : Basic Books.

Pardeck, J.(1986). Computers and Cognitive development : A preliminary statement, Early Child Development and Care, 25, 221-230.

Piaget, J., & Inhelder, B.(1973), *Memory and intelligence*, New York : Basic Books.

Rieber, L.P.(1994). Computers, graphics, and learning. Madison, Wisconsin: Brown & Benchmark.

Savenye, W., Haas, N., & Pollock, J.(1986). *Effects of a school district microcomputer infusion on teacher attitudes toward computers*. Paper presented at the annual conference of the Association for Educational Communications and Technology.

Saettler, P.(1990), *The evolution of american educational technology*, Englewood, Colorado : Libraries Unlimited, Inc. 305~538.

Seels, B.B. & Richey, R.C.(1994), *Instructional technology : the definition and domains of the field*, Washington, D.C. : AECT.

Serim, F. & Kock, M.(1996). *Netlearning: Why Teachers Use the Internet*. Sebastopol: Songline Studio, Inc.

Smaldino, S. E., Lowther, D. L., Russell, J. D.(2012). Instructional Technology and Media for Learning. Boston: Pearson.

Steiner, G. C.(1979). Strategic planning : What every manager must know. N.Y.: The Free Press.

Toffler, A.(1980). The third wave. N.Y.: The Bantam Books.

Vygotsky, L.S.(1962), *Thought and language*, Cambridge, MA : MIT Press.

Vygotsky, L.S.(1978), *Mind in society*, Cambridge, MA : Harvard University Press.

찾아보기

저자약력

■ 이 광 희

-이화여자대학교 일반대학원 교육공학 M.A.
-뉴욕주립대학교 교육학 및 교육공학 Ph.D.
-뉴욕주립대학교 Post-Doc.
-현) 수원과학대학교 아동보육과 교수
-주요저서
- 실기교육방법론, 남두도서, 2001
- ICT를 활용한 교수-학습, 남두도서, 2003
- 유아교육과 정보화 환경, 남두도서, 2006
- 교육학개론, 남두도서, 2007
- '유아 ICT 활용환경에서 교사가 인식하는 중요도-실행도 간의 관계에 관한 연구'(주영주, 이광희), 이화여자대학교 사범대학 교과교육연구소, 2008 외 다수

영유아 교수법과 교수매체

1판 1쇄 발행 2013년 10월 25일

저 자 이 광 희
발행인 남 승 우

발행처 남두도서
서울시 동작구 사당로9가길 6(사당동)
TEL : (02)595-1692~4
FAX : (02)595-1394
E-mail : namdoo6@unitel.co.kr
신고 : 5-76호 (1998. 11. 4)

정가 24,000 원

ISBN 978-89-5780-150-5 93370

〈디자인〉 편집 이선경 / 표지 나아기획